Erfolgreich Heimwerken im Garten

Geben Sie Ihrem Garten eine persönliche Note

Anlage und Pflege eines Gartens mit dem dazugehörigen Inventar erfordern nicht nur den oft beschworenen „Grünen Daumen“, sondern auch ein gewisses Maß an handwerklichen Fertigkeiten. Egal, ob es um Gartenwege, Trockenmauern, Holzbänke, Spielgeräte für die Kinder oder um einen Grillplatz geht – mit Hilfe dieses Buches können Sie sich die meisten Wünsche leicht selbst erfüllen.

Sogar das Begrünen kleinerer Dachflächen ist mit der richtigen Anleitung kein Problem. Vielleicht möchten auch Sie auf der Flachdachgarage oder dem Gartenhäuschen ein neues Refugium für immergrüne und blühende Pflanzen schaffen. Weil Dachbegrünungen aus ökologischer Sicht besonders wertvoll sind, wurde diesem Bereich ein eigenes Kapitel gewidmet.

Ein Garten macht nicht nur Arbeit; viele finden hier den richtigen Ort, um vom Streß des Alltags abzuschalten. Wo ginge das besser als in einer versteckten Laube, unter einer schön bewachsenen Pergola, in einem eigenen Pavillon, der zusätzlich Schutz vor schlechtem Wetter bietet, oder am eigenen Gartenteich. In diesem Buch finden Sie viele schöne und interessante Anregungen sowie individuelle Lösungen für den eigenen Garten.

Der Traum eines jeden Hobbygärtners ist ein eigenes Gewächshaus oder ein Wintergarten, denn beide bieten dem Garten- und Pflanzenliebhaber die Möglichkeit, die Gartensaison zu verlängern und sich auch an exotischen Gewächsen zu versuchen. Lesen Sie hier, wie Sie Gewächshäuser oder Wintergärten richtig planen, sinnvoll einrichten und ganzjährig nutzen.

Bauen und Gestalten im Garten

Die eigenen Ideen verwirklichen

Der Mensch sucht in seiner Freizeit nach Beschäftigungen, mit denen er seinem Körper- und Seelenhaushalt einen Ausgleich zum sonst oft anstrengenden Alltagsleben verschaffen kann. Für viele spielt der Garten dabei eine wichtige Rolle. Manche Gartenbesitzer finden vor allem durch handwerkliche Tätigkeiten ihre schöpferische Selbstverwirklichung. Sie möchten selbst anpacken und sehen, wie unter ihren Händen etwas entsteht, das Bestand hat, wie z. B. eine Trockenmauer oder eine naturnahe Steinanlage.

Ein verlegter Weg mit einer individuellen Stufen- und Treppenlösung verrät die ganz persönliche Handschrift seines Gestalters. Führt diese noch zu einem selbstangelegten Teich, ist die Garten-Idylle vollkommen.

Trotz aller (Vor-)Freude am Basteln sollte aber nicht einfach wild drauflos gebaut werden. Besonders größere Baulichkeiten sollten dem Charakter der Umgebung angepaßt sein und benötigen zum Teil sogar eine Baugenehmigung.

Hier entstand eine naturnahe Weganlage mit Stufen aus Zechsteindolomit. Kieselsteine dienen als Befestigung.

Auf Wegen und Stufen zum Gartenglück

Wege stellen eine Verbindung zwischen verschiedenen Gartenteilen her, so daß man sich trockenen Fußes und ohne den Bewuchs zu beeinträchtigen, im Garten bewegen kann. Je nachdem, ob es sich um einen geradlinigen Plattenweg oder einen geschwungenen Pfad aus Rindenmulch handelt: Wege verleihen dem Garten erst Struktur und Charakter. Manchmal ist die Wegeplanung im Garten so komplex, daß es nützlich sein kann, bei der Planung der Anlage einen Gartenarchitekten hinzuzuziehen.

Natürlich gibt es einige Grundregeln, an die sich auch der Laie halten kann. Die Breite und Befestigung eines Weges richtet sich vor allem nach der Art und Häufigkeit seiner Nutzung. Für Hauptwege beispielsweise sollte eine Breite von 1,20 bis 1,50 Meter vorgesehen werden, so daß zwei Personen problemlos nebeneinander gehen können. Solche Wege werden meist mit dicht verfugten Platten belegt, ebenso wie größere Terrassenflächen. Arbeitswege, die häufig mit der Schubkarre befahren werden, sollten mindestens 1 Meter breit sein, während für weniger begangene Plattenwege 50 Zentimeter ausreichen. Um quer durch eine Wiese zum Kompostplatz zu kommen, sind oftmals bereits einige Trittsteine ausreichend.

Materialien für jeden Weg

Die Auswahl des Wegbelages orientiert sich nicht nur an der Nutzung, auch die optische und gestalterische Wirkung eines Weges oder einer Pflasterfläche ist nicht zu unterschätzen. Es gibt farbige Wegeplatten, Verbundsteine, regelmäßig und unregelmäßig geschnittene Natursteine, die man in geschlossenen Flächen oder lockerer Verteilung mit Zwischenflächen anlegen kann. Kleine Pflasterflächen läßt man besser vom Fachmann verlegen. Kieswege werden in ihrer historischen Form gerne mit Buchseinfassungen umrandet. Beläge aus Rundhölzern oder Holzbalken erzeugen eine sehr natürliche Wirkung, sind allerdings in ihrer Funktion eingeschränkt, weil sie bei Feuchtigkeit sehr rutschig werden. Im Natur- und Bauerngarten findet

Verschiedene Gartenwege

Je nach Nutzung und Geländegestaltung können die Wege mit unterschiedlichen Belägen, Breiten und Formen angelegt werden. All dies beeinflußt den optischen Eindruck des Gartens.

man häufig Wege aus Rindenmulch. Dieser Belag verbreitet einen herrlichen Waldduft und ergänzt auch optisch Wege zwischen schattigen Gehölzgruppen in idealer Weise.

Vorbereitung und Unterbau

Vor Beginn der Arbeit werden die Wegränder mit Holzpflöcken abgesteckt, die durch Schnüre miteinander verbunden werden. Bei gewundenen Strecken sind kürzere Abstände zwischen den Pflöcken zu wählen. Am besten schlägt man die Pflöcke so ein, daß die Oberkante 20 cm über dem vorgesehenen Niveau der Wegfläche liegt. Indem man ein langes Brett über die Pflöcke legt, kann man mit Hilfe einer Wasserwaage die Lage des Weges kontrollieren.

Vor der Anlage eines dauerhaften Weges ist ein solider Unterbau zu erstellen. Er besteht in der Regel aus wasserdurchlässigen Materialien wie Schlacke, Ziegelbruch oder Kies. Dadurch wird verhindert, daß sich unter der Wegdecke Wasser ansammelt und bei Frost den Belag aufwirft.

Bei einfachen Gehwegen braucht nur ein 20 cm tiefes Bett ausgehoben werden. Nachdem dessen Untergrund geebnet und festgestampft ist, bringt man eine etwa 10 cm starke Schicht groben und wasserdurchlässigen Materials ein, zum Beispiel Kies, Ziegelbruch, Bauschutt, Schotter, Splitt oder Schlacke. Größere Brocken müssen gegebenenfalls vorher zerkleinert werden. Nach dem Verdichten dieser Schicht wird feineres Material wie Sand aufgeschüttet und ebenfalls festgestampft. Darauf läßt sich dann der eigentliche Wegbelag verlegen.

Stabile Unterbauten

Garageneinfahrten oder andere Wege, die große Gewichte tragen müssen, sind 30 bis 40 cm tief auszuheben. Zuerst wird die Grube mit einer Packlage aus schweren Steinen ausgelegt. Bei sehr lehmigen oder nassen und weichen Böden sollten Sie vorher noch ein Vlies unterlegen, das an den Anschlußstellen etwa 50 cm überlappt. Das Vlies verhindert, daß sich der weiche Untergrund nach Einlegen der etwa 20 cm starken Packlage nach oben arbeitet. Darüber wird eine feinkörnige Sandschicht eingebracht und mit Wasser in die Zwischenräume gespült. Auf die am Ende etwa 2 bis 3 cm starke Sandschicht folgt zuletzt noch eine dünne Schicht Splitt.

Das Verlegen der Platten

Außer einem zusätzlichen Sandvorrat brauchen Sie dazu als Hilfsmittel eine gerade Leiste, Schnur und Wasserwaage sowie einen schweren Gummihammer. Auf einer kleineren Fläche wird der Sand 2 bis 3 cm hoch verteilt. Um diese Schicht glatt abziehen zu können, läßt man am Rand Latten ein, deren Oberfläche die Höhe der Sandschicht markiert. Wenn Sie am vorderen Ende etwas mehr Sand aufschütten und von hier ausgehend mit einem Brett über die Randlatten abziehen, entsteht eine ebene Sandschicht. Nach Entfernen der Randlatten können Sie etwas Sand zur Mitte rechen, um zum Rand hin eine leichte Neigung (etwa 3 cm pro Meter) zu schaffen. Die Neigung sorgt dafür, daß das Regenwasser später leichter abfließt.

Damit die Platten später nicht wackeln, müssen sie an den

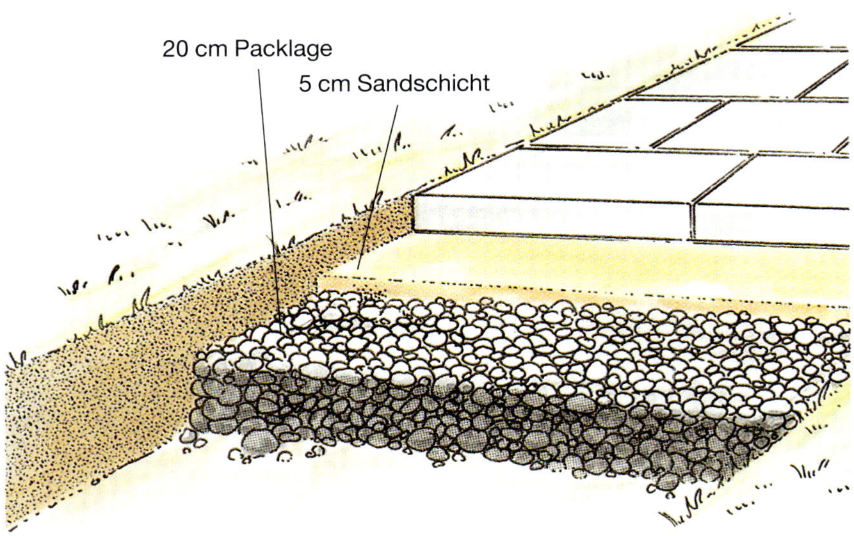

Bei einem einfachen Gehweg genügt eine Packlage aus wasserdurchlässigem Material und eine Sandschicht, in welche die Platten gebettet werden.

Rändern gut auf dem Sandbett aufliegen. Am besten schieben Sie dazu mit einer Kelle etwas Sand von der Mitte jeder einzelnen Plattenfläche zum Rand. Um die Höhen der einzelnen Platten untereinander anzugleichen, wird mit leichten Hammerschlägen gearbeitet. Stärkere Fehlneigungen der Platten müssen ständig mit Hilfe der Wasserwaage festgestellt und ausgeglichen werden. Kleinere Lücken, die sich nicht mehr auffüllen lassen, lassen sich mit feinem Kies optisch attraktiv kaschieren. Sind die Wegplatten fertig verlegt, werden sie mit einer dünnen Schicht Sand überstreut, den man zunächst mit einem Besen in die Fugen kehrt und anschließend mit dem feinen Strahl des Wasserschlauches gut einschlämmt. Sind die Fugen nach dem ersten Mal nicht gefüllt, muß dieser Arbeitsgang wiederholt werden.

Ziegelsteine als Belag saugen kein Wasser auf und sind deshalb frostsicher. Ihre erdige Farbe und das kleinflächige Muster bergen besondere Reize.

TIP: Betonplatten teilen

Die Betonplatten werden dazu auf eine ebene Unterlage gelegt. Mit Hilfe einer geraden Latte wird dann mit einem Bleistift oder einem kleinen, scharf geschliffenen Meißel eine Trennlinie eingezeichnet. Der Steinmeißel wird auch verwendet, um unter leichten Hammerschlägen entlang der Linie eine deutliche Kerbe entstehen zu lassen. Jetzt legen Sie die Platte auf zwei Latten oder andere Kanten so auf, daß die dazu parallel verlaufende Trennlinie hohl liegt, also nicht unterlegt ist. Schließlich wird eine dritte Latte an der Kerblinie angelegt; durch einen oder mehrere Schläge mit einem schweren Hammer bricht die Platte an der vorgesehenen Stelle.

Platten aus Beton

Betonplatten ermöglichen durch ihre einheitlichen Maße ein einfaches Arbeiten und sind darüber hinaus auch preislich günstig. Etwas bessere Qualitäten sind gegen Abblättern und Bruch geschützt. Aus gestalterischer Sicht ist zu bedenken, daß die einheitlichen Wegplatten eine geradlinig ordentliche, aber auch strenge Lösung darstellen. Wenn man sich jedoch vor Augen führt, wie der Garten später im eingewachsenen Zustand aussieht, lockert sich das Bild: Harte Kanten sind dann vielleicht von Grashorsten und Polsterstauden überwuchert. Jetzt kann der Kontrast von lebendiger Natur und steiferen Bauformen sogar reizvoll wirken.

Betonplatten gibt es in den unterschiedlichsten Formen, Farben und Größen. Sofern die Stärke einheitlich ist, können Sie im Garten auch verschiedene Farben verwenden, wobei von allzu bunten Kombinationen abzuraten ist. In der Gehrichtung sollten die Platten stets versetzt sein, das heißt, daß bei geradlinigem Wegrand eventuell halbe Platten herzustellen sind, um in jeder zweiten Reihe die Fugen zu versetzen. Dieses Prinzip wird auch beibehalten, wenn der Weg eine Kurve macht oder ein Stück schräg verläuft. In diesem Fall verläuft der Weg von oben gesehen wie eine Treppe.

Klinkerbeläge

Die erdige Farbe und das kleinflächige Muster von Klinkerbelägen aus Ziegelsteinen bietet besondere Reize. Geeignet für einen Gartenweg sind allerdings nur hartgebrannte Ziegel, denn sie nehmen keine Feuchtigkeit auf und können nicht durch Frost gesprengt werden. Unterbau und Verlegen eines Ziegelsteinweges funktionieren wie bei anderen Wegbelägen. Bei den kleinen Steinen ist jedoch eine stabile Wegkante nötig. Randsteine werden deshalb gerne aufrecht gestellt. Alternativ dazu können Beton- oder Natursteine an diese Stelle gesetzt werden.

Besonders praktisch: Verbundsteine

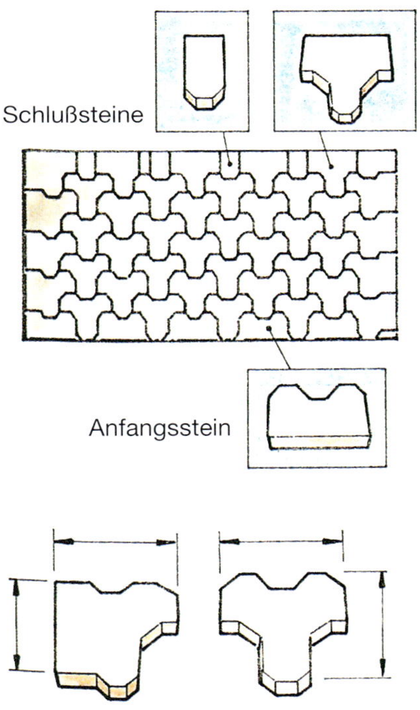

Aufgrund der engen Verzahnung ertragen Verbundsteine große Belastungen. Mit den geeigneten Steinen lassen sich gerade Abschlüsse erzielen.

Verbundsteine

Wege aus Verbundsteinen können aufgrund der Verzahnung höhere Gewichte tragen als andere Wege. Vor der Anschaffung sollte man sich beim Baustoffhändler einen Überblick über die angebotenen Farben und Muster verschaffen. Bedenken Sie, daß an den Rändern sowie am Anfang und am Ende des Weges besondere Steinformen verwendet werden müssen. In der gut sortierten Baustoffhandlung gibt es Tabellen, mit deren Hilfe sich die erforderliche Menge der Randsteine einfach berechnen läßt.

Trotz der hohen Belastbarkeit muß der Boden nur 20 cm tief ausgehoben werden. Der Untergrund wird festgestampft, danach eine grobe Schicht aus Schotter oder Kies eingefüllt und ebenso durch Stampfen verdichtet. Darüber folgt eine 5 cm starke, ebene Splittunterlage für die Steine. Beim Verlegen wird die ebene Sandfläche nicht betreten, es wird nur vom bereits verlegten Belag aus gearbeitet. Zum Schluß wird Sand zwischen den Fugen verteilt und eingeschlämmt.

Rasengittersteine

Für naturnahe Gärten sind Rasengittersteine besonders zu empfehlen. Denn zwischen dem stabilen Rahmen, den die Steinunterlage bildet, kann man in den Lücken frisches Grün wachsen lassen. Für den Unterbau gelten dieselben Regeln wie bei den Verbundsteinen: Je größer die Belastbarkeit sein soll, desto tiefer muß ausgehoben werden. Die Lücken zwischen den Steinen füllt man zur Hälfte mit Humus auf. Weil der Bewuchs dieses Substrats intensiv mit seinen Wurzeln durchdringt, wird eine zusätzliche Stabilisierung erreicht.

Natursteine

Eine Fläche aus natürlich wirkenden, bruchrauhen Platten kann eine Augenweide sein. Zum Verlegen von Natursteinen ist aber viel handwerkliches Geschick und Erfahrung erforderlich, weshalb der durchschnittliche Gartenbastler hier leicht an seine Grenzen stößt. Wer einen dicht verfugten Naturplattenbelag möchte, sollte deshalb auf die Hilfe eines Pflasterers zurückgreifen.

Die Räume zwischen den unregelmäßigen Natursteinplatten, die beim Verlegen entstehen, können mit einem Kleinpflaster elegant überbrückt werden.

Rasengittersteine ergeben eine stabile Unterlage mit naturnahem Charakter und lassen Platz für viel Grün.

Bei der Anlage eines Natursteinweges werden zunächst die Ränder mit Platten (etwa 30 x 30 cm groß) abgelegt. Anschließend legt man weitere Natursteinplatten wie Inseln in die Zwischenräume und klopft diese ebenso wie die Randsteine vorsichtig in das Sandbett. Der verbleibende Raum läßt sich dann mit Kleinpflaster auffüllen, dessen Niveau etwa einen Finger breit über den Natursteinplatten liegt. Mit Hilfe eines Stampfers wird dann auf der gleichen Höhe verfestigt. Abschließend Sand in die Zwischenräume einkehren und schließlich mit Wasser einschlämmen.

Das Kleinpflaster kann auch aus etwa kartoffelgroßen Natursteinen bestehen (z.B. Flußkiesel), die hochkant in den Sand gesteckt werden und sich dadurch gegenseitig stützen. Eine höhere Stabilität erreicht man, wenn man statt Sand Kalkmörtel als Unterlage verwendet. Kalkmörtel wird hergestellt aus Sand und Löschkalk im Verhältnis 5:1 unter Zugabe von Wasser. Den dickflüssigen Brei trägt man danach etwa 3 cm dick auf die Sandunterlage auf und drückt die Kiesel hinein.

Flächen aus Natursteinplatten, auf denen später Tische und Stühle stehen sollen, müssen eng verfugt sein. In diesem Fall ist es unumgänglich, die Platten mit Meißel und einem Fäustel zu bearbeiten. Mit Hilfe einer Steinflex können die Platten auch durchgesägt werden.

Die einfachste Lösung ist ein Rasenpfad aus Trittsteinplatten. Wichtigste Regel ist, daß der Abstand von Plattenmitte zu Plattenmitte 60 cm beträgt, also eine Schrittlänge. Entlang einer gespannten Schnur werden die vorgesehenen Platten ausgelegt und danach rundum abgestochen, so daß man die darunterliegenden Rasenstücke ausheben kann.

Trittsteine im Rasen

Um Trittsteine im Rasen zu verlegen, sticht man den Rasen ihrer Form nach ab und streut als ebene Unterlage Sand ein.

Die freigelegte Fläche wird nach dem ersten Einpassen mit etwas Sand geebnet, so daß der Stein mit der Höhe des Rasens abschließt. Trittsteine eignen sich auch sehr gut für Staudenrabatten und Gemüsebeete.

Kieswege

Kieswege sind preiswert und verbreiten einen altmodischen Charme, der langsam wieder in Mode kommt. Wichtig ist eine Einfassung, zum Beispiel aus Betonkantensteinen, damit der Kies nicht in die benachbarten Wiesen und Wege gelangt.

Nach dem Abstecken des Wegelaufes folgt das Ausheben eines Bettes von 15 bis 20 cm Tiefe. Der Unterbau wird wie bei den Plattenwegen gefertigt, mit der Besonderheit, daß die Schichten über der Packlage zum Rand hin gewölbt sein sollen. So kann das Regenwasser besser abfließen. Über der Packlage folgt eine Schicht krümelig-festen Lehms, und erst darüber kommt eine etwa 3 cm starke Splitt- oder Schotterschicht, die durch Stampfen mit dem Lehm verbunden wird. Dann wird zuerst ein Teil der Kieselschicht aufgetragen; der Rest folgt, nachdem sich die erste Schicht durch Benutzung verfestigt hat.

Auf dem Holzweg

Rindenmulch, bestehend aus schwer verrottenden Rindenabfällen, braucht nicht exakt verlegt zu werden. Die 5 bis 10 cm starke Deckschicht kann dennoch den gleichen Unterbau erhalten wie ein Kies- oder Plattenweg, damit bei Regenfällen der Wasserablauf gesichert ist.

Ein Wegbelag aus Rundhölzern ist bevorzugt für sonnige Lagen zu verwenden, wo er rasch abtrocknet. Im Schatten bleibt ein solcher Weg fast immer gefährlich glitschig. Eine gut wasserdurchlässige Unterschicht ist unbedingt erforderlich, weil das Holz sonst frühzeitig verrottet. Die Rundhölzer werden einfach nebeneinander gestellt und die Zwischenräume mit feinem Splitt aufgefüllt.

Ein Holzpflaster vermittelt einen natürlichen Eindruck. Unerläßlich ist dabei ein wasserdurchlässiger Unterbau.

Wege aus Rindenmulch passen hervorragend in den Bauerngarten. Außerdem verleihen sie dem Garten einen angenehmen Waldduft.

Schön angelegte Wege reichen im Garten alleine oft noch nicht aus, um ihn bis in den letzten Winkel begehbar zu machen. Man benötigt Stufen und Treppen, um auch steile Grundstücke bequem nutzen zu können oder auch, um verschiedene Höhenniveaus miteinander zu verbinden.

Solch eine Treppe oder Stufen anzulegen, bedeutet allerdings sehr viel Arbeit und erfordert einiges Können.

Die wichtigsten Regeln für Maß und Anzahl der Treppenstufen sind aus der durchschnittlichen Schrittlänge abzuleiten.

Höhe (in cm) x 2 + Auftrittsbreite (in cm) = 64 cm

Worauf es bei der Treppe ankommt

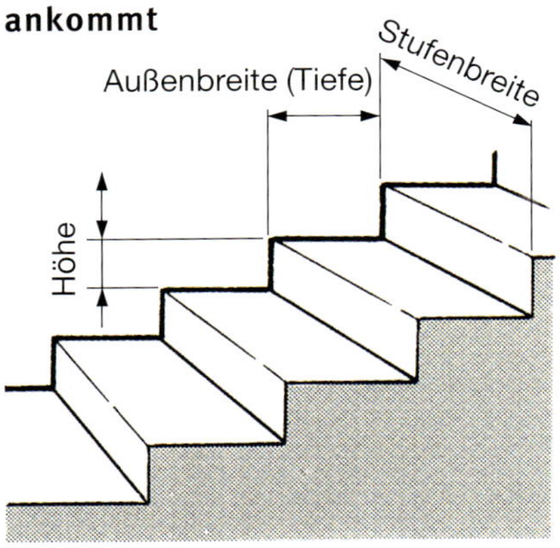

Die Begriffe Stufen- und Auftrittsbreite, Tiefe und Höhe werden leicht verwechselt.

Diese Formel versucht, die Höhe einer Stufe sowie deren Auftrittsbreite in Relation zur durchschnittlichen Schrittlänge zu stellen. Die optimale Höhe für die einzelnen Treppenstufen liegt bei etwa 15 cm. Stufen sollten nach Möglichkeit nicht höher als 17 cm und nicht schmaler als 30 cm sein. Je geringer die Höhe, um so größer darf die Auftrittsbreite (Tiefe) sein, und um so länger wird der Treppenweg.

Rechenbeispiel:

Es ist bei einer Böschung die Höhe von 1,05 m zu überwinden. Bei einer Stufenhöhe von 15 cm lautet die Rechnung:

15 cm x 2 + Auftrittsbreite = 64 cm
Auftrittsbreite = 64 cm – (15 cm x 2) = 34 cm.

Um die Höhe von 1,05 m mit Stufen von 15 cm zu überwinden, sind 105 cm : 15 cm = 7 Stufen vorzusehen.
Die Länge der Treppe in waagerechter Richtung beträgt also 34 cm x 7 = 238 cm.

Praxis des Treppenbaus

Vor Beginn der eigentlichen Bauarbeiten sollte ein sogenanntes Aufmaß genommen werden, bei dem die Höhendifferenz sowie die waagerechte Distanz der beiden Niveaus festgehalten werden. Zu diesem Zweck schlagen Sie direkt am Knick der Böschung einen Pfosten senkrecht in den Boden. Dann legen Sie vom oberen Rand der Böschung mit Hilfe einer Wasserwaage eine Latte waagerecht an diesen Pfosten und markieren sorgfältig den Schnittpunkt.

Hilfestellung beim Treppenbau

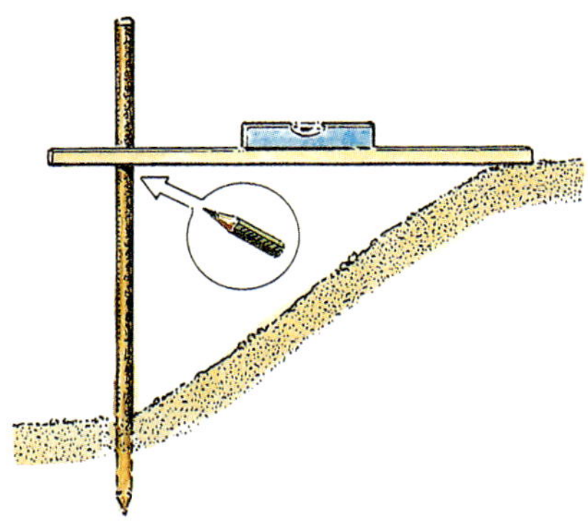

Mit Hilfe einer langen Latte und der Wasserwaage kann die zu überwindende Höhendifferenz ermittelt werden.

Diese Meßmethode läßt sich besonders gut an kleineren Hängen anwenden.

Erdstufen

Diese Bauweise wirkt natürlich und verursacht am wenigsten Kosten, stellt aber auch nicht die dauerhafteste Lösung dar. Die Erdaufschüttungen für die jeweiligen Stufen werden nach vorne von längsliegenden, geschälten Rund- oder Halbrund-Hölzern begrenzt, die wiederum von zwei tief in die Erde geschlagenen Pfählen gehalten werden. Bei breiteren Stufen werden zusätzliche Stützpfosten eingeschlagen. Hochdruckimprägnierte Hölzer sind haltbarer und verlängern somit die Lebensdauer der Erdstufen. Die Stützkonstruktion wird mit Kies oder Schotter hinterfüllt, anschließend wird festgestampft und schließlich die Trittfläche mit Kies oder Splitt aufgefüllt.

Stabile Erdstufen

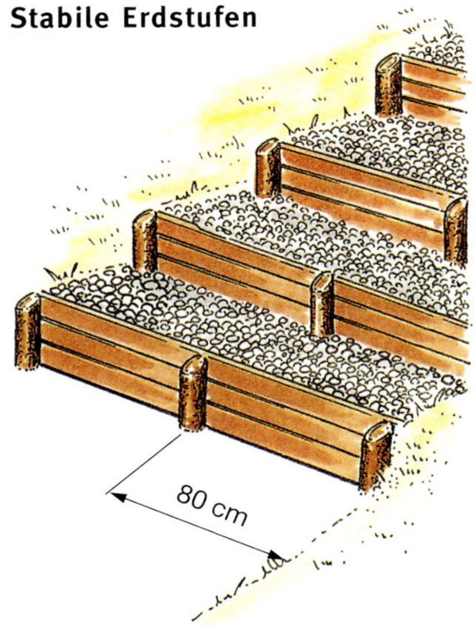

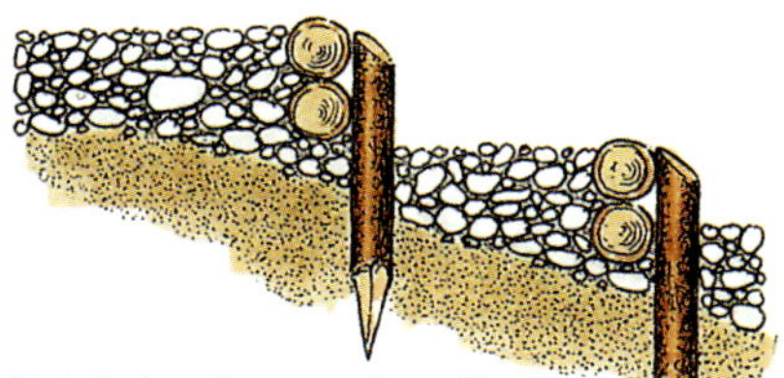

Bei Erdstufen werden die Trittflächen einfach mit Pfählen und Längshölzern abgestützt.

Holzstufen

Bei der Verwendung von Holz im Treppenbau ist zu bedenken,

daß es im engen Kontakt mit dem Erdreich rasch zu faulen beginnt, unter Umständen schon nach 3 bis 5 Jahren. Holzstufen sollten Sie deshalb am besten in feinen Kies mit einer Körnung von mindestens 3 mm setzen, um die Fäulnisgefahr zu senken.

Holzstufen aus Palisadenholz haben eine sehr dekorative Wirkung und außerdem den großen Vorteil, daß sich die Stufenkante gut an das Gelände anpaßt. Sie müssen allerdings imprägniert sein und nochmal so tief im Boden verankert werden, wie die Stufen hoch sind.

Eisenbahnschwellen erlauben durch ihr Gewicht und ihre Größe einen stabilen Aufbau, der Unterbau kann daher eher dünn ausfallen: Man hebt etwa 5 cm mehr aus, als es die Stärke der Schwellen verlangt, um darin Sand oder Splitt einzubringen. Ein leichtes Gefälle nach vorne läßt das Wasser besser ablaufen.

Natursteinstufen

Eine Verbindung aus stabiler Bauweise und natürlichen Materialien können Natursteinplatten bilden. Wenn sie so schwer sind, daß sie stabil und fest liegen, kann man sie sogar einfach in die Erde betten. In der Regel wird man eine Schicht Sand unterlegen. Wichtig ist vor allem, daß der vordere Plattenrand satt aufliegt. Verwendet man statt einer großen Platte mehrere kleinere nebeneinander, wird ein Unterbau erforderlich, wie er bei den Beton-Wegeplatten beschrieben ist. Fugen zwischen den Trittplatten sind mit Sand oder Erde aufzufüllen. Die Stufen sollten jeweils 2 bis 3 cm auf der darunterliegenden Platte aufliegen. Falls Sie Sand verwenden, sollten Sie ihn gründlich mit Wasser einspülen.

Geschickt plazierte und teilweise bewachsene Natursteine vermitteln den Eindruck einer natürlichen Steintreppe, die sich harmonisch in die grüne Umgebung einpaßt.

Jedes Grundstück hat seine Grenzen – doch sollten diese gestalterisch in die Gesamtanlage des Gartens integriert werden und das harmonische Erscheinungsbild abrunden. Manche Zäune sind ja auch nötig – sie halten Hunde in ihre Schranken, bewahren im Garten spielende Kinder davor, plötzlich auf die Straße zu laufen, oder schützen ganz einfach vor allzu neugierigen Blicken.

Zäune schaffen Behaglichkeit

Ein Zaun begrenzt nicht nur das Grundstück, er soll auch einen schönen Rahmen für das ganze Gartenbild schaffen. Art und Höhe der Einfriedung werden häufig von den Baubehörden verbindlich vorgeschrieben; hierzu sollte man sich rechtzeitig bei der Gemeinde informieren. Grundsätzlich ist zu sagen, daß die attraktive Seite nach außen zeigt und herausragende Konstruktionsteile wie Querlatten und Pfosten nach innen ausgerichtet werden sollten.

Dauerhafte Zaunpfosten

Um der Fäulnisgefahr vorzubeugen, können Sie die Pfosten auf einbetonierten Eisenhalterungen aufbocken oder gar Beton- bzw. Eisenpfosten verwenden. Als Eisenhalterungen kommen in Frage:

- Profileisen (U-Eisen oder Flacheisen, 60 mm breit, 4 mm stark); Holzpfosten werden daran festgeschraubt; zum Erdboden bleiben 5 cm Abstand.
- T-Eisen (50 x 40 mm) oder Stahlrohr (40 mm Durchmesser) mit aufgeschweißten Laschen aus Flacheisen.

Die genannten Stärken reichen aus für Zäune bis etwa 1 m Höhe. Betonpfosten gibt es mit einbetonierten Krampen für die Befestigung der Spanndrähte oder mit Flacheisen zum Anschrauben der Querlatten, im Garten- und Baustoffhandel zu erstehen. Dünne Eisenrohre als Halterungen für Gartenzäune fallen am wenigsten auf, sie müssen natürlich gegen Rost geschützt sein. Wenn Sie Rundhölzer als Pfosten direkt in den Boden schlagen, sollten Sie sich für einen Zaun von 1 Meter Höhe etwa 1,50 m lange, geschälte Rundhölzer von 8 bis 10 cm Durchmesser besorgen. Harthölzer sind beständiger als Fichte, aber auch wesentlich teurer und schwieriger zu beschaffen. Um der Gefahr der Fäulnis zu begegnen, werden die oberen Enden schräg abgeschnitten; selbstverständlich sollten nur gut imprägnierte Hölzer für den Zaunbau verwendet werden.

Mit Hilfe von Schnur und Meterstab werden die Stellen bestimmt, an denen die Pfosten stehen sollen; üblich ist ein Abstand von 2,50 m bis 3 m. Anschließend werden die einzelnen Löcher ausgehoben. Beim Einschlagen der Pfosten empfehlen sich Holzschlegel, damit die Pfosten nicht gespalten werden. Zumindest sollte ein Brett zum Schutz der Aufschlagfläche dazwischengehalten werden. Erst wenn alle Pfosten stehen, werden sie oben in gleicher Höhe mit der Säge abgeschrägt und mit Kupfer- oder Zinkblechen abgedeckt.

Drahtzäune

Am häufigsten verwendet wird verzinkter oder mit grünem Plastik umhüllter Maschendraht. Die Eckpfosten werden schräg eingeschlagen und mit Verstrebungen stabilisiert, damit sie dem Zug des Drahtes ausreichenden Widerstand leisten. Spanndrähte können mit Hilfe von Krampen an den Pfosten befestigt und anschließend mit Drahtspannern strammgezogen werden. Auch beim Maschendrahtzaun benötigen Sie oben, unten und meist auch in der Mitte einen stabilen Spanndraht zur sicheren Befestigung.

Vorteilhaft beim Maschendrahtzaun ist sicherlich der Schutz des Gartengeländes vor Kaninchen und anderen Eindringlingen. Zu

Maschendrahtzäune stabilisieren

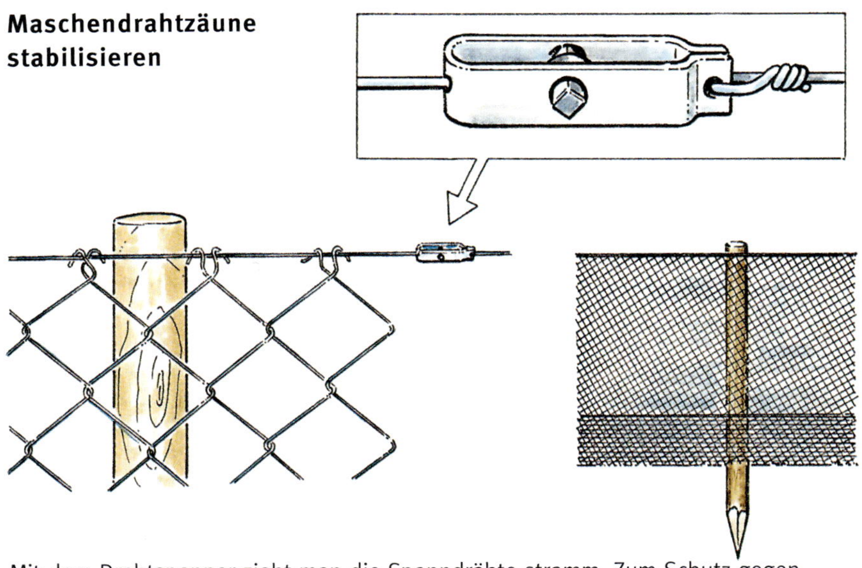

Mit dem Drahtspanner zieht man die Spanndrähte stramm. Zum Schutz gegen Kaninchen wird der Maschendraht 20 cm tief eingegraben.

Bei Erdkontakt verrottet Holz besonders schnell. Durch Anbrennen im offenen Feuer wird es wirkungsvoll imprägniert.

diesem Zweck muß das Drahtgeflecht allerdings 25 bis 30 cm tief in den Boden eingelassen werden, damit die Tiere nicht unter dem Zaun durchschlüpfen.

Lattenzäune

Bei Lattenzäunen sollten die Pfosten nicht mehr als 2 m auseinanderstehen. Zwischen den Pfosten sind zunächst zwei Querriegel von etwa 10 cm Breite und 4 cm Stärke vorzusehen. Die Länge dieser waagerechten Latten sollten Sie so bemessen, daß sie sich an den Pfosten überplatten; dort werden sie vernagelt. Dazu schlägt man je einen starken Nagel schräg von oben und einen schräg von unten ein.

Die senkrechten Latten werden nun auf einem Arbeitstisch abgemessen und schräg abgeschnitten. Um einen gleichmäßigen Abstand der Latten vom Erdboden zu gewährleisten, können Sie zum Beispiel ein Brett unterlegen. Der Abstand zwischen den senkrechten Latten sollte etwa halb so breit, höchstens genauso breit sein wie die Latten selbst.

Dachlatten sind die kostengünstigste Lösung, runde oder halbrunde, geschälte Stangen wirken aber natürlicher, in beiden Fällen ist an entsprechenden Holzschutz zu denken.

Bretterzäune

Ein Zaun aus dicht gesetzten Querbrettern erfüllt vor allem die Funktion des Sichtschutzes. Die geflechtartige Anordnung der sogenannten Lamellen bietet bei Sonnenschein ein interessantes Licht- und Schattenspiel.

Die gehobelten Bretter sollten etwa 10 bis 12 cm breit, 1,50 m lang und 2 cm stark sein. Die Bretter werden abwechselnd vorne und hinten am Pfosten (etwa 6 x 12 cm) angeschlagen.

Da Sichtschutzzäune in der Regel mit 1,80 bis 2 m Höhe geplant werden, ist es zweckmäßig, die Pfosten mit einbetonierten Halteeisen zu stabilisieren. Sorgfalt ist bei der Ausführung von Sichtschutzwänden oberstes Gebot: Die Bretter müssen glatt gehobelt sein, und die Stoßstellen müssen gut aneinander passen.

Flechtzäune

Flechtzäune sind nicht nur preiswert, sondern strahlen auch eine natürliche Kraft aus. Ein stabiles Hindernis wird damit nicht erzielt, aber eine deutliche Begrenzung, die viel Aufmerksamkeit auf sich zieht.

Das Flechten erfordert keine besonderen Vorkenntnisse: Etwas kräftigere Äste mit etwa 3 cm Durchmesser dienen als Pfosten und werden ausreichend tief in die Erde gesteckt. Die Abstände richten sich nach der Länge der verfügbaren Reiser, die sich min-

Einfacher Bretterzaun

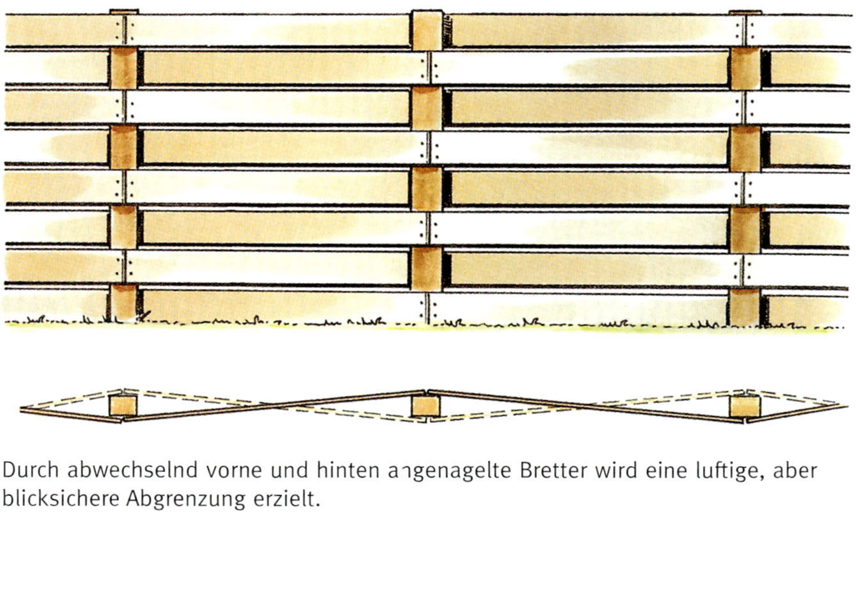

Durch abwechselnd vorne und hinten angenagelte Bretter wird eine luftige, aber blicksichere Abgrenzung erzielt.

Flechtzäune erfordern keine großen technischen Fähigkeiten, aber Geduld beim Aufbauen.

destens um drei Pfosten biegen lassen müssen.

Für 2 m lange Reiser benötigt man nur alle 80 bis 90 cm einen Pfosten. Die Reiser werden immer fortgehend von einem Pfosten zum anderen geflochten, wobei man den jeweils nächsten Reiser von der gegenüberliegenden Seite um denselben Pfosten biegt. Die ganze Pfostenreihe wird auf diese Weise nach und nach bis zur gewünschten Höhe aufgeflochten.

Rankgerüste und Sichtschutzwände

Um verschiedene Gartenbereiche voneinander zu trennen, gibt es zahlreiche Möglichkeiten. Gerüste machen im Vergleich zu Mauern einen besonders freundlichen Eindruck, da sie sich gut mit üppig wachsenden Kletterpflanzen beranken lassen.

Der Eigenbauer läßt mit Hilfe von gehobelten Latten, Bambusstäben oder gar Baustahlgewebe seiner kreativen Phantasie freien Lauf. Hier einige Beispiele:

Hilfe für das Pflanzenwachstum

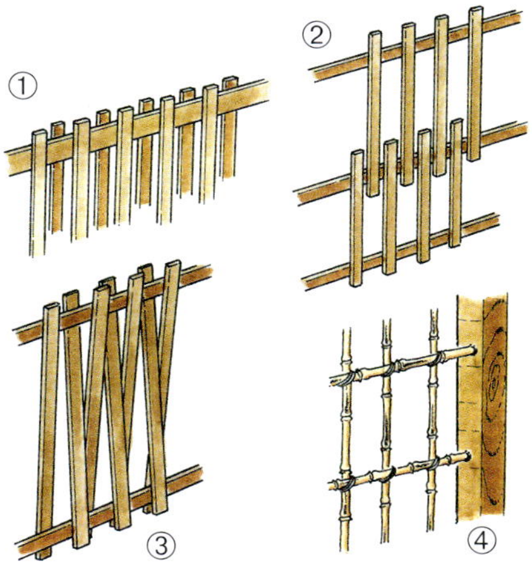

Vier verschiedene Varianten für einfach konstruierte Rankgerüste und Sichtschutzwände.

1. Einfaches Spalier, bei dem die gehobelten senkrechten Latten (3 x 5 cm) abwechselnd vor und hinter dem waagerechten Riegel befestigt sind.
2. Spalier aus drei Querriegeln, bei dem die Latten nur die halbe Höhe einnehmen und in der Mitte eine Zone von doppelter Dichte bilden.
3. Rank- oder Sichtschutzwand aus gehobelten Brettern (2 x 8 cm), die oben und unten abwechselnd vorne bzw. hinten an den Querriegeln befestigt sind. Dadurch ergibt sich die Wirkung eines Geflechts.
4. Bambusgitter, das an den Kreuzungen mit Schnüren in Achterform verbunden ist. Den Rahmen geben kräftige Pfosten, in die man Bohrungen anbringen kann, um die waagerechten Bambusstäbe stabil darin zu befestigen.

Bewachsene Rankgerüste vermitteln einen freundlicheren Eindruck als eine massive Wand. Sie können dem Garten zusätzliche Attraktivität verleihen.

Trockenmauern haben sich seit alters her bewährt, um steile Höhenunterschiede abzusichern. Sie bieten außerdem einen wertvollen Lebensraum für viele Pflanzen- und Tierarten.

Trockenmauer am Hang

Bei einer Trockenmauer werden die Steine ohne Hilfe von Mörtel aufeinander geschichtet. Ab 1 m Höhe verlieren sie jedoch an Stabilität. Gibt es ausreichend Platz, werden dann mehrere Mauern von jeweils 1 m Höhe auf Terassierungen von wiederum mindestens 1 m angelegt.

Planung und Anlage

Geeignet sind alle Natursteinarten, die durch Spaltung Platten bilden, wie Schiefer und Kalkstein. Die Stücke sollten mindestens 5 cm stark sein und an einer Kante 30 cm lang. Diese 30 cm entsprechen der Mauerdicke (Tiefe). Der Materialbedarf ergibt sich aus der Mauerfläche (Höhe x Länge). Durch Multiplikation mit den 30 cm Tiefe erhält man die benötigte Materialmenge in Kubikmetern.

Zu Beginn der Arbeit stecken Sie die Unterkante der Mauer mit einer Schnur ab. Dabei ist zu berücksichtigen, daß zur dahinterliegenden Böschung 40 cm Platz zum Hinterfüllen verbleibt, und die Mauer sich später etwa in einem Winkel von 15 Grad zum Hang hin neigen muß.

Von der markierten Vorderkante aus in den Hang hinein ist eine flache Grube von etwa 20 cm Tiefe auszuheben, die das Fundament bildet. Dieses besteht aus einer Füllung von grobem Kies und Steinbrocken. Wenn Sie nun die erste Steinschicht legen, sollten Sie insbesondere an den Ecken die größten Steine verwenden. Die nächsthöhere Steinschicht jeweils leicht nach hinten versetzen, damit sich die gewünschte Neigung ergibt. Bis zur Oberkante in 1 m Höhe müssen die Steine etwa 15 bis 20 cm hinter der Bodenkante eingerückt sein.

Bei der zum Hang hin schauenden Seite ist es erwünscht, daß die Steine ungleichmäßig abschließen, weil die Konstruktion dadurch stabiler wird. Die oberste Schicht sollten Sie so verlegen, daß sie eben mit der Erdoberfläche abschließt.

Angelehnte Trockenmauer

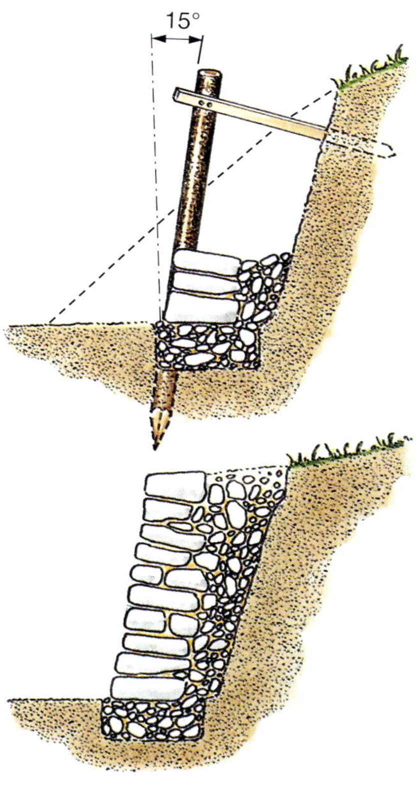

Die mit Pfosten markierte Vorderkante der Mauer sollte sich 15° zum Hang neigen. Zuunterst liegen die stabilsten Steine, dahinter wird mit grobem Kies verfüllt.

Denken Sie daran, gelegentlich einen Stein aus der ansonsten glatten Oberfläche herausragen zu lassen, um der Ansiedlung von Pflanzen eine breitere Grundlage zu geben. Während des Aufbaus sollten Sie darüber hinaus zwischen Böschung und Mauer eine schrittweise Hinterfüllung nicht vergessen.

Nach dem Aufbau werden wärme- und trockenheitsliebende Pflanzen in die Lücken gepflanzt. Die Mauerkrone können Sie mit blühenden Polsterstauden bepflanzen, wodurch die Krone nicht nur verschönert, sondern auch befestigt wird.

Freistehende Mauern

Mit einer freistehenden Trockenmauer können Sie verschiedene Gartenteile voneinander trennen. Außerdem bieten Sie damit Eidechsen, Blindschleichen und Insekten einen bevorzugten Lebensraum. Nicht zuletzt wurden solche Mauern früher aus der Not geboren, ein Übermaß an Steinen auf elegante Weise loszuwerden. Denn eine solche Trockenmauer muß nicht immer aus zugehauften Steinen bestehen, sondern kann auch aus runderen Feldsteinen zusammengebaut werden. Der Aufbau erfolgt ähnlich wie bei einer angelehnten Trockenmauer, allerdings wird hier von zwei Seiten gearbeitet: Die stabilsten Steine werden zuunterst gelegt. Die attraktivsten Steine zeigen nach außen, der innere Hohlraum wird mit grobem Schotter aufgefüllt. Vor allem für die unterste Schicht sollte grobes Füllmaterial verwendet werden, damit sich in

Freistehende Trockenmauer

Eine freistehende Mauer darf nicht viel höher als breit sein. Die Substratfüllung der Krone ermöglicht eine Bepflanzung.

den Hohlräumen Kleintiere einnisten können.

Erst weiter oben füllen Sie Gartenerde in die Zwischenräume. Zum Schluß sollte eine mindestens 30 cm breite Krone entstehen, die Sie mehr oder weniger intensiv bepflanzen können.

Ein frostsicheres Fundament ist bei solchen freistehenden Trockenmauern ebensowenig erforderlich wie bei den angelehnten. Es genügt eine 10 bis 20 cm starke Unterlage aus wasserdurchlässigem Kies oder Splitt. Allerdings sollte eine Höhe von 1 m keinesfalls überschritten werden und das gleiche Maß als Breite des Bauwerks zugrunde gelegt werden, damit es stabil genug ist.

Steinanlagen wie diese können direkt bis an das Haus hinführen. Sie geben dem Garten eine weitläufige Optik, denn in solch einer Anlage gedeihen am besten niedrig wachsende Pflanzen. Die Sicht wird nicht durch hohe Bäume und dichte Sträucher versperrt, so daß man zum Beispiel spielende Kleinkinder immer gut im Auge behalten kann.

Planung und Anlage naturnaher Steinanlagen

Naturnahe Steinanlagen sind Gartenstandorte für alle Pflanzenarten, die sich an die teilweise extremen Umweltbedingungen ihrer Lebensräume angepaßt haben. Steinanlagen haben ihre natürlichen Vorbilder in den Hochgebirgen. Dort siedeln sich auf engstem Raum, zwischen Felsritzen und Steinplatten, recht vielfältige Pflanzengruppen an, die den Betrachter durch Formenvielfalt und Blütenfarbe sofort begeistern.

In einer naturnahen Steinanlage verzichtet der Gestalter auf großräumige Pflanzflächen, wuchernde Pflanzenarten und nährstoffreiches Substrat. So behalten gedrungene, zierliche Kleinpolsterarten ihr typisches Aussehen und ihre Schönheit, die den Pflanzenliebhaber ja zur Verwendung dieser Arten bewegte.

Geeignete Standorte

Ideale Flächen zur Gestaltung als Steinanlagen stellen sonnenbeschienene Plätze im Garten dar. Südlagen können mit den allermeisten Stauden und Gehölzen aus dem Gebirge bepflanzt werden. Südost- und Südwestlagen kommen ebenso als typische Steingarten-Standorte in Frage. Aber auch dunklere, nicht direkt von der Sonne beschienene Flächen können zu interessanten Steinanlagen gestaltet werden.

Interessant sind auch Punkte im Garten, die ständig im Blickfeld des Betrachters liegen, zum Beispiel am Rande eines Freisitzes oder einer Terrasse. Die Größe einer Anlage richtet sich immer nach der Größe vorhandener Gartenräume. Schon wenige Quadratmeter große Steingruppen lassen sich zu einem harmonischen Gesamtbild zusammenfügen.

Natürlichkeit statt gestalterischer Strenge

Für naturnahe Steinanlagen sollten ausschließlich unbehauene, naturbelassene Steine verwendet werden. Man achte dabei auch stets auf unterschiedliche Steingrößen! Nach dem Einbau der Steine in die Anlage soll die Fläche unberührt wirken, die gestalterisch ordnende Hand des Gärtners darf nicht wahrzunehmen sein.

Architektonische Steingärten und Trockenmauern können aber auch bei Steinanlagen gestalterische Strenge zum Ausdruck bringen. Sauber behauene Mauersteine zeugen von hoher handwerklicher Leistungsfähigkeit des Gestalters.

Der Bau von natürlichen Steinanlagen ist jedoch für die mei-

Eine vorbildliche Steinanordnung: Die großen Fugen zwischen den Steinquadern bieten Platz für allerlei Pflanzenarten, die diesen Lebensraum bevorzugen.

Unterschiedliche Steingarten-Typen: freiliegend auf einer Rasenfläche (oben), größere Anlage vor einer Hecke (Mitte), Kalkknollenstein-Anlage in Hausnähe (unten).

sten Gartenbesitzer viel eher durchführbar als die Schaffung architektonischer Steinanlagen. Und nicht zuletzt spielt die Größe der Brieftasche beim Gartenbesitzer eine wesentliche Rolle.

Unterscheidungsmerkmale der Gesteinsarten

Man teilt die verschiedenen Gesteinsarten nach ihrer Entstehungsgeschichte in drei Gruppen ein:

Durch vulkanische Tätigkeit entstanden die sogenannten **Magmatite** oder **Erstarrungsgesteine**. Zu dieser Gruppe gehören in erster Linie *Basalt* und *Granit*. Basalte sind feinkörnig und weisen daher kaum Strukturen auf, die Farbe kann als blauschwarz bezeichnet werden. Granit ist grobkörnig. Das Erscheinungsbild und die Farbe sind vielgestaltig. Von grau über gelb bis rot reicht das Farbspektrum, meist weist es helle oder dunkle Einsprengungen auf.

Durch Ablagerungen von verschiedenen Substanzen wurden **Sedimentgesteine**, also **Ablagerungsgesteine** gebildet. Typische Ablagerungsgesteine sind Sand- und Kalksteine. Letztere enthalten manchmal Reste von Schneckenhäusern oder Muschelschalen, die den Vorgang der Gesteinsbildung aus Meeresablagerungen lebendig werden lassen. Auch Kalksteine, die sich an kalkreichen Mittelgebirgsquellen bilden, sogenannte Kalktuffe, sind ein ideales Baumaterial für

Auch behauene Steine, wie hier zu einer Trockenmauer arrangiert, haben ihren Reiz.

Manche Kalkgesteine weisen Vertiefungen auf, die – mit Substrat gefüllt – gut bepflanzbar sind.

Steinanlagen. Das Farbspektrum der Kalktuffe reicht von gelb bis weiß.

Sandsteine haben eine weltweite Verbreitung, Farbe und Form sind äußerst vielgestaltig; Hauptbestandteil sind die Quarzkörner, die unterschiedliche Größen aufweisen. Sandsteine gibt es in roten, grauen, braunen, braunschwarzen, gelblichen und grünlichen Farbstufen. Für den Steingarten eignen sich besonders Bunt-, Keuper- und Kreidesandstein.

Durch physikalische Kräfte in erdgeschichtlichen Zeiträumen sind sogenannte **Umwandlungsgesteine** oder **Metamorphite** entstanden. Die wichtigsten Vertreter dieser Gruppe sind kristalline Schiefer.

Als Gneise oder Quarzite treten sie meist schieferig, plattig auf. Die schwarzen oder dunkelgrauen Schieferplatten werden im Steingarten gerne zur Wegeführung und Steinschichtung verwendet.

Kriterien zur Auswahl der Steine

Bei der Auswahl der Steine sollte der Planer einige grundsätzliche Aspekte beachten. Besonders wichtig ist, daß beim Bau der Anlage ausschließlich eine Gesteinsart eingesetzt wird. Die Steingruppen sollten farblich aufeinander abgestimmt und räumlich miteinander verbunden werden. Neben Form und Farbe der Steine ist auch die chemische Beschaffenheit und Reaktion von Bedeutung. Gerade alpine Stauden und Zwerggehölze haben häufig spezielle Ansprüche in Hinblick auf den pH-Wert des Substrates und des umgebenden Gesteins. Wird eine Themenbepflanzung wie z.B. „Pflanzengesellschaften der Kalkalpen“ gewünscht, muß zwangsläufig auf basische Gesteine, nämlich Kalksteine (pH 6,5 – 8), zurückgegriffen werden. Die Gruppe der Alpenpflanzen mit sauren Substratansprüchen (pH 3,5 – 5) wächst an den Naturstandorten meist auf silikatischen Gesteinen. Wer solche Pflanzen in einer Anlage kultivieren will, greift auf Granit, Gneis oder Quarzit zurück. Für Steinanlagen ohne besondere Gestaltungs- und Bepflanzungswünsche spielt die chemische Zusammensetzung der Steine eher eine untergeordnete Rolle.

Fossile Abdrücke sollte man beim Einbau der Steine möglichst gut sichtbar in die Anlage integrieren.

Auch ein Hang läßt sich mit etwas Geschick und Phantasie als Steingarten gestalten, wie hier mit üppigen Blütenstauden.

Beschaffung des Steinmaterials

Ansprechpartner für die Beschaffung des Steinmaterials sind Naturstein- oder Baustoffhändler. Aufgrund des großen Gewichts ist es sinnvoll, Steine immer aus der Nähe der zukünftigen Anlage zu beziehen. Dadurch werden die hohen Frachtkosten erheblich reduziert. Bei Verwendung großer Steine vereinbart man zweckmäßigerweise den Transport der Steine zum Grundstück gleich gemeinsam mit dem Einbau am vorgesehenen Standort. Auch Anfragen beim örtlichen Grünflächenamt, dem Bauhof oder bei Landwirten eröffnen häufig neue Lieferquellen.

Erdarbeiten

Die Grundfläche der Anlage wird mit Handwerkzeugen gelockert und vollständig von Wurzelunkräutern befreit. Um die Rhizome vollständig zu entfernen, sollte das Erdreich etwa ein Jahr lang beobachtet und falls notwendig bearbeitet werden. Diese intensive Vorarbeit lohnt unbedingt, denn nichts ist schwieriger, als aus der Tiefe aufsteigende Rhizomunkräuter wie Zaunwinde, Ackerschachtelhalm, Distel, Quekke oder Giersch in Steinanlagen zu bekämpfen. Durch unsachgemäße Vorarbeit werden in den meisten Fällen gravierende Fehler verursacht, die es nach Jahren notwendig machen, daß die Fläche nochmals umgestaltet werden muß. Nachdem sämtliche Unkräuter entfernt sind, kann mit der Grobmodellierung begonnen werden.

Dränage

Wasserundurchlässige und dichte Bodenschichten werden durch Einmischen von Kiesen und Sanden wasserdurchlässig gemacht. Häufig können gerade in Neubaugebieten noch vorhandene Estriche, Putzsande, Betonkiese und Steinabfälle in den Untergrund der Anlage eingebaut werden. Solche Materialien haben eine wirkungsvolle Dränagewirkung und verhindern die Bildung von Staunässe.

Höhere Punkte der Anlage werden durch Aufschichtung des Abtragmaterials geformt, welches bei den Vertiefungen anfiel. Nach Möglichkeit sollten die aufgebauten Erdschichten mit einem Stampfer unter leichtem Druck verdichtet werden. Stufenweise verstärkt man die Verdichtung des Anlagekerns, so daß er auch große Gewichte später aufliegender Steine tragen kann. Ständiger Sand- und Kieseintrag während des Verdichtungsvorgangs beschleunigt eine schnelle Verfestigung des Kerns. In Gebieten mit schweren Böden, wie Tonoder Lehmböden, verwendet man sinnvollerweise Packlagen-Gemische des Wegebaus zur Herstellung des Steingartenkerns, z.B.: Kalk- oder Basaltschotter. Erdfeuchte Substanzen lassen sich leichter verdichten als trockene oder zu nasse Substrate. Bei trokkener Witterung ist es ratsam, das Füllsubstrat leicht anzufeuchten. Überschüssiges Bodenwasser ist hingegen nur schwer zu verdrängen. Der Kern bestimmt unveränderlich das Erscheinungsbild der Steinanlage.

Bau einer Steinanlage: Nach dem Heranschaffen der Materialien wird der Unterbau hergestellt. Danach verdichtet man mit den Füßen und baut die Steingruppen ein.

Setzung und Gruppierung der Steine

Der nächste Arbeitsabschnitt wird durch die Herstellung kleinerer Mulden und flacher Vertiefungen eingeleitet. Mit Flachschaufel und Pflanzschaufel schafft man so die Lagerflächen der großen Steine. Die in der Nähe zwischengelagerten Steine werden jetzt mit geeignetem Werkzeug sowie Transportmitteln wie Schubkarre, Sackkarre oder Trageriemen an die vorgesehenen Standorte tranportiert und eingebaut.

Die Sicherheit des Handwerkers ist gerade beim Steintransport eine absolute Notwendigkeit. Der Arbeitsplatz ist so einzurichten, daß Ausrutschen oder gar ein Sturz ausgeschlossen werden kann. Sinnvollerweise besorgt man genügend Holzbohlen, um auch bei hoher Bodenfeuchtigkeit trittsicher arbeiten zu können. Umherliegendes Werkzeug birgt Gefahren, es wird vor dem Steintransport zur Seite gelegt. Grundsätzlich trägt man bei der Arbeit mit schweren Steinen Sicherheitshandschuhe und feste Arbeitsschuhe mit Stahlkappen.

Erfahrungsgemäß lassen sich auch schwere Steine durch Hebeltechniken und Holzunterlagen bewegen. Trotzdem sollten bei der Steinschichtung immer mehrere Personen anwesend sein. Leicht überschätzt man die eigenen Kräfte und unterschätzt das Gewicht der Steine. Vor dem gemeinsamen Steintransport sollte man die notwendigen Bewegungen mit den Helfern absprechen, um während des Tragevorgangs Mißverständnisse und somit Gefahren zu vermeiden.

Der Einbau der Steine erfolgt nach natürlichen Gesetzmäßigkeiten. Jedes Element ist bestrebt, den Zustand größtmöglicher Ruhe zu erreichen. In der Praxis wählt man die größte Oberfläche des Steins als Auflagefläche aus. Nur bei Steinen mit interessanter und dekorativer Oberfläche kann da hin und wieder eine Ausnahme gemacht werden. Man vermeide aber unnatürliche Schichtungen: Hochkant eingebaute Steine als Einzelobjekte wirken wie Denkmäler und integrieren sich nur schwer in das Gesamtbild.

Der Stein muß fest mit dem Untergrund verbunden werden. Hohlräume werden mit Sand und Untergrundsubstraten verfüllt. Der Stein muß trittfest verlegt sein und darf sich bei Belastung nicht bewegen oder gar umkippen. Durch Feststampfen mit dem Fäustelhammer läßt sich schnell die gewünschte Stabilität herstellen.

Durch einige kleine Steinbrocken wird die Anlage abgerundet; sie schaffen die räumliche Gliederung der Anlage und wirken wie Brücken. Außerdem lassen sie sich zur Schichtung „lockerer Bänder" (geschwungene Linien aus größeren und kleineren Steinen) verwenden. Gute Vorbilder liefern lose Geröllsteinmauern auf Hochalmen im

Der fertige Steingarten nach einem Jahr: Größere Steingruppen an der Wand schaffen ein abwechslungsreiches Bild.

Gebirge. Größere, locker verlegte Steine bilden das Fundament. Auf diese Grundlage kann man je nach Bedarf zwei bis drei lockere Steinhaufen aufschichten. Die Zwischenräume werden mit tonigen Füllsubstraten ausgekleidet und sind Hangbefestiger und wertvolle Pflanzenstandorte.

Erden, Substrate und Beischlagstoffe

Ist die Setzung der Steine und die Aufschichtung der Landschaft abgeschlossen, wird anschließend die eigentliche Pflanzerde in die Anlage eingebracht und verteilt. Steingartenerden sollten locker und gut wasserdurchlässig sein. Überschüssiges, beim Untergrundbau anfallendes Erdreich stellt die Grundlage dar. Mit einer Hacke und einem Pflanzspaten lockert man verklumpte Erdbrocken und breitet den Haufen flächig aus. Bei der Wahl der Zuschlagstoffe wird nach dem Säurewert unterschieden.

Einerseits gibt es **kalkhaltige, alkalische Mineralien** für Pflanzungen, die auf Kalkgehalte im Boden angewiesen sind. Feiner Kalksteingrus, Korngröße bis 8 mm, ist preisgünstig und eignet sich hervorragend zur Beimischung ins Erdreich. Alternativ kann man auch alkalische Sande und Kiese einbringen. In älteren Anlagen wurde häufig Bimskies verwendet, der heute durch die Abbauproblematik immer schwerer zu beschaffen ist.

Unkrautfreier, gut ausgereifter Kompost oder kompostierte Rasenerde werden abschließend eingemischt. Anstelle von Kompost verwendet der Landschaftsgärtner auch Einheitserde Typ P, sogenannte Pikiererde. Günstige Mischungsverhältnisse ergeben sich aus der Verwendung von Gartenerde, Splitt und Kompost oder Einheitserde im Verhältnis 3:2:1. Das Substrat sollte einen pH-Wert zwischen 6,5 und 8 aufweisen, also im neutralen bis alkalischen Bereich. Kurzfristig kann durch Beimischung von Kohlensaurem Kalk ($CaCO_3$) der pH-Wert leicht erhöht werden.

Erden und Pflanzen, die **saure Standorte** benötigen, werden durch Mischung von Gartenerde, Torf, Quarzsand und eigenen Nadelkomposten hergestellt. Gute Ergebnisse erzielt man durch ein Mischungsverhältnis von 2:2:1:1. Besonders niedrige pH-Werte erzielen Fichtennadel-, Kiefernnadel- und Eichenlaubkomposte. Solche Beimischungen sollten mindestens zwei bis drei Jahre alt und gut ausgereift sein. Der pH-Wert des Substrates für Pflanzen mit niedrigen pH-Wert-Ansprüchen sollte zwischen 4,5 und 5,5 liegen.

Die fertigen Erdmischungen werden nun zwischen den Steinen verfüllt. Durch Verwendung einer Hacke und einer Pflanzschaufel wird das Oberflächensubstrat des Steingartenkerns angerauht und das Füllsubstrat durch leichtes Andrücken mit dem Untergrund innig verbunden. Bodenlebewesen sorgen später für einen guten Humus- und Mineralstoffaustausch zwischen den Substratschichten. Gute Pflanzsubstrate werden von Stauden und Gehölzen schnell durchwurzelt und besiedelt.

Abdeckmaterial

Nach erfolgter Substratverfüllung sollte die Erdoberfläche durch eine mineralische Mulchschicht bedeckt werden. Solche Abdeckungen verhindern eine Auswaschung oder ein Abspülen des Pflanzsubstrates vor und nach der Bepflanzung.

Die Abdeckschicht wirkt wie eine Mulchdecke: Bodenfeuchtigkeit steht der Pflanze länger zur Verfügung, und das Kleinklima der Anlage wird durch gleichmäßige Luftfeuchtigkeit positiv beeinflußt. Anfliegende Unkrautsamen gelangen selten zur Keimung und finden in dieser mineralischen Schicht nicht genügend Nährstoffreserven, so daß sie verkümmern.

Je nach dem Ziel einer späteren Bepflanzung muß wieder auf die chemische Zusammensetzung des Mulchmaterials geachtet werden. Für kalkliebende Bepflanzungen eignen sich gesiebte Kalkschottersteine zwischen 2 und 16 mm Korngröße sowie Bimskies in handelsüblicher Körnung. Die Farbe des Abdeckmaterials sollte der Färbung der verwendeten Gesteinsart angepaßt sein. Dunklere Kalksteinanlagen sollten daher eher mit Basalt- oder Diabasschotter abgedeckt werden, wie sie im Wegebau Verwendung finden.

Ideale Abdeckungen für Bepflanzungen mit sauren Bodenansprüchen stellen quarzhaltige Kiese dar. Das Farbspektrum umfaßt hier die meisten Schattierungen. Rötliche bis braune Oberflächenfarben erzielt man bei der Verwendung von rotem Eifellavaschotter, der häufig als Bei-

Nach dem Setzen der Steine werden die Zwischenräume mit den fertigen Erdmischungen verfüllt.

Die Pflanzoberfläche dieser dem alpinen Lebensraum nachempfundenen Steinanlage wurde mit Kies abgedeckt.

schlagstoff zu Straßenbaumpflanzungen verwendet wird und über den Fachhandel bezogen werden kann.

Die Mächtigkeit der Abdeckschicht richtet sich nach der Wuchsfreudigkeit und Größe der vorgesehenen Bepflanzungen. Kleinpolster und Zwergstauden bevorzugen Abdeckungen zwischen 0,5 und 2,5 cm Stärke. Größere Arten vertragen Abdeckungen von 2,5 bis 4 cm Mächtigkeit. Wird die Bepflanzung zu einem späteren Zeitpunkt durchgeführt, so sollte die Abdeckschicht von den vorgesehenen Pflanzlöchern entfernt werden. Nach der Stauden- oder Gehölzpflanzung wird die Abdeckung um die Pflanze verteilt, der Wurzelhals vorsichtig eingebettet und das Abdeckmaterial leicht angedrückt. Durch Angießen der Neupflanzung wird dann automatisch wieder Kontakt zwischen dem Unterboden und der Abdeckung hergestellt.

Gestalterisches Beiwerk

Zum Nachempfinden natürlicher Landschaftsbilder bedient man sich in Steinanlagen gerne abgestorbener Baumteile. Knorrige Wurzeln und mit Flechten und Moosen besiedelte Stamm- und Astteile sind ansprechende Gestaltungshilfen. Je nach Größe solcher Exponate ist es sinnvoll, diese schon vor der Bepflanzung der Anlage einzubauen. Die Größe dieser Gestaltungselemente sollte immer im Verhältnis zur Anlage stehen. Man hüte sich vor der Schaffung unnatürlicher Bilder. Alte Baumwurzeln müssen mindestens zu 30 bis 40% im Boden versenkt werden. Auf keinen Fall sollte die Oberseite nach unten gerichtet werden oder umgekehrt. Grundsätzlich sollte man möglichst wenig Holzteile verwenden, diese aber geschmackvoll arrangieren. Keinesfalls sollte die Steinanlage an einen abgestorbenen Wald erinnern.

Eichenwurzeln sind länger haltbar als leichter zersetzbare Wurzeln von Kiefer, Tanne oder Fichte. Eichenwälder sind Fundorte alter Wurzelstubben mit schönem Flechten- und Moosbewuchs. Man sollte allerdings das Einverständnis der örtlichen Forstverwaltung oder des Waldbesitzers einholen.

Sommertrockene Bachläufe im Gebirge sind häufig Fundorte bizarr geformter, sonnengebleichter Wurzel- und Astteile alpiner Gehölze. Diese werden durch Lawinen und Schmelzwasser im Frühjahr zu Tal befördert und reiben sich an den Steinen des Bachbettes zu interessanten Formen. Solche Fundstücke sind schöne Urlaubsmitbringsel und schaffen

Eine Steinanlage entsteht – Mischen der Substrate, Aufbau des Kerns, Schichtung der Steine und Bepflanzung.

Auf engstem Raum können in Steinanlagen viele Arten von Pflanzen siedeln, die durch Blühfreudigkeit oder Flächendeckung bestechen.

bei sparsamer Verwendung in der Steinanlage eindrucksvolle Bilder.

Mineralien und Fossilien

Mineraliensammler bauen ihre Sammlungen gerne in Steinanlagen ein. Gegen einige Stücke ist sicher nichts einzuwenden. Man hüte sich aber vor unnatürlichen Schichtungen und Überfüllung der Anlage durch Fossilien und andere Versteinerungen. Außerdem finden solche „Ausstellungsstücke“ schnell neue Besitzer, wenn man schöne Steine in Anlagen verwendet, die allgemein zugänglich sind. Interessante und anspruchsvollere Demonstrationsflächen bieten kleine Steinanlagen in Trögen, Schalen und anderen Gefäßen. Der Gestalter kann in kleineren Flächen solche Schaustücke durch gezielte Verwendung von Kleinpolsterbildnern wie Draba- (Hungerblümchen), Dianthus- (Nelken) oder Saxifraga-Arten (Steinbrech) wesentlich wirkungsvoller ins Bild setzen, als das in größeren Anlagen möglich ist.

Pflanzung und Pflege

Steinanlagen wirken auf den Betrachter neben dem Steinmaterial selbst vor allen Dingen durch eine ansprechende Bepflanzung. Bei der Auswahl geeigneter Pflanzen orientiert sich der Gestalter in erster Linie an der Blühfreudigkeit der einzelnen Arten. Oft bleiben solche unberücksichtigt, die weniger durch Blütenfülle, sondern mehr durch schöne Polster- und Rosettenformen auffallen.

Besondere Beachtung bei der Auswahl der Arten gilt der Wuchsfreudigkeit. Größere Polster und Flächendecker pflanzt man sinnvollerweise an den Rand der Anlage, um so optisch eine Überleitung zu benachbarten Gartenbereichen zu erzielen. Engere Steinfugen beherbergen die kleineren, zierlichen Arten mit schwächeren Wuchseigenschaften.

Eindrucksvolle Steinanlage in Hausnähe. Steine und Pflanzen sind eng auf die jeweilige Umgebung abzustimmen und einzugliedern.

Steingärten können als natürliche Begrenzung zum Nachbargrundstück dienen. Zudem sind sie – frei im Garten arrangiert – schöner Blickfang und Tummelplatz für zahlreiche Insekten zugleich. Neben Ziergewächsen gedeiht in einem Steingarten auch eine Vielzahl aromatischer Heilkräuter.

Geeignete Pflanzen für den Steingarten

Der Flächenbedarf der einzelnen Arten ist unterschiedlich. Starkwüchsige Polsterstauden benötigen eine Pflanzdichte von drei bis fünf Pflanzen pro Quadratmeter, z.B. Blaukissen (Aubrieta) oder Hornkraut (Cerastium). Bei schwachwüchsigen Staudenarten benötigt man acht bis zwölf Pflanzen pro Quadratmeter, z.B. Grasnelke (Armeria) oder Primel (Primula). Zwergige Polster- und Rosettenstauden können mit über zwanzig Pflanzen pro Quadratmeter, z.B. Steinbrech-Arten (Saxifraga) oder Hungerblümchen (Draba), bepflanzt werden. Kleine Gehölze sind je nach Wuchsform einzeln oder in kleinen Gruppen zu verwenden.

Die günstigste Pflanzzeit für Stauden liegt im Frühjahr zwischen März und Mai.

Vor dem Pflanzvorgang werden die Topfballen auf Unkraut und Schädlinge wie Wurzelläuse oder Wurzelälchen kontrolliert. Anschließend werden sie durchdringend gewässert.

Mit einer Handschaufel oder einem Pflanzholz werden die Stauden gepflanzt und fest angedrückt. Vorhandenes Abdeckmaterial wird um die Pflanze verteilt und ebenfalls angedrückt. Abschließend ist die Neupflanzung intensiv anzugießen.

Bei der Vorplanung der Pflanzung bedient man sich farbiger Fachbücher oder Kataloge, die die Lieferanten zur Verfügung stellen. Pflanzensortimente für Steingärten werden in der Regel auch in Gartencentern angeboten, ausgefallene Arten erhält man in speziellen Staudengärtnereien.

Schwachwüchsige Arten werden am besten in schmale Steinfugen eingepflanzt.

Stauden für Steinflächen in sonniger Lage

Aster *(Aster)*
Blaukissen *(Aubrieta)*
Edelweiß *(Leontopodium)*
Enzian *(Gentiana)*
Grasnelke *(Armeria)*
Habichtskraut *(Hieracium)*
Hungerblümchen *(Draba)*
Küchenschelle *(Pulsatilla)*
Lichtnelke *(Lynchis)*
Pippau *(Crepis aurea)*
Steinbrech *(Saxifraga)*
Steinkraut *(Alyssum)*

Gehölze für sonnige Anlagen

Besenheide *(Calluna)*
Buchsbaum *(Buxus)*
Ginster *(Genista)*
Lavendel *(Lavendula)*
Lebensbaum *(Thuja)*
Sauerdorn *(Berberis)*
Schneeheide *(Erica)*
Seidelbast *(Daphne)*
Wacholder *(Juniperus)*
Zaubernuß *(Hamamelis)*
Zwergfichte *(Picea)*
Zwergtanne *(Abies)*

Pflanzenauswahl für schattige Standorte

Alpenglöckchen *(Soldanella)*
Anemone *(Anemone)*
Christrose *(Helleborus)*
Frauenmantel *(Alchemilla)*
Haselwurz *(Asarum)*
Heilglöckchen *(Cortusa)*
Hufeisenfarn *(Adiantum)*
Lungenkraut *(Pulmonaria)*
Raute *(Thalictrum)*
Steinbrech *(Saxifraga)*
Ungarwurz *(Waldsteinia)*
Veilchen *(Viola)*

Pflegemaßnahmen

Die Bekämpfung keimender Unkräuter und die Bewässerung in Trockenphasen sind die wichtigsten Pflegemaßnahmen in Steingärten. Laubblätter, die im Herbst in die Anlage gelangen, werden sorgfältig entfernt. Im Winter schützt eine Abdeckung aus Nadelreisig vor starken Frösten. Sie wird im Frühjahr wieder entfernt. Gleichzeitig wird das Substrat mit einer Kralle oder einem Einzink aufgelockert. Dabei sollte die Mulchschicht möglichst nicht mit dem darunterliegenden Substrat vermischt werden, da sonst anfliegende Unkrautsamen günstige Voraussetzungen für ihre Keimung finden würden.

Gelungenes Beispiel für eine Teichanlage mit großen Steinen als Teichumrandung, die beinahe nahtlos in einen durch den Garten führenden Steinweg übergehen. Je naturnaher solch ein Gartenteich angelegt wird, um so mehr kann er später zum neuen Lebensraum für viele schützenswerte Tiere werden, wie z.B. Libellen und Molche, aber auch Frösche und Blindschleichen.

Planung und Anlage eines Teiches

Bevor man sich daran macht, einen Teich in seinem Garten anzulegen, sollten zunächst einige grundsätzliche Überlegungen angestellt werden. Will man einen reinen Schau- oder **Zierteich**, in dem beispielsweise exotische Seerosen wachsen und große Zierfische leben, so muß man auch den gehobenen Ansprüchen dieser Lebewesen gerecht werden. Sie benötigen großzügige Anlagen und müssen frostgeschützt überwintert werden. Anders der sogenannte **Naturteich**. Dieser wird naturnah gestaltet, vor allem im Uferbereich, wo mit einheimischen Pflanzen Unterschlupfmöglichkeiten für wildlebende Tiere geschaffen werden. Übergangsformen sind möglich.

An Fischen sind im Naturteich nur die kleinen Stichlinge, Moderlieschen oder Elritzen erlaubt. Frösche sind als geschützte Arten am Naturteich besonders willkommen, dabei ist eine gewisse Lärmbelästigung einzukalkulieren. Ein Bachlauf bereichert jede Art von Teich. Dafür ist natürlich ein etwas größerer Aufwand notwendig und beim Betrieb wird meist sogar Energie verbraucht.

Der richtige Standort

Natürlich empfiehlt es sich, den Teich in die Nähe eines häufig benutzten Sitzplatzes zu legen. Außerdem kann es sinnvoll sein, wenn man die Stelle so wählt, daß sich die Anlage später auch erweitern läßt.

Bäume in direkter Nachbarschaft des Teiches sind unerwünscht, da zu viel Beschattung das Leben im Teich beeinträchtigt und das abfallende Laub eine dauernde Verunreinigungsquelle ist. In vielen Gärten soll der Teich direkt an der Terasse oder am Haus liegen. Um Überschwemmungen im Keller zu vermeiden, ist hier ein Überlauf zu einer tiefergelegenen Stelle vorzusehen.

Genehmigungspflichtig sind Gartenteiche in der Regel nicht, nur wenn bestehende Naturgewässer einbezogen werden, ist eine Erlaubnis vom Wasserwirtschaftsamt einzuholen.

Größe, Form und Tiefe

Je größer ein Teich, desto vielfältiger sind die Bepflanzungsmöglichkeiten. Eine Wasserfläche unter fünf Quadratmetern läßt sich wohl nicht als Teich bezeichnen. Als Mindesttiefe sind an einer Stelle wenigstens 70 bis 90 Zentimeter vorzusehen, damit Fische und Seerosen frostsicher überwintern können. Wenn man davon ausgeht, daß ein Naturteich an dieser Stelle etwa 20 cm hoch mit Substrat aufgefüllt wird, dann muß um diesen Wert nochmals tiefer gegraben werden, also rund einen Meter tief.

Ein Viertel der Wasserfläche sollten die flacher gelegenen wertvollsten Pflanzzonen einnehmen sowie der anschließende Sumpfbereich.

Auch durch die Wahl der Teichform werden schon einige wichtige Merkmale vorgegeben. Unregelmäßige Formen mit kleinen Ausbuchtungen wirken gefälliger als kleine, unnatürlich kreisrunde oder eckige Formen.

Als Alternative zu einem großen Teich bietet sich aber auch eine Kombination aus mehreren Kleinteichen an (zum Beispiel aus Kunststoffwannen). Die jeweils für sich abgeschlossenen Systeme können durch Rinnsale miteinander verbunden werden. Die dazwischen liegenden Landzungen können in die Gestaltung einbezogen werden.

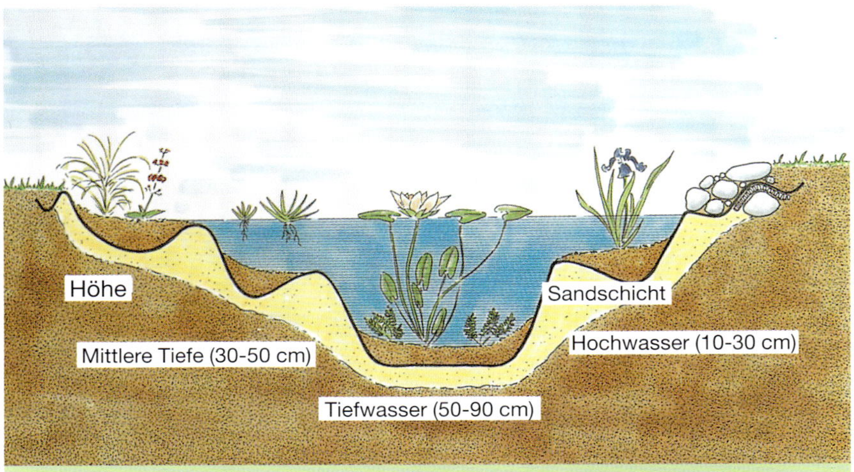

Der Unterbau eines Gartenteichs sowie die verschiedenen Pflanztiefen im Querschnitt. Die Stufen werden am besten etwas eingesenkt, damit das Substrat nicht abrutscht.

Materialien zum Teichbau: Teichfolie ist das am häufigsten verwendete Material beim Teichbau. Es paßt sich der Form des Gewässers gut an.

Fertigteiche

Die einfachste Methode für „faule" Teichbauer ist das Einbauen eines Fertigteichs aus Kunststoff, wie er in vielen Formen und Größen im Fachhandel angeboten wird. Diese Produkte, meist aus glasfaserverstärktem Polyester, können von den Wurzeln benachbarter Pflanzen nicht durchwachsen werden. Sie sind form- und witterungsstabil und sehr lange haltbar. Wer sich dafür entscheidet, muß auf verschiedene Punkte achten.

Einbau eines Fertigteichs: Entsprechend der Form des Beckens plus etwas Spielraum wird zuerst der Untergrund ausgehoben.

Oft haben Fertigteiche sehr steile Umrandungen, die keine flachen Sumpfzonen zulassen. Igel oder andere Tiere, die hier ins Wasser fallen, müssen jämmerlich ertrinken. Außerdem sind Fertigteiche häufig zu flach, so daß frostempfindliche Wasserpflanzen und -tiere in weniger als 80 cm Tiefe nicht überwintern können.

Der Einbau ist relativ einfach: Die Form wird in Breite und Tiefe großzügig, mit etwa 20 cm Spielraum auf jeder Seite, ausgehoben. Spitze Steine und Wurzeln sind zu entfernen. Zunächst wird die volle Tiefe ausgehoben, Sand unterlegt und fest angedrückt. Allerdings muß sehr genau darauf geachtet werden, daß der Untergrund wie auch die Oberkante in der Waage stehen. Nach dem Einsetzen läßt man das Becken in Stufen vollaufen und schlämmt die Hohlräume nach und nach mit Sand ein.

Lehm

Vor allem von Naturgärtnern wird der Lehm als Baustoff am

meisten geschätzt, weil er auch in der freien Landschaft der natürliche Dichtungsstoff für Wasseransammlungen ist. Er muß in mindestens 50 cm dicker Schicht aufgetragen und sehr gut verdichtet werden. Allerdings ist die Gefahr groß, daß durch natürliche Wasserschwankungen Teile der Lehmschicht austrocknen und dort Risse entstehen. Sinnvoll ist dieses Material dort einzusetzen, wo sich schon eine kräftige Lehmschicht im Garten befindet und vielleicht sogar eine Stelle, an der sich von selbst häufiger das Regenwasser staut.

Folie

Folie dürfte das am häufigsten verwendete Dichtungsmaterial für künstlich angelegte Teiche sein, nicht zuletzt, weil es leicht zu verarbeiten ist und sich jeder gewählten Teichform anpassen läßt.

Die speziellen Teichfolien sind meist aus PVC hergestellt. Sie sind relativ lange haltbar, formbeständig und undichte Stellen können zur Not auch selbst geflickt werden. Außerdem läßt sich PVC-Folie mit Verstärkungsschienen auch gut an Holz- oder Steinmauern annageln.

Im Garten- und Baufachhandel sind solche Folien in verschiedenen Maßen oder als große Rollen erhältlich, meist in Breiten von 2 Metern. Eine Stärke von 0,8 mm ist für den normalen Gartenteich ideal, für ganz kleine Teiche reichen auch schon 0,6 mm starke Folien. Namhafte Hersteller garantieren für eine Haltbarkeit von 5 bis 10 Jahren und dafür, daß die Folie keine Schadstoffe abgibt. Wer die Folienbahnen später nicht selbst zuschneiden und verschweißen will, kann dies von einem Landschaftsbaubetrieb ausführen lassen.

In PVC-Folien sind die Gehalte an Schwermetallen und sogenannten Weichmachern ein Problem. Bei der Entsorgung (Verbrennung) emittieren sie außerdem giftige Chlorgase. Polyethylen (PE) verhält sich bezüglich der Schadstoffe günstiger und wird auch mit einer längeren Haltbarkeitsgarantie angeboten.

Neuere Entwicklungen sind Teichfolien aus Kautschuk. Dieses natürliche Material ist flexibel, stabil und etwa doppelt so lange haltbar wie PVC-Folien, aber auch schwerer und doppelt so teuer. Diese Folie gibt es in vier und sechs Metern Breite. Auch neu auf dem Markt ist eine Folie aus Ethylen-Vinyl-Acetat (EVA). Diese umweltverträgliche Alternative ist frei von Cadmium, Weichmachern und anderen wasserlöslichen Schadstoffen. Diese Spezialfolien sind allerdings nicht

Anlage eines Folienteichs mit Sumpfbeet: Damit die Folie dem Wasserdruck immer nachgeben kann, muß sie locker verlegt werden.

ganz so einfach im nächsten Gartenmarkt zu bekommen.

Die Beständigkeit gegenüber UV-Strahlen der Sonne ist bei allen Folien begrenzt. Ein nicht mit Erde, Steinen oder Rasen überdeckter Teichrand, der ständig der Sonne ausgesetzt ist, wird mit der Zeit spröde und rissig.

Markieren

Wenn man sich für Standort, Material, Größe und Form entschieden hat, kann's losgehen. Allerdings sollte man nichts überstürzen – eine sorgfältig durchdachte Planung kann einem viele Fehlschläge ersparen.

Um den exakten Platzbedarf abschätzen zu können, legt man die vorgesehene Form mit einer Schnur oder einem Schlauch aus oder markiert sie mit Sägespänen. Die verschiedenen Tiefenzonen werden anders als beim Fertigteich erst während des Aushebens fixiert. Sie lassen sich nicht direkt kennzeichnen, können aber mit den zuvor genannten Mitteln ebenso abgesteckt werden.

Folie berechnen und verschweißen

Spätestens jetzt ist es erforderlich, die Maße der benötigten Folie zu errechnen. Bei kleineren Teichen wird man in der Regel die angebotenen Standardmaße nutzen können.

Am besten erkundigt man sich schon vor dem Aushub nach den vorhandenen Größen, um sich Nachbesserungen zu ersparen. Die Standardbreiten betragen gewöhnlich 2 m oder ein Vielfaches davon, also 4 m, 6 m usw.

Der Folienbedarf läßt sich folgendermaßen berechnen: Man mißt anhand der ausgelegten Markierung die größte Länge sowie im rechten Winkel dazu die größte Breite. Für die beiden Maßzahlen ergänzt man noch jeweils die doppelten Maße der tiefsten Stelle sowie zwei mal 30 cm – also 60 cm – für den Rand. Der Bedarf für ein Sumpfbeet, wo die Folie vom Rand bis zur Mitte nur etwa 20 – 30 cm tief gezogen wird, läßt sich nach den selben Prinzipien berechnen.

Rechenbeispiel für einen Teich mit 7 m² Wasseroberfläche (3,5 m x 2 m) und 80 cm Tiefe:

Länge	
gem. Länge	*3,5 m*
2 x Teichtiefe	*1,6 m*
Rand	*0,6 m*
Folienlänge	*5,7 m*
Breite	
gem. Breite	*2,0 m*
2 x Teichtiefe	*1,6 m*
Rand	*0,6 m*
Folienbreite	*4,2 m*

Die Teichfolie braucht also die Maße 5,7 m x 4,2 m.

Dem Laien stehen entweder spezielle Folienkleber oder Kaltschweißmittel zur Verfügung. Beide sind sehr vorsichtig zu verarbeiten: Nur im Freien, fern von offenem Feuer (Zigaretten!) und geschützt durch Handschuhe und Schutzbrille; der Gebrauchsanleitung ist genauestens Folge zu leisten.

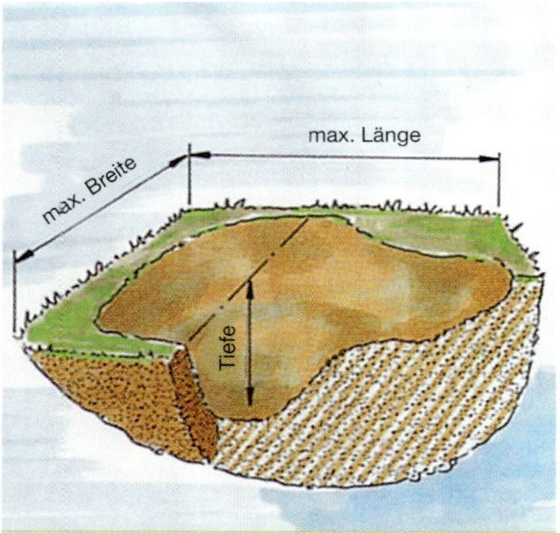

Nach dem Aushub mißt man die größte Breite, die größte Länge und die tiefste Stelle des Teiches aus. Mit diesen Maßen läßt sich der Folienbedarf berechnen.

Die zu verklebenden Stellen müssen frei sein von Schmutz und Staub. Außerdem braucht man eine ebene Unterlage, wo man die Folienbahnen mindestens 5 cm überlappend aufeinanderlegt. Nach dem Verkleben werden die Folien zuerst mit einem Roller und dann 10 – 15 Minuten

Das Versiegeln mit Flüssigfolie erhöht die Haltbarkeit der Schweißnähte.

mit Hilfe eines schweren Gegenstands angedrückt.

Manche Firmen bieten für ihre Folien mittlerweile passende Unterwasserkleber an, die einfacher zu verarbeiten sind. Trotzdem gilt: Wer nicht ausgesprochen handwerklich erfahren ist, sollte bei individueller Teichform die Folie nicht selbst zusammenschweißen, sondern dies dem Fachmann überlassen.

Ausheben

Den Rasen sticht man mit dem Spaten in gleichmäßigen Quadraten ab, hebt diese mit einer Grabgabel heraus und lagert sie am besten auf einer abgeschlossenen Unterlage, zum Beispiel einer Plastikplane, damit sie später zur Randgestaltung wieder als Ganzes eingesetzt werden können. Ebenso werden Mutterboden und Untergrund für die spätere Wiederverwendung gesondert gelagert.

Wer kräftig genug ist, kann einen Teich von 20 m² von Hand ausschaufeln; weil nur eine Stelle wirklich tief ist, der Rest aber rasch flacher wird, ist das gar nicht so viel Arbeit. Ob sich ein „Schreibtischtäter" diese Tätigkeit zumuten kann, vielleicht sogar als willkommene Abwechslung betrachtet, muß jeder selbst entscheiden. Eventuell lädt man zur Unterstützung ein paar Freunde ein, die dann auch später beim Einweihungsfest nicht fehlen dürfen.

Über 20 m² Größe sollte man sich wirklich überlegen, ob man nicht von einer Baufirma einen Bagger kommen läßt. Nachteil: Das ist nicht nur teuer, sondern unter Umständen auch mit erheblichen Zerstörungen im Rest des Gartens verbunden. Empfehlenswert sind noch Minibagger mit einer Spurbreite von nur 80 bis 100 cm.

Untergrund vorbereiten

Bei der Gestaltung des Profils darf die Anlage von Terassen nicht vergessen werden, auf denen die Pflanzen der unterschiedlichen Tiefenzonen ihren Wurzelplatz finden können bzw. die Pflanzkörbe aufgestellt werden. Die seit einigen Jahren im Handel erhältlichen Böschungsmatten, die ein Abrutschen von Erde und Pflanzen zur tiefsten Stelle hin verhindern sollen, sind nur als Notlösung zu betrachten.

Breite Uferzonen sind nicht nur ein dankbarer Lebensraum für die große Zahl von Sumpf- und Uferpflanzen, sondern sie ermöglichen auch das Herauskrabbeln von hineingefallenen Tieren und verringern die Gefährdung von Kleinkindern.

Die Form wird mit dem Spaten markiert. Nach dem Aushub muß man den Teichrand mit der Wasserwaage auf einheitliche Höhe bringen. Der Sanduntergrund ist zu glätten. Nur bei flachem Verlauf kann auf Pflanzstufen verzichtet werden.

Damit der Teich später nicht einfach an der tiefsten Stelle des Teichrandes ausläuft, muß dieser an allen Seiten auf gleicher waagerechter Höhe liegen. Um sicher zu gehen, verwendet man am besten eine Schlauchwaage, ersatzweise einen dazu umfunktionierten Gartenschlauch. Auf Stufen unterhalb des Randniveaus füllt sich das Schlauchende mit Wasser bzw. läuft über, oberhalb des Randniveaus sinkt das Wasser ab. Bei Kleinstteichen genügt auch ein Brett, das man über den Teich legt und mit der Wasserwaage austariert. Wo der Teichrand zu niedrig ist, muß spätestens nach Abschluß der Aushubarbeiten aufgeschüttet werden.

Vor dem Einlegen der Folie muß der Grubengrund gründlich von allen Materialien befreit werden, welche die Folie durchsto-

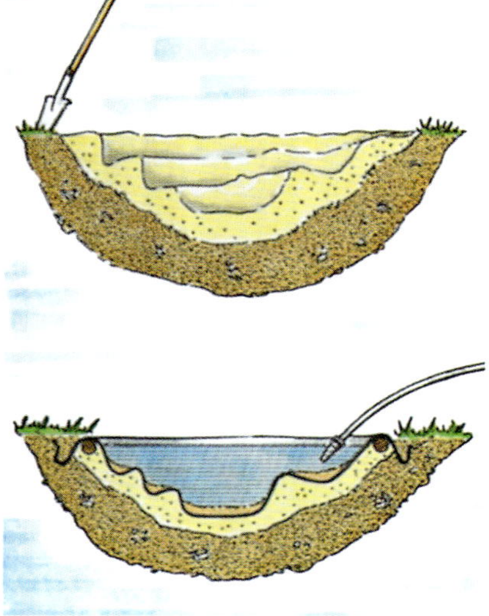

Schema von Feinprofil und Randgestaltung.

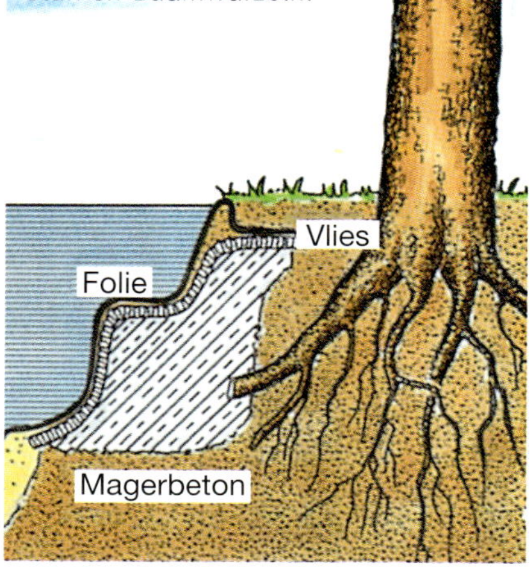

Ein Keil aus Magerbeton und eine zusätzliche Schicht Wurzelschutzvlies schützen die Folie vor starken Baumwurzeln.

ßen könnten. Vor allem spitzkantige Steine sind davon betroffen. Wurzeln von benachbarten Gehölzen sind mit dem Spaten, notfalls sogar mit der Axt zu entfernen. Auch Baumwurzeln können das Material durchdringen – Vorsicht bei starken Wurzeln, sogar nach dem Abhacken: Sie wachsen später weiter und können die Folie zerstören. An solchen Stellen sollte man unbedingt mehrere Schichten von Wurzelschutz-Vlies unterlegen. Bei besonders wuchskräftigen Bäumen sollte man zur Sicherheit eventuell sogar unter Vlies und Folie eine Magerbetonschicht einbauen. Nach dem Entfernen potentieller Störfaktoren bringt man noch eine 10 bis 20 cm starke Sandschicht auf den natürlichen Untergrund. Diesem Material schmiegt sich die Folie unter dem Druck des Wassers am problemlosesten an. Ersatzweise oder ergänzend kann man ein Folienschutzvlies unterlegen.

Folie einlegen

Je kleiner der Teich, desto einfacher gestaltet sich die Prozedur. Im günstigsten Fall kann man die auseinandergefaltete Folie alleine über die Grube ziehen und so korrigieren, daß sie auf allen Seiten etwa 30 cm über den Rand steht. Für große Teiche empfiehlt es sich, den einen oder anderen Helfer hinzuzuholen, um die schwere Folie gemeinsam am Teichgrund auseinanderzufalten und von dort gleichmäßig über die Ränder zu ziehen. Freilich ist dabei darauf zu achten, daß Sanduntergrund oder Schutzvlies nicht demoliert werden.

Wichtig ist auf alle Fälle, daß die Folie großzügig und locker verlegt wird. Falten sind keine Schönheitsfehler, die unbedingt vermieden werden müssen, im Gegenteil – sie sind notwendig, damit die Folie noch nachgeben kann, wenn sie vom Wasserdruck beschwert ist oder wenn sich der Boden mit der Zeit etwas absenkt, was durchaus passieren kann. Andernfalls bekommt man Probleme mit dem Teichrand, der dadurch zumindest an einer Seite absinkt.

Teich füllen

Nach Verlegen der Folie wird das Substrat eingebracht, in dem die Wasserpflanzen später wurzeln sollen – es sei denn, man will alles in Körbe pflanzen. Bewegliche Pflanzbehälter sind aber nicht die Regel, sondern in erster Linie bei nicht frostsicheren Teichen (weniger als 80 cm Tiefe) und für exotische, nicht winterharte Arten empfehlenswert.

Als geeignetes Substrat für den Bodengrund hat sich eine Mischung aus aus drei Teilen Lehm mit etwa einem Teil Torf und einem Teil Sand bewährt. Wichtig ist, daß das Substrat wenig Nährstoffe enthält, weil diese massiv das Algenwachstum fördern. Normale Blumenerde oder Kompost kommen daher nicht in Frage. Zumindest an den Pflanzstellen muß die eingebrachte Erdschicht etwa 15 bis 20 cm dick sein. Am besten wäre, wenn die Folie im gesamten oberen Bereich so flach liegt, daß sie mit Erde bedeckt werden kann. Denn das sieht am natürlichsten aus.

Nach dem Einfüllen des Substrates kann man das Wasser einlaufen lassen. Dazu werden Schlauchstellung und Wasserdruck so sorgfältig gewählt, daß das in den Terassen eingefüllte Substrat nicht gleich wieder weggespült wird. Leitet man das Schlauchende in einen Eimer, so sprudelt das Wasser sanft aus diesem Behälter in den Teich.

Die Folie wird locker verlegt, das Substrat sollte möglichst die gesamte Folie bedecken, damit sie nach der Bepflanzung nicht sichtbar ist.

Zu Beginn läßt man nur die tiefste Stelle mit Wasser vollaufen, um dorthin die Seerosen und Unterwasserpflanzen zu setzen. Mit steigendem Wasserspiegel können dann auch nach und nach alle Terassen bepflanzt werden – jeweils in die bereits bewässerten Tiefenstufen. Vorerst wird der Teich allerdings nur zu einem Drittel gefüllt, um eventuell noch Korrekturen an der Folie vornehmen zu können.

Folienrand befestigen

Die Folie muß direkt am Ufer so hochgezogen werden, daß kein Kontakt zur umgebenden Erde stattfindet. Andernfalls würde das Wasser wie mit einem Docht laufend ins Erdreich abgesaugt werden. Absichtlich läßt man das lediglich an den Stellen geschehen, wo ein Sumpfbeet vorgesehen ist. Dazu zieht man die Folie etwa 20 cm über den vorgesehenen Wasserspiegel. Den überstehenden Rest kann man gleich wieder steil unter der Erde verschwinden lassen. Das äußerste Ende sollte allerdings wieder nach oben weisen, als zweite Schranke zum Erdreich. Die herausschauende Kante auch noch zu überdecken, zum Beispiel mit Rasensoden oder Steinen, ist dann kein großes Problem mehr.

Der Teichrand

Bei der Teichrandgestaltung ist Abwechslung zu empfehlen, um einen möglichst natürlichen Charakter zu erhalten. Von einem begehbaren Ufer aus lassen sich Pflanzen und Tiere im Teich am besten beobachten und am einfachsten pflegen. Die andere Hälfte kann mit Pflanzen bewachsen und unzugänglich sein. Bei der Teichrandgestaltung mit Steinen ist unbedingt auf harmonische Größenverhältnisse zu achten. Auch die Anzahl der verwendeten Steine sollte mit der Teichgröße korrespondieren – ansonsten besteht die Gefahr, daß das Gewässer von der Steinlandschaft optisch erschlagen wird.

Bei großzügigen Anlagen ist Platz für flache Ufer, und die Bepflanzung ist kein Problem. Für steilere Ufer werden sogenannte Böschungsmatten angeboten, um einen nahtlosen Übergang von der Ufer- zur Teichbepflanzung zu gewährleisten.

Der Weg am Teich

Damit der Beobachter kein unfreiwilliges Bad nimmt, muß ein begehbarer Teichrand ausreichend stabilisiert werden. Im Extremfall eines senkrecht abfallenden Steilufers kann es nötig werden, als Uferabstützung ein Mäuerchen zu bauen. Andere Möglichkeit: Man gräbt dekorative Rundhölzer am Teichrand tief genug ein, befestigt daran die Folie und verlegt im direkten Anschluß dahinter den Weg. Als Trittsteine können einige Natursteine genügen, auch ein Kiesweg fügt sich gut in die Umgebung ein.

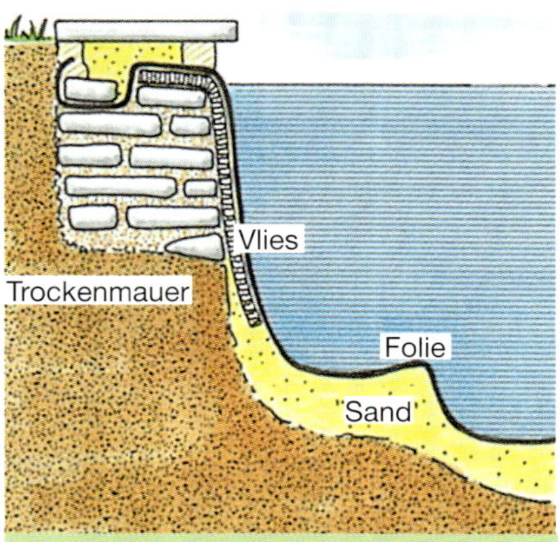

Gehwegplatten am steilen Ufer müssen durch einen stabilen Unterbau abgestützt werden.

Sicherungsmaßnahmen

Haben kleine Kinder Zugang zu dem Teich, so ist unbedingt an deren Sicherheit zu denken. Vor allem Steilufer müssen abgesichert werden, obwohl selbst flache Ufer keine Garantie gegen schreckliche Unfälle sind.

Auf einem nicht abgegrenzten Gelände haftet der Teichbesitzer sogar auch für Unfälle von Kindern zufälliger Passanten, wie in einem maßgeblichen Gerichtsurteil entschieden wurde.

Am sichersten geht man mit einem rostfreien Baustahlgitter mit genügend kleinen Maschen, das knapp unter der Wasseroberfläche eingebaut wird. Am einfachsten ist es, wenn man das Gitter auf einen Rahmen spannt, welcher der Teichform entspricht. Dann läßt es sich ganz leicht wieder entfernen. Das Gitter darf nicht tiefer als 10 cm unter der Wasseroberfläche liegen.

Das Sumpfbeet

Das Sumpfbeet wird am besten gleich von Anfang an mit angelegt. Wenn man die Ufer flach auslaufen läßt, entsteht das sowieso schon fast von alleine. Die Vorteile liegen auf der Hand: Flache Ufer sind ungefährlicher für Mensch und Tier, der Übergang zwischen Wasser und Land sieht natürlicher aus, und in der Flachwasser- und Sumpfzone

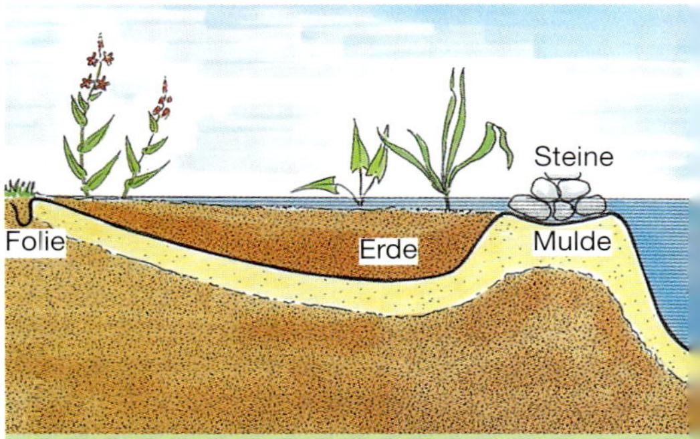

Die hochgezogene Folie trennt den Sumpf- vom Wasserbereich. Kiesel in einer Mulde überdecken optisch den Übergang.

gedeiht die größte Vielfalt von Pflanzenarten für den Teich. Der Sumpf wird durch eine hochgezogene Folie, bis knapp unter den Wasserspiegel, zum Teich hin abgegrenzt. Daneben legt man eine eigene Terrasse, ein Sumpfbeet, an. Fällt die hochgezogene Folie zwischen Teich und Sumpfbeet zu stark ins Auge, so kann man an dieser Stelle mittels Silikon Steine aufkleben.

Die Bauprinzipien sind dieselben wie beim Teich, nur, daß die Folie diesmal nur 20 bis 25 cm tief verlegt und das Substrat bis zur Wasseroberfläche aufgefüllt wird. Als Mindestgröße sind ein bis eineinhalb Meter anzustreben, im günstigsten Fall etwa ein Drittel der Teichfläche.

Lebenselixier Wasser. Seine Qualität ist für das Teichleben ganz besonders entscheidend. Nur wenn sie stimmt, können die Teichpflanzen wachsen und gedeihen.

Wasser und Technik

Welche Eigenschaften das Wasser zum Befüllen eines Teiches besitzen muß, dürfte den wenigsten klar sein. Regenwasser von den Dachflächen in den Teich zu leiten, ist etwas problematisch. Wegen eines möglichen Schadstoffeintrags von den Dachflächen sollte zunächst ein kräftiger Guß abgewartet werden. Leitungswasser ist in der Regel besser geeignet. Allerdings empfiehlt es sich bei einer kompletten Neufüllung, erst einige Tage den vorhandenen Chlorgehalt ausdünsten zu lassen.

Die wichtigsten Meßwerte

Soweit man die Qualität in Maßzahlen ausdrücken kann, sind die Zusammenhänge rasch erklärt. Die wichtigste Eigenschaft wird als pH-Wert angegeben. Der für Pflanzen und Tiere optimale Bereich liegt um den neutralen Bereich zwischen 6 und 8. Sollte der pH-Wert einmal zu hoch, also zu alkalisch sein, kann man etwas ungedüngten Torf auf die Wasseroberfläche streuen. Er wirkt mit seiner Säure ausgleichend und sinkt nach einigen Tagen ab.

Aus der Waschmittelwerbung kennen wir den Begriff Wasserhärte. Sie bezeichnet den Gehalt des Wassers an Kalzium- und Magnesiumsalzen, angegeben in Grad deutscher Härte (Grad dH) und gemessen als Karbonathärte. Beim Befüllen des Teiches mit Leitungswasser sollte man sich beim örtlichen Wasserwerk über die Härte erkundigen. Für unsere Lebewesen ist ein Bereich von 8 bis 20 Grad dH am günstigsten.

Wasserüberlauf und Wasserablauf

Auf durchlässigen Böden inmitten eines großzügigen Gartens kann man den Überfluß nach starken Niederschlägen ohne weiteres sich selbst überlassen. In direkter Nähe zum Wohnhaus oder zum Nachbargrundstück ist an eine Sickergrube zu denken.

Hierzu ist an einer passenden Stelle der Folienrand etwas niedriger zu legen, von wo ein Rohr oder eine Rinne zur vorgesehenen Grube führt. Die Grube wird mit einer Steinplatte abgedeckt oder bis zum Rand mit grobem Kies befüllt.

Sauerstoffzufuhr

In einem fischreichen Zierteich mit vielen Goldfischen und Kois sollte man für eine künstliche Sauerstoffzufuhr sorgen. Mitten im heißesten Sommer oder im Winter unter der Eisdecke kann es sonst zu Problemen kommen. Geeignet sind entweder luftbetriebene Pumpen oder Oxydatoren, die ins Wasser gestellt durch chemischen Zerfall Sauerstoff liefern.

Filterung

Zur Filterung des Wassers kommen mechanische Geräte in Frage (Keramik, Schaumstoff), die gemeinsam mit einer Luftpumpe zu betreiben sind. Auch Motorgeräte, die über eine Kreiselpumpe mit Strom laufen, werden im Fachhandel angeboten. Sie alle sind nicht ganz unproblematisch. Ihre Kapazitäten sind meist gering. Teichbesitzer aber reinigen sie nach allen Erfahrungen nicht so oft wie nötig, und so verstopfen sie schnell. Wirklich notwendig ist eine Filterung nur in Teichen mit vielen Zierfischen.

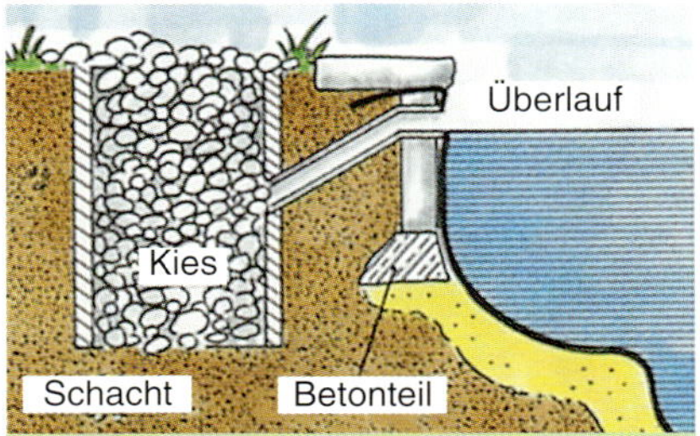

Ein mit Kies aufgefüllter Sickerschacht verhindert Überschwemmungen im Garten.

Die verschiedenen Lebensbereiche der Pflanzen

An der tiefsten Stelle mit mindestens 70 bis 80 cm Wasserstand sind hauptsächlich Unterwasser- und Schwimmblattpflanzen beheimatet. Zu den letztgenannten gehören unter anderem die Seerosen und die Seekanne. Unterwasserpflanzen, z.B. Wasserpest und Laichkraut, sind sehr wichtig für das biologische Gleichgewicht im Teich.

In flacherem Wasser stehen Wasserpflanzen mit unterschied-

Pflanzen im Teich: Neben Substrat, Sauerstoffzufuhr und Düngung ist bei allen Wasserpflanzen die Wassertiefe ein entscheidender Faktor.

licher Toleranz gegenüber dem Wasserstand. Beispiele: Tannenwedel, Froschlöffel, Wasserschwaden und Rohrkolben. Manche Arten neigen zum Wuchern, dem zuweilen entgegengewirkt werden muß.

Im Sumpf (Wasserstand 0) leben Pflanzen, die eine ständig feuchte Erde bevorzugen, z.B. die Sumpfdotterblume. Am Ufer finden sich zahlreiche Arten, die selbst nicht unbedingt im Wasser stehen müssen, denen aber das feuchte Klima sehr entgegenkommt.

Die Böschungsmatte ermöglicht eine Bepflanzung auch bei steil abfallendem Ufer und hilft, ein Abrutschen des Substrates zu verhindern.

Gestaltungsprinzipien für die Teichbepflanzung

Neben der Blütenfarbe sind auch die Wuchs- und Blattform wichtige Aspekte für eine reizvolle Gestaltung. Besonders wirkungsvoll sind zum Beispiel die Kombinationen von Pflanzen mit geraden, hohen Wuchsformen, wie Igelkolben, Binsen, Iris, Kalmus oder Rohrkolben, mit überhängenden Wuchsformen von Zypergras und Seggen, mit auffälligen Blattformen des Hechtkrauts, Froschlöffels, Fieberklees, Blutauges und Molchschwanzes.

Am besten läßt man sich in einer Spezialgärtnerei beraten. Dort wird auf Wunsch auch ein individuelles Sortiment zusammengestellt.

Der Pflanzvorgang

Die besten Zeiten für die Bepflanzung eines Teiches liegen am Rand der Vegetationsperiode, zwischen April und Juni, wenn die Frostgefahr vorüber ist. Am günstigsten wählt man zur Pflanzung Tage mit bedecktem Himmel. Unter keinen Umständen dürfen die Pflanzen längere Zeit der prallen Sonne ausgesetzt werden; sie würden rasch vertrocknen.

Die Pflanzen werden jeweils in die Zone gesetzt, die gerade mit Wasser gefüllt wurde, also von innen nach außen. Den Wurzelballen drückt man dabei fest ins Substrat, Schwimmpflanzen allerdings werden nur lose ins Wasser gelegt.

Das Problem mit den Algen

Wer einen Gartenteich anlegt, sollte sich darüber im Klaren sein, daß er es immer wieder mit den ungeliebten Algen zu tun haben wird. Bei einer schlagartigen Massenvermehrung im frühen Sommer, wenn die mikroskopisch kleinen Blau- und Grünalgen zur „Blüte" kommen, braucht man nicht hysterisch zu reagieren. Dies stellt lediglich einen vorübergehenden Zustand dar und vergeht wieder von selbst.

Es darf aber nicht so weit kommen, daß man eine undurchsichtige grüne Brühe vor sich hat. Um das zu verhindern, ist vor allem dafür zu sorgen, daß keine überflüssigen Nährstoffe den Wasserhaushalt belasten. Das beginnt mit der verwendeten Pflanzenerde (Dünger) und der Fütterung der Fische. Auch Laub, das sich in seine Bestandteile zersetzt, fördert eine unfreiwillige Algen-Fütterung.

Der Alptraum eines jeden Teichfreundes: die jährliche Algenblüte im Frühjahr.

Anlegen eines Bachlaufes:
Ein sehr natürlich wirkender Bachlauf, dem man die Arbeit des Gestalters nach seiner Fertigstellung nicht mehr ansieht.

Planung und Anlage eines Bachlaufes

Jeder noch so kleine Bachlauf ist eine attraktive Bereicherung für den Wassergarten. Den größten gestalterischen Spielraum beim Material bietet auch hier die Folie. Einen Folienbach kann man mit etwas Geschick so anlegen, daß das verwendete Material nach einiger Zeit völlig unsichtbar ist. Außerdem läßt sich dieses Material relativ leicht den örtlichen Gegebenheiten anpassen.

Anlage des Bachbettes

Wenn kein natürliches Gefälle vorhanden ist, muß eine künstliche Böschung angelegt werden. Als Material bietet sich natürlich der Aushub an, der bei der Teichgrube anfiel.

Ein Gefälle von 10 cm pro Laufmeter ist völlig ausreichend. Damit sich die Bezeichnung „Bach" lohnt, sollte er mindestens 3 m lang sein. Seine Breite sollte etwa 50 cm betragen, eine Tiefe von 25 bis 30 cm wären optimal.

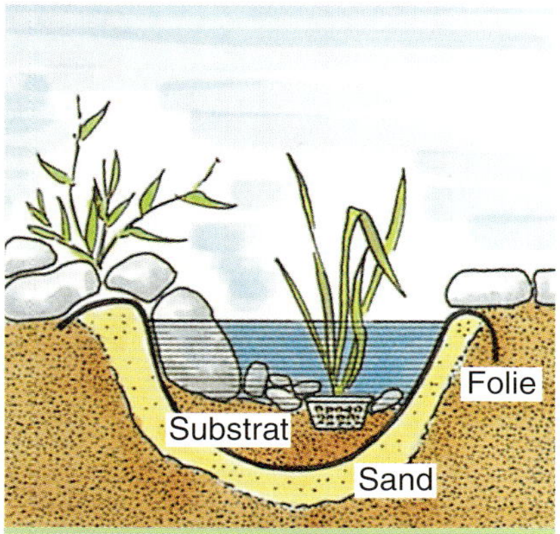

Querschnitt eines Bachlaufes. Bei ausgeschalteter Pumpe steht das Wasser nur in den Staustufen.

Steine und störende Wurzeln werden entfernt. Besonderer Wert ist auf die sorgfältige Verlegung der Folie zu legen.

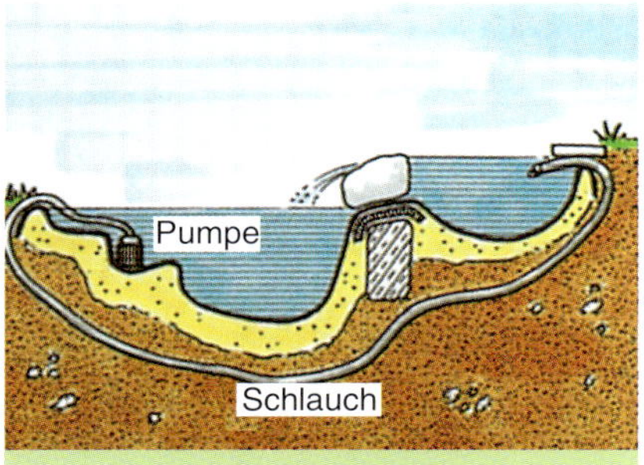

Ein kleiner Wasserfall zwischen Becken mit unterschiedlichem Höhen-Niveau.

Hübsch sieht es aus, wenn sich der Bach um kleine Gehölze schlängelt. Vor der Mündung in den Teich sieht man am besten eine größere Stufe vor, so daß hier ein kleiner Wasserfall entsteht. Das Ufer läßt sich mit Rundhölzern oder mittleren bis größeren Kieseln befestigen.

Verlegen der Folie

Die Folie wird nach den gleichen Grundsätzen verlegt wie beim Teichbau. Die Bachlänge kann dabei mit Hilfe eines Gartenschlauches vermessen werden. Teich- und Bachfolie läßt man großzügig überlappen, um sie miteinander zu verschweißen. Als (kalkfreies!) Füllmaterial für das Bachbett eignen sich Quarzkies, Waschbetonriesel und Kieselsteine. Im Füllmaterial läßt man kleine Ausbuchtungen frei, in die man Lehm einbaut für Bepflanzungen.

Die Bachpumpe

Für diesen Zweck ist bevorzugt eine Tauchpumpe zu verwenden. Am besten zieht man einen Elektriker hinzu, der auch einen Fehlerstrom-Schutzschalter einbaut. Dieser Schalter veranlaßt ein sofortiges Abschalten der Tauchpumpe, wenn das Kabel beschädigt oder eine undichte Stelle an der Pumpe auftreten sollte.

Für die Leistung der Pumpe genügen 60 bis 100 l pro Minute. Ein Schwimmschalter hat den Vorteil, daß die Pumpe bei einem Mindestwasserstand selbständig abschaltet. Der Teich kann dann nicht leergepumpt werden, wenn er einmal undicht ist. Die Pumpe wird an der tiefsten Stelle des Teiches plaziert, anschließend kann man den Schlauch locker zur Quelle verlegen und flach eingraben.

Auf einem speziellen Stativ oder einem Lochziegel plaziert, steht die Pumpe sicher auf dem Grund des Teiches und kann nicht so leicht umfallen. Die Pumpe wird erst angeschlossen, wenn sie sicher verankert ist!

Bevor man dann den Bach mit Steinen und Erde befüllt, sollte man einen ersten Probelauf starten und das Wasser am besten ein bis zwei Tage ununterbrochen laufen lassen. Danach kann dann auch die Bepflanzung vorgenommen werden.

Um ein Überlaufen des Baches vorbeugend zu verhindern, sollte man regelmäßig hineingefallene Fremdkörper wie Zweige und Laub entfernen. Bei regelmäßiger Wartung versieht eine solche Pumpe über Jahre hinweg ihren Dienst ohne Störungen.

Bauen und Basteln im Garten

Spaß und Erholung für die ganze Familie

Wieviel mehr Freude macht der Aufenthalt im Garten doch, wenn man dabei auf selbst gezimmerten Gartenmöbeln sitzen kann? Neben Spaß und Erholung bringenden Utensilien wie Sonnensegel, Hängematte und Wasserbecken muß man aber auch an die nützlichen Dinge im Garten denken wie Hochbeete, Kompostbehälter oder ein Erdsieb.

Die Gartengerätschaften wollen geschützt und ordentlich aufbewahrt werden – ein Gerätehäuschen muß her. Und ein Gartenhäuschen läßt den Gärtner auch bei schlechtem Wetter nicht im Regen stehen. Wenn dann auch noch das Auto unter einem Carport einen trockenen und geschützten Platz findet, ist das Gartenglück schon fast perfekt.

Doch sollte man vor lauter Bastelei die kleinen Gartenbenutzer nicht vergessen. Sandkasten, Wippe, Schaukel und sogar ein Baumhaus lassen Kinderherzen höher schlagen. Auch wenn hier einiges Können erforderlich ist, die Mühe lohnt sich – strahlende Kinderaugen sind der Dank dafür.

Rund ums Haus

Nach einem anstrengenden Arbeitstag im Garten hat man sich etwas Ruhe und Besinnung oder – je nach Geschmack – Ablenkung in einer geselligen Runde verdient. Grundlage hierfür ist eine Sitzecke. Wer nach einer passenden „Sitzgelegenheit" für seinen Garten sucht, muß sich nicht unbedingt mit Gartenmöbeln „von der Stange" aus dem Gartencenter begnügen.

Es gibt ungezählte Möglichkeiten und Materialien, um sich einen Gartensitzplatz selbst zu gestalten. Wir wollen hier eine billige und einfache, aber auch eine etwas stabilere Möglichkeit vorstellen.

Gartenbänke und -stühle

In einem großen Garten kann eine Bank auch ohne weitere umgebende Sitzmöbel ein besinnliches Plätzchen zieren. In dem Fall braucht sie nicht transportabel zu sein, sondern kann auch mit ihren Füßen fest im Boden verankert werden, damit der Benutzer keine unliebsame Überraschung erlebt.

Die einfachste Lösung: Schlagen Sie vier Pfosten in den Boden, vorne niedrig, hinten höher, verbinden auf Sitzhöhe die Seiten jeweils durch stabile Leistenverbinden und schaffen durch Längslatten Sitzfläche und Lehne. In gestalterisch geprägten Gärten paßt diese Lösung jedoch nicht. Halbierte Baumstämme ermöglichen eine äußerst stabile und rustikal wirkende Lösung, die sich aber nicht mehr vom Platz bewegen läßt. Auch Blumen- oder Brunnentröge mit alpenländischem Charakter können nach einem ähnlichen Prinzip selbst hergestellt werden.

Für die notwendigen Arbeiten muß der Umgang mit der Motorsäge selbstverständlich sein. Andernfalls sollten Sie lieber einen „Profi" ranlassen. Für den Längsschnitt zum Beispiel muß der Stamm, der etwa 30 cm Durchmesser haben sollte, stabil liegen. Er muß gleichzeitig so hoch lagern, daß das Sägeschwert zum Boden ausreichend Spielraum hat. Nach etwa einem Drittel der Schnittlänge sollte der Stamm mit einem Holzkeil offengehalten werden, damit er nicht zusammendrückt.

Ein Halbrundling ergibt die Füße, der andere die Sitzfläche. Der Stamm wird jedoch nicht exakt in der Mitte gespalten, denn dort trennt man mit der Motorsäge ein 4 bis 5 cm starkes Brett heraus, das die Rückenlehne bildet. Man nagelt es an zwei Pfosten von etwa 10 cm Durchmesser an, die hinter der vorgesehenen Sitzfläche im Boden eingeschlagen werden.

Rustikale Gartenbank

Aus einem Baumstamm läßt sich mit dem richtigen Werkzeug leicht eine einfache, rustikale Bank herstellen.

Flexible Bänke

Bewegliche Bänke, die sich gut zu einer Sitzgruppe erweitern lassen, lassen sich wie folgt basteln: Für die Füße bereitet man Kanthölzer aus Fichte, Kiefer oder Lärche mit den Maßen 4 x 10 x 45 cm vor. Es kommen auch quadratische Formen mit mindestens 6 x 6 cm in Frage. Stärkere Füße gewinnen baulich und optisch an Stabilität. Maße von über 10 x 10 cm sind nur zu rechtfertigen, wenn Sie Resthölzer von anderen Bauteilen verarbeiten wollen.

Körperangepaßte Sitzbank

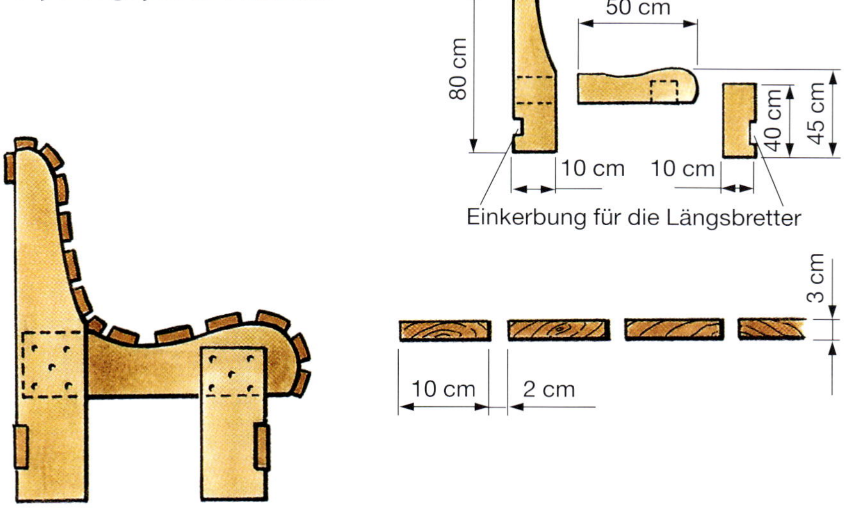

Wenn Sie die Sitzbank nach den hier vorgegebenen Maßen erstellen, erhalten Sie eine körperangepaßte Bank, auf der es sich sehr bequem sitzt.

Je zwei dieser Bretter werden mit Leisten (3 x 8 x 40 cm) verbunden, wozu man je Verbindungsstelle fünf nicht rostende Schrauben (bei den vorgegebenen Maßen 5 x 60 mm) verwendet. Die Querbretter werden an den entsprechenden Stellen vorgelocht, und für den Schraubenkopf wird die erforderliche Versenkung geschaffen.

Auf diese Verbindungen ist besonderer Wert zu legen, da sie das Körpergewicht und die Bewegungen der Bankbenutzer auffangen müssen. Mit Bolzen und Schrauben, die sich später leicht nachziehen lassen, erzielt man einen größeren Anpreßdruck. Deshalb werden auch die Längsseiten vorne und hinten mit mindestens je einer Latte verbunden. Eine günstige Länge für diese Latten ist 1,10 m.

Die Latten oder Bretter für die Sitzfläche dürfen links und rechts nicht mehr als 10 cm überstehen. Ansonsten kann ein am äußeren Ende sitzender Gast eine unliebsame Überraschung erleben, wenn der oder die Nachbarn plötzlich aufstehen...

Die Bretter sollten beispielsweise für einen „Zweisitzer" 3 cm stark, jeweils 10 cm breit und 1,30 m lang sein; für 46 cm Sitzfläche werden 4 Bretter benötigt, zwischen denen man jeweils 2 cm Abstand einhält.

Schrauben Sie die Bretter direkt auf das Hockergestell. Am besten beträgt die Länge der Bank ein Vielfaches von 60 cm, denn das ist der durchschnittliche Platzbedarf eines Sitzenden. Vorsicht: Achten Sie auf Harzgallen, brennen Sie diese gegebenenfalls aus und verspachteln Sie sie. Andern-

Einfach gebaute Gartenbank

In der einfachen Bauweise dieser Bank wird die Sitzfläche auf zwei hochkant gestellte Riegel geschraubt, die im Untergestell mit Stiften gesichert werden.

falls verschmutzen sich die Benutzer die Kleidung.

Die Bretter können Sie aber auch auf zwei hochkant gestellte Riegel schrauben, erst dann auf das Untergestell legen und schließlich Sitzteil und Untergestell mit Stiften oder Bolzen gegen Verrutschen sichern. Das erleichtert den Transport, wenn die Bank, beispielsweise im Winter, wieder abgebaut werden soll.

Aus einer solch einfachen Konstruktion läßt sich mit wenigen Veränderungen eine noch bequemere Bauweise entwickeln: Anstatt vier einfache Kanthölzer zu nehmen, bereiten wir ein Gestell vor, das einer körpergerechten Form entspricht. Vor allem die Rückenlehne und die Auflage für die Sitzbretter sind vorher entsprechend auszusägen.

An den Füßen bringt man jeweils außen etwa handbreit über dem Boden Auskerbungen an, wo hinten und vorne jeweils ein Längsbrett das Grundgestell zusammenhält. Danach kann man die Sitzbretter aufschrauben. In den Rundungen der Sitz- und Lehnfläche sollten die Latten eher schmal sein, damit sie sich diesen Formen besser angleichen können, empfehlenswert ist ein Maß von etwa 4 cm.

Stühle

Für die Konstruktion von Stühlen kann man sich an die gleichen Angaben wie für die Bänke halten: Die Seitenteile werden grundsätzlich genauso hergestellt, nur die Sitz- und Lehnflächen und somit die entsprechenden Latten sind je nach Wunsch kürzer zu dimensionieren.

Tische

Ein stabiler und wetterbeständiger Tisch, um den sich Familie oder Freundeskreis versammeln, belohnt den Eifer eines jeden Gartenbastlers. Wenn es nicht gerade eine Preßspanplatte mit vier Tischbeinen aus dem Baumarkt sein soll, sind allerdings etwas Erfahrung und vor allem das richtige Werkzeug für den Bau erforderlich.

Ein ansprechender Tisch läßt sich aus Kiefer- oder Lärchenholz herstellen – Fichtenholz ist dazu weniger gut geeignet.

Für die überkreuzten Beine benötigen wir gehobelte Leisten (4 cm stark, 12 cm breit, über 1 m lang). Je zwei davon werden wie vorgesehen übereinander gelegt und provisorisch fixiert, um die Kreuzungsflächen anzuzeichnen und diese zur Hälfte auszustemmen, damit die Bretter überblattet werden können. Diese Verbindung wird mit Holzleim und Holzschrauben zusammengehalten. Erst wenn beide Fußkreuze zusammengefügt sind, werden sie auf die richtige Länge zurechtgeschnitten.

Wenn Sie auf der Bodenseite den parallelen Stand hergestellt haben, messen Sie eine Höhe von 70 cm ab und entfernen auch oben parallel dazu die Überstände. Um später die beiden Fußkreuze mit einer Mittelleiste zu stabilisieren, werden senkrecht

Anspruchsvolle Tischkonstruktion

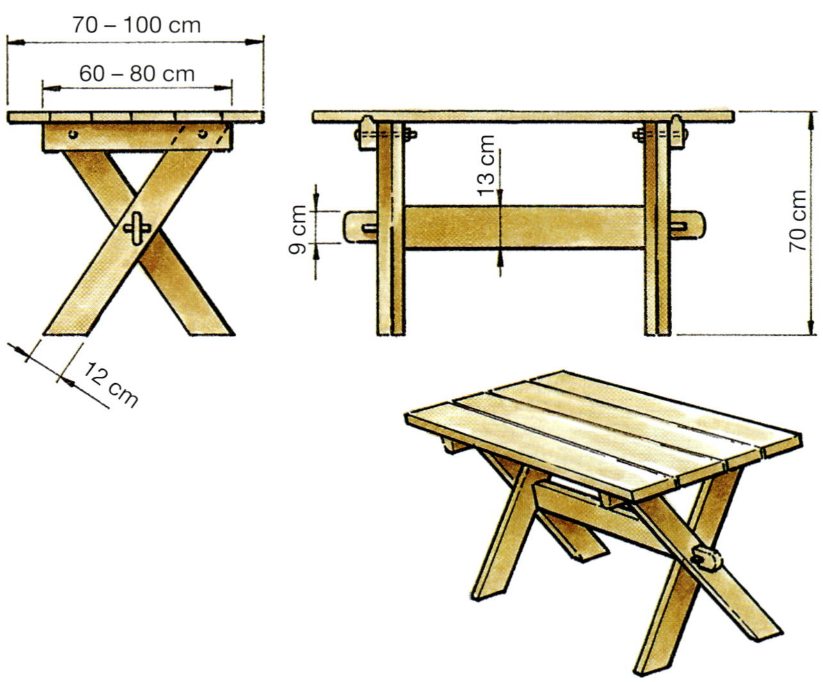

Die Füße dieser Tischkonstruktion werden an den Kreuzungen überblattet.
Die Mittelleiste wird durch vorgestemmte Schlitze geführt und verkeilt.

zur Kreuzungsfläche Schlitze von 9 x 2 cm ausgestemmt und maßgerecht ausgefeilt.

Die billigste Tischplatte kann aus gehobelten, 3 cm starken und 120 cm langen Brettern zusammengesetzt werden, so daß sie 70 bis 90 cm breit wird. In der einfacheren Bauweise schrauben wir die Bretter mit 60 mm Holzschrauben und jeweils 5 mm Zwischenraum auf zwei Querleisten auf, die den Abstand der Fußkreuze kennzeichnen.

Danach die Köpfe der Schrauben versenken und die Kanten sorgfältig rundhobeln. Um die Schraubverbindungen von Füßen und Querleisten vorzubohren, werden diese Stellen mit Schraubzwingen in die richtige Lage gebracht. Erst wenn die Schrauben sitzen, wird die stabilisierende Längsleiste zwischen den Kreuzungen der Füße eingepaßt. Die Leiste sollte 4 cm stark und 12 cm breit sein sowie etwa 15 cm länger als der Abstand der Beine. Die Überstände werden beiderseits auf 9 x 2 cm verengt, damit sie in die vorgefertigten Schlitze passen. Die Überstände werden nochmals mit Schlitzen versehen, so daß sie außerhalb der Fußkreuze verkeilt werden können.

Markisen

Der Sitzplatz an der Terrasse vor dem Haus bedarf häufig des Schutzes. Eine Markise kann einerseits vor der sommerlichen Mittagssonne schützen, andererseits braucht man bei leichten Regengüssen seinen Sitzplatz nicht unbedingt zu verlassen.

Da im Fachhandel erhältliche Markisen schnell weit über 1000 DM kosten, werden viele Terrassenbesitzer zu dem Schluß kommen, sich lieber selbst zu helfen.

Zunächst benötigen wir einen Markisenstoff, dessen Bahnen so nebeneinander genäht werden, daß sie die erforderliche Breite ergeben. Zur Länge, bei der man auch die Abschrägung hinzurechnen muß, sind noch 2 x 15 cm für einen Umschlag zu berechnen, durch den eine Holzleiste geführt wird. Das benötigte Material an Holzleisten sollte etwa 4 x 2,5 cm stark sein. Es können aber auch Rundhölzer verwendet werden, diese Form erleichtert das Aufrollen der Markise. Die eingeschobene Leiste muß links und rechts je 3 bis 5 cm über die Breite des Stoffsaums hinausragen.

Die optimale Höhe für die Befestigung der Dübel und Haken an der Hauswand beträgt etwa 2,70 m. Zunächst werden die Dübel für die beiden Außenkanten der Markise befestigt, anschließend verteilt man auf der dazwischenliegenden Strecke weitere Dübel in Abständen von nicht mehr als 1,50 m. Bei einem 3 m breiten Sonnendach beispielsweise werden zwei Haken außen und zusätzlich einer in der Mitte benötigt.

An den entsprechenden Stellen werden der Saum und die eingeschobene Latte durchbohrt, und durch diese Löcher führt man kräftige, wetterbeständige Seile, die zu stabilen Schlaufen gebunden werden. Als Haken, an denen diese Schlaufen aufgehängt werden und die man in den Dübeln befestigt, empfehlen sich sogenannte Schaukelhaken, die auch

Markise fixieren

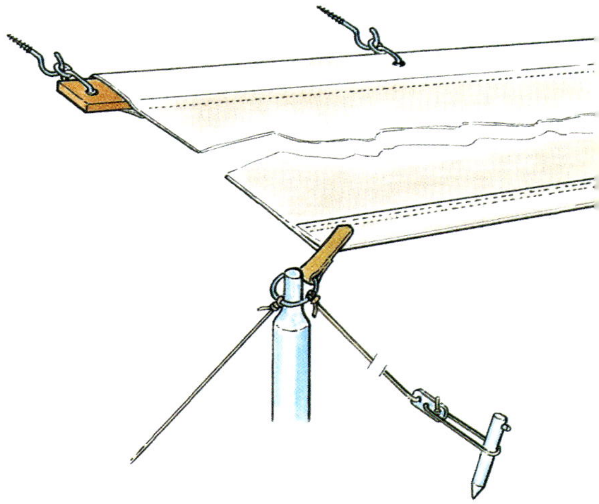

Durch das obere Stoffende der Markise wird eine Befestigungsleiste geführt. Die äußeren Ecken werden mittels Lederriemen gespannt.

Stabile Markisenbefestigung

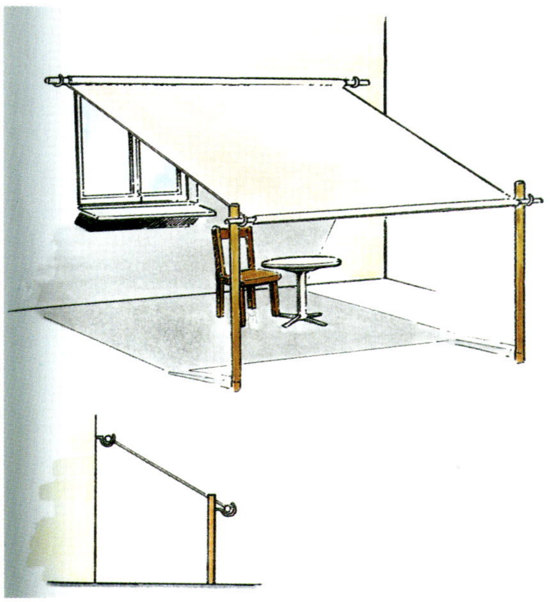

Bei dieser Variante werden eingenähte Rundhölzer in große Ringhaken eingehängt und mit Stangen oder Pfosten im Boden stabilisiert.

bei starkem Wind verhindern, daß sich die Markise löst.

Für die beiden nach außen weisenden Ecken der Markise benötigt man etwa 1,80 bis 2 m lange Stangen mit leicht angespitzten oberen Enden. Über diese Enden steckt man die Ringe, die am besten in einer Lederschlaufe (erhältlich im Campingfachhandel) fest an die Markisenecken genäht sind. Um die Markise straff zu spannen, werden sie am oberen Ende durch Zeltschnüre auf Zug gehalten, die zum Beispiel mit stabilen Zeltheringen im Boden verankert werden. Solche Halteseile sollten mit Fähnchen geschmückt werden, damit sie nicht zu Stolperfallen werden.

Eine andere Variante: Als Aufhängung am unteren Ende dienen Stangen oder Pfosten, die fest im Boden installiert sind.

Sonnensegel

Da in vielen kleinen Gärten keine Hochstammbäume mehr Platz haben, muß man zu anderen Mitteln greifen, wenn inmitten der Gartenfläche ein beschattetes Sitzplätzchen entstehen soll.

Als Material für ein Sonnensegel empfiehlt sich entweder ein Markisenstoff oder Segeltuch. Um aus dem normalerweise 1,20 m breiten Stoffband die für das Sonnensegel typische Dreiecksform zusammenzunähen, müssen die Bahnen nach einem bestimmten Muster kombiniert werden (siehe Zeichnung!).

So erhält man aus einer 6,25 m langen Stoffbahn ein gleichseitiges Dreieck mit 4,07 m langen Außenseiten. An den Rändern gehen noch jeweils etwa 15 cm Stoff verloren, die je nach Stärke zu einem drei- bis vierfachen Saum vernäht werden. In die Spitzen des Sonnensegels wird dann jeweils eine Segeltuchöse eingenietet.

Sonnensegel spannen

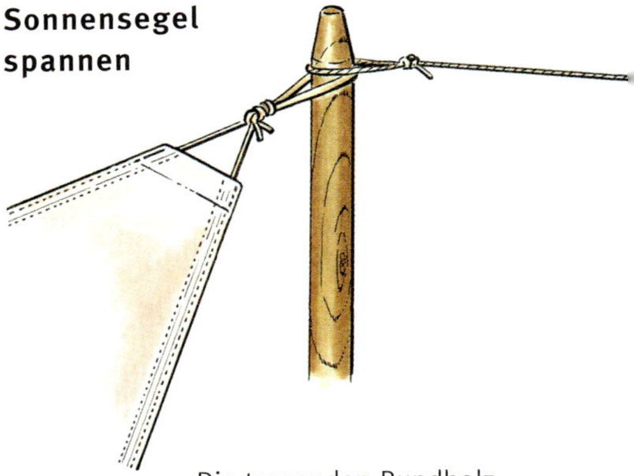

Die tragenden Rundholzstangen werden nach außen geneigt und durch Spannseile auf Zug gehalten.

Vor dem Beschnitt ist darauf zu achten, daß die Seiten in ihrer Mitte jeweils um etwa 15 cm eingebuchtet sind. Denn nur auf diese Weise läßt sich letztendlich die erwünschte Spannung des dehnbaren Gewebes bei der Aufstellung erzielen. Wenn Sie einen sehr kräftigen Stoff verwenden, empfiehlt es sich eventuell, ihn gleich im Geschäft nähen zu lassen. Normale Haushaltsnähmaschinen sind meist zu schwach für die dicken Nähte.

Jetzt können Sie das Sonnensegel zwischen drei massiven Rundholzstangen aufhängen, von denen zwei wiederum etwa 2,70 m lang sein sollten, während es die dritte auf eine Länge von etwa 1,80 bis 2 m bringt. Diese Stangen werden nicht fest im Boden verankert, sondern aufgestellt und durch Spannseile auf Zug gehalten.

Danach werden die Seile im Boden mit Heringen verankert. Die typische Schmetterlingsform

Schnittplan für Markisenstoff

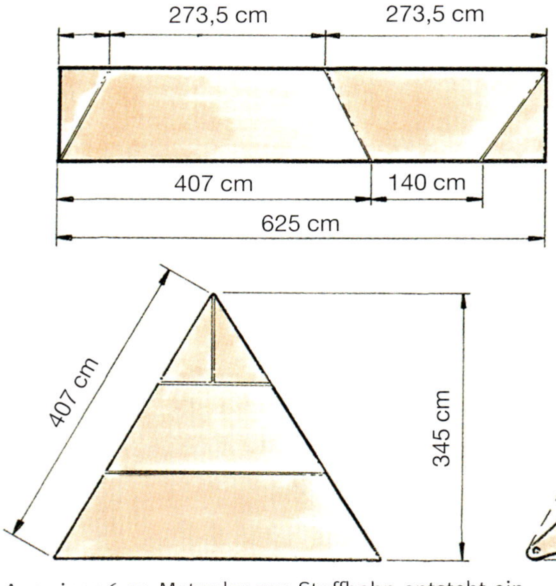

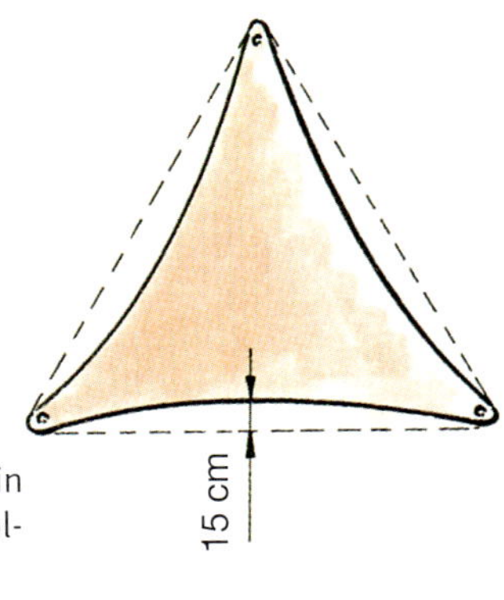

Aus einer 6,25 Meter langen Stoffbahn entsteht ein Segel mit über 4 Meter Seitenlänge. Die Seiten sollen 15 cm eingebuchtet sein.

erhält das Segel, indem Sie vom niedrigsten Pfosten bis zur Mitte der gegenüberliegenden Seite und von dort zum Boden ein weiteres Spannseil ziehen. Um dies exakt führen zu können, sollten Sie auf der oberen Mittellinie des Segeltuchs drei bis vier Schlaufen aufnähen.

Am schwierigsten bei der ganzen Konstruktion ist das „Setzen" des Segels. Um die drei Masten mit den daran festgebundenen Segeltuchenden und Spannseilen gleichzeitig aufzustellen und zu spannen, sind drei Personen erforderlich. Die Stangen werden jeweils leicht nach außen gekippt. Die ganze Konstruktion vereinfacht sich, wenn das Segel zumindest an einer Seite an einem gut eingewachsenen Baum befestigt werden kann.

Hängematte

Hängematten kann man heute in den verschiedensten Stoffen, Größen und Farben in Fachgeschäften erwerben. Ideal ist es natürlich, wenn Sie im Garten zwei kräftige Bäume oder andere geeignete Baulichkeiten stehen haben, die etwa 3 bis 3,50 m voneinander entfernt sind.

Die Eigenherstellung führt nicht immer zu einem sehr stilvollen Ergebnis, ist aber relativ einfach: Man nehme eine Bahn Segeltuch oder einen anderen stabilen Stoff in der Länge von etwa 2,30 m. Auf beiden Längsseiten wird ein Saum genäht, durch den man zur Verstärkung ein Kunststoffseil führen kann. Für die beiden Kopfseiten benötigen wir zwei Holzleisten von etwa 2 x 10 cm, die etwa 20 cm länger sind als der fertiggenähte Stoff breit ist. Die zum Stoff hin zeigende Längsseite der Leiste sollten Sie mit Hilfe einer Raspel etwas ausbuchten, damit später an dieser Stelle der durchhängende Stoff nicht so stark unter Druck steht und abgenutzt wird. Am besten ist es, auch alle anderen Kanten abzurunden. Die Leisten werden in einem Saum an den Längsseiten festgenäht, und in die links und rechts jeweils überstehenden 10 cm bohrt man Löcher, durch die kräftige Tragseile geführt werden.

Empfehlenswert sind Hanfstricke oder Perlonseile, die mindestens 1 cm stark sein müssen. Auch das durch den Längssaum geführte Seil kann durch das Bohrloch geführt werden, um es je nach Bedarf anzuspannen.

Abschließend werden die beiden Enden der Hängematte nur noch an den Bäumen oder anderen Haltepunkten sicher befestigt.

Hängematte befestigen

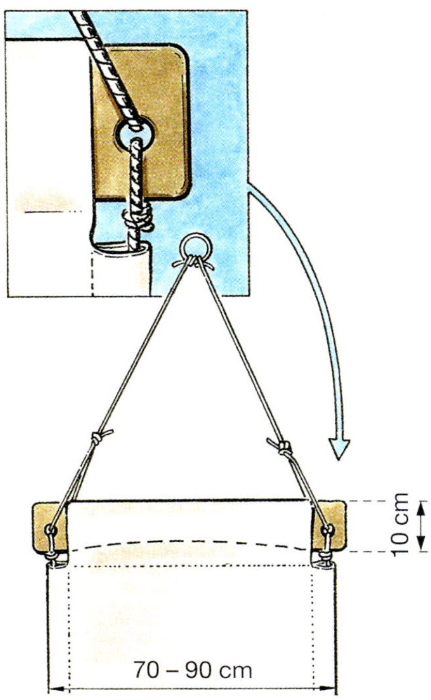

Die eingenähte Leiste an den Kopfseiten der Hängematte trägt Aufhängung und Spannschnur.

Regentonne

Die Kostbarkeit unseres Trinkwassers dürfte heutzutage jedermann bekannt sein. Hinzu kommt, daß das weiche Regenwasser zum Gießen im Garten geradezu ideal ist. Deshalb ist es sinnvoll, das vom Dach abfließende Regenwasser in einem ausreichend großen Faß aufzufangen.

Am attraktivsten wirkt sicherlich ein großes Holzfaß, das auch durchaus an einer gut einsehbaren Ecke aufgestellt sein darf. Sogar Blechfässer besitzen mitunter eine heimelige Ausstrahlung. Plastiktonnen sind zwar kostengünstig im Baumarkt zu beziehen, sollten aber nur in farblich passender Version aufgestellt werden oder an einem uneinsehbaren Platz im Garten versteckt werden. Stellen Sie das Faß auf mindestens drei stabile Steine, damit sein Boden gut belüftet wird. Bei nicht rottenden Plastiktonnen erübrigt sich diese Maßnahme natürlich.

Um das von der Dachrinne kommende Fallrohr anzuzapfen, benötigen wir ein Einsatzstück mit einer Klappe. Dieses ist im Baumarkt oder im Gartenfachhandel erhältlich. Dieses Stück wird eingefügt, indem man – von der Faßhöhe ausgehend – die nächstliegende Schelle löst und das darüberstehende Rohrstück um etwa die Länge des Einsatzstücks verkürzt. Durch Öffnen

Ein Regenfaß kann nicht nur zweckmäßig sein, sondern als optischer Blickfang im Garten auch kahle Ecken beleben.

der Klappe läßt sich Wasser in das Faß leiten. Geschlossen wird sie aus zweierlei Gründen: zum einen, weil das Faß sonst überläuft, zum anderen bei längerer Trockenheit, denn der erste Regenguß schwemmt Schadstoffe vom Dach, und dieser erste Schwung sollte abgewartet werden. Weil man nicht immer dazu kommt, die Klappe vor heftigen Regengüssen zu schließen, sollte man, um Überschwemmungen vorzubeugen, die Umgebung des Fasses mit Kies auffüllen. Eine weitere Möglichkeit: Verlegen Sie den Platz mit Platten oder Steinen, die wiederum auf eine wasserdurchlässige Schicht gebettet sind.

Wasserkette

Bevorzugt bei kleineren Dächern, aus optischen Gründen aber auch bei größeren Flächen, wird häufig auf das Fallrohr von der Dachrinne verzichtet, und man läßt das Wasser an der niedrigsten Stelle der Dachrinne entlang einer Kette herabfließen. Dieses Verfahren ist Geschmackssache, hat aber in den letzten Jahren viele Freunde gefunden.

Am dauerhaftesten bleibt eine Kette aus feuerverzinktem Material ansehnlich. Andernfalls wird die Kette bei jedem noch so dicken Rostschutz-Anstrich zu rosten beginnen, denn durch die Bewegung der Kette im Wind wird der Anstrich abgerieben. Der Rost färbt im Laufe der Zeit auch das abfließende Wasser, weshalb man es in diesem Falle lieber in eine Drainageschicht ablaufen läßt, anstatt es zum Gießen in einem Behälter aufzufangen.

Wasserbecken

Wer Spaß an Wasser und seinem Bewuchs hat, der hat heute zahlreiche Möglichkeiten, attraktive Kleinstteiche anzulegen. Ob man kleine Plastikwannen oder vorgefertigte Mini-Teichformen eingräbt, ein halbiertes Holzfaß offen aufstellt oder alte Badewannen versenkt, es gibt viele Möglichkeiten, sich kreativ als Wassergärtner zu betätigen.

Für die freie Aufstellung eignen sich halbierte Holzfässer am besten. Sie werden verschiedentlich zu mitunter recht stolzen Preisen im Umfeld des Gartenfachhandels angeboten. Beachten Sie dazu auch die Anzeigen in Gartenfachzeitschriften. Wer hinsichtlich Dichtheit und Haltbarkeit auf Nummer Sicher gehen will, der legt das Faß innen zusätzlich mit einer Teichfolie aus.

Eine Teichfolie wird auch benötigt, wenn Sie beispielsweise Eisenbahnschwellen in einer viereckigen Form zu einem Kleinteich aufeinander schichten. Die Folie ist an der Oberkante der Innenseite mit einer Klemmleiste zu befestigen.

Wer Plastikgefäße oder Fertigteiche, Betonringe oder auch alte Badewannen im Boden versenkt, sollte nach dem Ausheben stets eine Sandschicht vorsehen, in welche das Wassergefäß sanft eingebettet wird. Im Sand läßt sich die möglichst waagerechte Stellung am besten austarieren. Sobald dies geschehen ist, kann am Rand weiterer Sand zur endgültigen seitlichen Fixierung des Behälters mit einem Schlauch eingeschwemmt werden.

Während die Badewanne – wenn der Stöpsel eingedrückt ist – und die Plastikgefäße in der Regel von selbst dicht sind, muß

Auf kleinstem Raum ist hier ein ansprechendes Biotop entstanden. Genauso wie im „großen Bruder“ gedeihen sogar Seerosen.

Kleine Wasserstelle

Behälter verschiedenster Art lassen sich als Wasserbecken versenken und bepflanzen.

der Boden bei Betonringen entweder mit Teichfolie ausgelegt oder, eigentlich folgerichtig, mit einem Betonboden abgedichtet werden. Als Unterlage dient in diesem Fall gestampfter Kies.

Das optimale Substrat für die Bepflanzung einer Wasserstelle ist Lehm. Wenn dieser nicht zur Verfügung steht, sollten Sie möglichst nährstoffarme Gartenerde verwenden. Gefäße, die weniger als 80 cm tief sind, und eine Bepflanzung, müssen vor dem strengen Winter ausgeräumt werden. Gleiches gilt für frostempfindliche Wasserpflanzen. In einem solchen Fall ist zu überlegen, ob man die Pflanzen in spezielle Pflanzkörbe setzt, die sich leichter transportieren lassen.

Wenn Sie die Wasserstelle mit Zwergseerosen und anderen attraktiven, blühenden Wasserpflanzen gestalten wollen, sollte unbedingt ein sonniger Standort zur Verfügung stehen. In schattiger Lage kommen nur wenige Pflanzenarten in Frage.

Gartenbrause

Was gibt es Schöneres, als sich an einem heißen Sommertag unter eine kühle Brause zu stellen! Die Vorarbeiten für dieses Vergnügen sind nicht allzu schwierig.

Wenn Sie die Brause häufig nutzen wollen, ist neben der eigentlichen Halterung ein Sickerschacht am wichtigsten, um den Duschplatz nicht mit sumpfverschmierten Füßen verlassen zu müssen. Die dazu notwendige Grube wird etwa in den Maßen 80 x 80 cm x 80 cm ausgehoben. Die unteren zwei Drittel der Grube können Sie mit groben

Steinbrocken auffüllen, während nach oben hin die Steine immer kleiner werden. Den Abschluß bilden Wegeplatten oder Ziegelsteine.

Der Brausekopf sollte – je nach Körpergröße – etwa in 2 m Höhe aufgehängt werden. Dazu können Sie einen Pfosten aus einem etwa 10 cm starken Rundholz oder ein entsprechend starkes Kantholz aufstellen. Da es häufig der Feuchtigkeit ausgesetzt ist, sollten Sie, hochdruckimprägniertes Holz verwenden. Zur Befestigung des Pfahls im Boden stellen Sie am besten ein Betonfundament her, in dem ein passender Eisenfuß versenkt wird. Ist der Duschkopf komplett, so kann er wie im Bad auf einen dazugehörigen Zapfen aufgesetzt werden. Natürlich können Sie den Duschkopf auch am Ast eines Baumes befestigen.

Für den Wasseranschluß benötigen Sie einen möglichst im Freien liegenden Wasserhahn, an dem ein Schlauch angeschlossen wird und zur Brause führt. Perfektionisten können den Schlauch oder ein Rohr im Boden verlegen, kommen dann aber nicht in den Genuß der Heizwirkung der Sonne, die das Wasser im freiliegenden Schlauch erwärmt.

Eine Brause macht den Großen und den Kleinen Spaß – egal ob gekauft oder gebaut bietet sie jederzeit Abkühlung.

Herd und Kamin

Eine ähnliche Anziehungskraft wie das Wasser hat das entgegengesetzte Element, das Feuer. Seine Wirkung kommt vor allen nach Anbruch der Dämmerung zum Tragen. Dann, wenn Menschen sich um die eine zentrale Feuerstelle scharen, um schweigend die züngelnden Flammen zu betrachten, oder sich, belebt durch die abstrahlende Wärme, in ein angeregtes Gespräch vertiefen.

Für solche Feuerstellen sind keine großen Baulichkeiten erforderlich. Dies ändert sich, wenn man die Feuerstelle auch regelmäßig zum Grillen benutzen möchte. Eine sehr einfache Feuerstelle läßt sich herstellen, indem man etwa 1 m² Rasen absticht, die Rasensoden in drei Streifen säuberlich abnimmt und zur vorübergehenden Lagerung an anderer Stelle aufrollt. Auf diesem Platz legt man nun mindestens zwei größere, gleich hohe, stabil liegende Steine nebeneinander, legt einen Rost darüber, und fertig ist der Grill. Zur Auflage des Rostes kann man natürlich beliebige Steinplatten und -klötze verwenden, wie zum Beispiel Ziegelsteine, und in mehreren Schichten übereinander lagern. Sie sollten den Rost in mindestens 20 cm Abstand zur Feuerstelle halten. Zu diesem improvisierten Grillplatz passen sehr gut abgesägte Baumstammstücke als flexible, rustikale Sitzunterlagen. Eine solche Grillstelle eignet sich vor allem für eine einmalige Aktion. Wenn das Feuer am nächsten Tag ausgeglüht ist, werden Rost, Asche und Steine weggeräumt, die Erde gelockert und schließlich mit den sorgfältig aufbewahrten Rasensoden wieder zugedeckt. Auf diesem erdigen Untergrund wird man allerdings zumindest nicht von Anfang an mit Holzkohle arbeiten, sondern normales, trockenes Holz verbrennen, das erst nach einiger Zeit die zum Grillen notwendige Glut bildet.

Die aufwendigere Version: Der zum Grillen vorgesehene Platz wird befestigt, also mit Platten belegt oder gepflastert, der Aufbau für den Grill wird nicht aus zwei Steinen improvisiert, sondern systematisch aus gleichartigen Steinen aufgebaut, und zwar auf zwei Ebenen. Zuoberst kommt wiederum der Rost zu liegen, darunter ein Lochblech oder dichtes Gitter als Unterlage für das Feuer. Der Abstand zwischen Rost und Feuergitter sollte etwa 20 cm betragen. Auf diesem von unten belüfteten Blech kann mit Holzkohle gearbeitet werden, das man mit Hilfe von speziellen Anzündern in Brand setzt.

Auf einer derart befestigten Fläche findet auch das für einen perfekten Grillabend notwendige Mobiliar einen sicheren Stand. Eine elegante Lösung ergibt sich, wenn man den Rost höhenverstellbar an einer Kette aufhängt, die an einem Dreifuß befestigt ist. Denn die Kraft des Feuers läßt sich nicht standardisieren. Nur mit einem flexiblen Grill läßt sich die Wärmeeinwirkung optimal steuern.

Für die Konstruktion benötigt man drei mindestens 1,50 m lange Eisenstangen von etwa ½ Zoll (= etwa 1,7 cm) Durchmesser, die in der Nähe ihres oberen Endes so durchbohrt werden, daß man sie mit einer langen Schraube verbinden kann. Ein runder Rost wird an drei, ein eckiger an vier Ketten aufgehängt, die sich aber bald vereinigen, so daß man beim Verstellen der Aufhängungshöhe nur mit einer Kette hantieren muß.

Kampf dem Qualm

Wer der wirklich unangenehmen Rauchbelästigung vorbeugen möchte – und der kann man vor allem bei wechselnden Winden nicht ausweichen –, der hat auch im Freien die Möglichkeit, eine Art Abzug zu konstruieren. Dieser Rauchfang wird hergestellt aus einer nach oben schmaler werdenden Blechtüte, die auf drei Stahlfüßen in etwa 70 cm Höhe über dem Feuer aufgebockt wird. Die Füße sind an zwei Eisenringen befestigt, die schwer genug sind, um der Konstruktion eine gewisse Windstabilität zu verleihen.
Wenn man den Blechmantel aus zwei übereinander gestülpten 0,7 mm starken Eisenblechen herstellt, läßt er sich relativ einfach abbauen und transportieren. Denn so schön, daß man sie dauerhaft installiert läßt, ist diese Konstruktion nicht. Außerdem wird ihre Herstellung in den meisten Fällen die Möglichkeiten des Heimwerkers übersteigen, so daß man dazu am besten einen Handwerker in Anspruch nimmt.

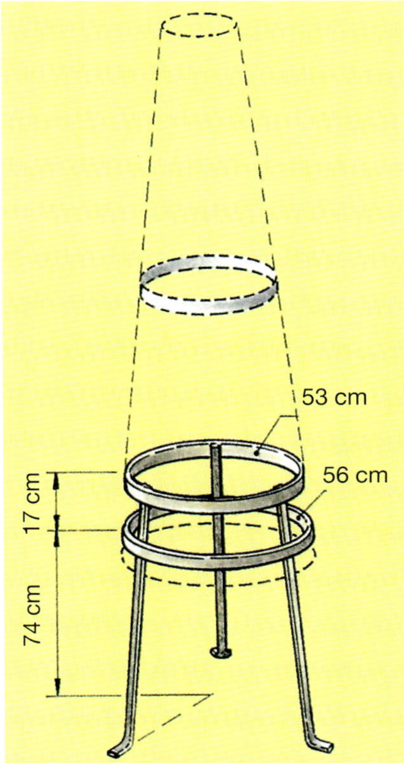

Die Herstellung eines Rauchfanges mittels Blechmantel erfordert einiges handwerkliches Geschick.

Hochbeete

Hochbeete haben in den letzten Jahren Hochkonjunktur, sei es als Arbeitserleichterung für Alte oder behinderte Menschen, sei es als bauliche Stabilisierung von Hanggärten oder als Möglichkeit zum Anbau auf befestigtem Boden.

Das Hochbeet erhält im Gegensatz zum Hügelbeet, das nur eine Erdanhäufung darstellt, einen stabilen baulichen Rahmen. Das Hochbeet macht durch das Material Holz und die üppige Bepflanzung einen guten Eindruck und kann daher einen zentralen Platz im Garten oder an der Terasse einnehmen. Ein Hochbeet zum Gemüseanbau wird am besten den Nutzgartenteil zu einem anderen Gartenbereich hin abgrenzen. Zu bevorzugen ist in jedem Fall eine sonnige, nach Möglichkeit auch windstille Lage.

Die einfachste und preisgünstigste Bauweise läßt sich mit 10 bis 15 cm starken Fichtenrundlingen erzielen. Die berindeten Rundlinge werden auch nicht so leicht durch die Feuchtigkeit und den Bodenkontakt angegriffen.

Die Beetoberfläche sollte in etwa 70 cm Höhe liegen. Eine höhere Bauweise ist nicht zu empfehlen, da zum einen zusätzliche Stabilisierungen notwendig wären, zum anderen die Arbeit erschwert werden würde. Damit man bei der Bearbeitung von beiden Seiten die Mitte gut erreichen kann, sollte das Beet nicht breiter als 1,20 m sein.

An den Ecken und dazwischen etwa alle 2 m sollten Haltepfosten mindestens 40 cm tief in den Boden eingeschlagen werden. Die Fichtenrundlinge werden so verlegt, daß sie an den Ecken übereinander versetzt liegen, und schließlich nagelt man sie an den Pfosten fest.

Eine besonders stabile Bauweise läßt sich mit gebrauchten Eisenbahnschwellen erzielen. Die Handhabung ist aufgrund deren Vorgeschichte nicht ganz hygienisch, und die Pflanzerde sollte nach innen in jedem Fall durch eine Folie gegen ausgeschwemmte Schadstoffe geschützt sein.

Besonders für niedrigere Bauweisen bieten sich noch zahlreiche andere Materialien an. Rustikal sehen zum Beispiel senkrechte Fichtenpalisaden aus, die in

Hochbeete ermöglichen bequemes Arbeiten bei günstigen Wachstumsbedingungen in einem stabilen Rahmen.

Der Hochbeetrahmen

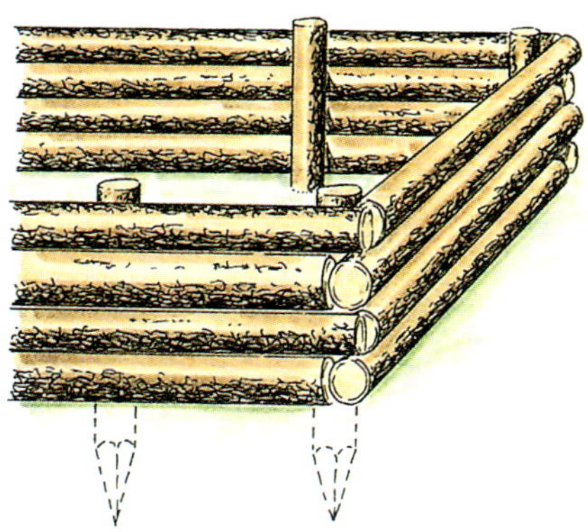

Die Einfassung aus Rundhölzern in Blockbauweise muß an den Pfosten befestigt werden.

Variante mit Bahnschwellen

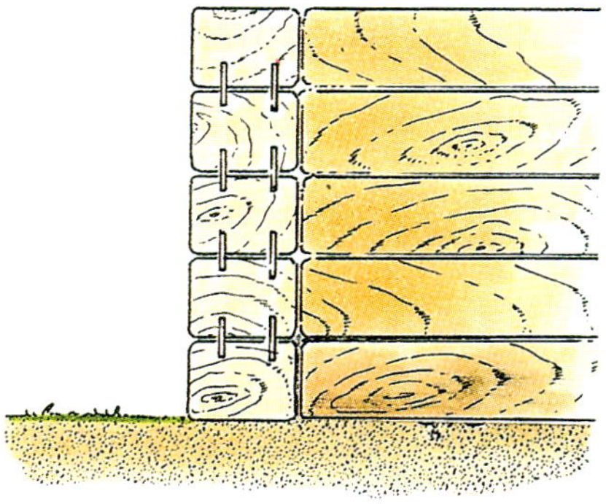

Eisenbahnschwellen ergeben stabile Wände für ein Hochbeet.

einer Drainageschicht oder einem kleinen Betonfundament im Boden befestigt werden.

Bevor die Erde eingefüllt wird, kann das Hochbeet noch mit einigen Luxusausstattungen versehen werden. Eine witterungsbeständige Folie beispielsweise, die man mit Hilfe einer Leiste an der oberen Innenkante an die Wand heftet, unterbindet den direkten Erdkontakt der Balken und trägt so zu deren wesentlich längeren Haltbarkeit bei.

Zuunterst füllt man in das Hochbeet eine Drainageschicht aus grobem Kies oder anderen Gesteinen ein. Wer das Beet von vornherein vollständig mit Substrat auffüllen will, so daß es später nicht mehr absinkt und nachgefüllt werden muß, läßt sich gleich von einer Landschaftsbaufirma einige Kubikmeter Oberboden anfahren. Wer sich mit einer Rotteschicht behelfen will, und zu einem späteren Zeitpunkt erneut Kompost auffüllen möchte, der sollte zuunterst eine Schicht aus zerkleinerten Ästen einfüllen, die durch ihre Sperrigkeit für Belüftung von unten sorgt.

Dies ist notwendig, damit das Material rotten kann. Darüber läßt sich, wenn im Herbst viel Laub anfällt, eine etwa 20 cm hohe Schicht aus Blättern ausbreiten, die mit anderen Kompostmaterialien sowie zur Impfung mit etwas verrottetem Kompost gemischt wird. Darüber wiederum kann man beispielsweise umgedrehte Rasensoden legen, die beim Abstechen der Fläche angefallen sind. Direkt darauf kann noch einmal unreifer Kompost folgen, während die eigentliche Wurzelschicht von 25 bis 30 cm Tiefe möglichst nur noch aus ausgereiftem Kompost bestehen sollte, weil sonst die Wurzeln geschädigt werden können.

Kompostbehälter

Die Kompostbereitung ist in den letzten Jahren in den Mittelpunkt des Interesses gerückt, weil sie einen Weg darstellt, auf umweltverträgliche Weise den Müll deutlich zu verringern. Daß nebenbei der Kompost eine wesentliche Grundlage für Fruchtbarkeit und Pflanzenwachstum ist, das wissen die Gärtner schon lange. Ein Kompostbehälter dient in erster Linie dazu, die organischen Abfälle raumsparend hinter einer mehr oder weniger sichtschützenden Wand verrotten zu lassen.

Aus den unzähligen Bauweisen für Kompostbehälter seien hier einige vorgestellt: Vier stabile Pfosten aus hochdruckimprägniertem Holz werden in den Boden geschlagen und dienen

In der Regel empfiehlt es sich, mit mehreren Behältern zu arbeiten. So können auch größere Mengen Kompostmaterial – z. B. im Herbst das Laub der Bäume – verrotten.

als Halterung für Außenwände in Form eines einfachen Lattenzaunes. Die einzelnen Seiten sollten nicht wesentlich schmäler als 1 m und nicht viel breiter als 1,50 m sein; bei Anfall von großen Materialmengen stellt man lieber mehrere solcher Behälter nebeneinander. Die Höhe darf bis zu 1,50 m betragen. Entscheidend ist, daß die Vorderseite abnehmbar ist. Denn von hier aus muß mit Schaufel oder Mistgabel gearbeitet werden können. Eine recht einfache Lösung besteht zum Beispiel darin, daß man die beiden Querbalken deutlich überstehen läßt und jeweils außen an den Pfosten auf jeweils vier Eisenhaken aufhängt.

Der einfache Kompostbehälter

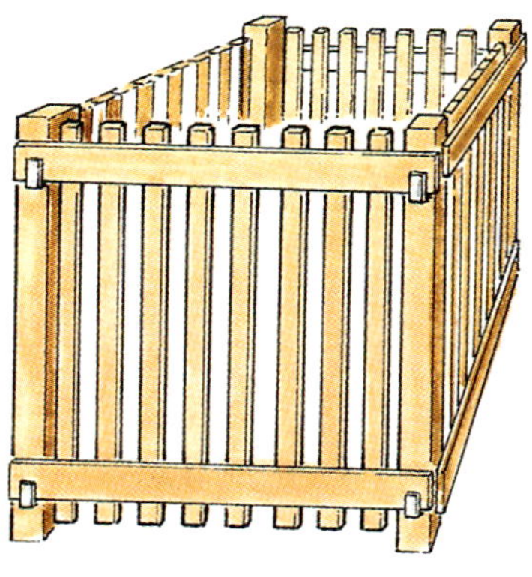

Auch bei einfacher Bauweise läßt sich die Vorderseite abnehmen, indem man sie aus- und einhängt.

Eine andere Bauweise besteht aus vier Eckpfosten, die durch übereinanderliegende Bretter miteinander verbunden werden. Zwischen den Brettern muß genügend Platz bleiben, damit der Kompost von den Seiten Luftzufuhr bekommt. Die Vorderseite ist wiederum abnehmbar zu gestalten, was man dadurch erreichen kann, daß die Längsbretter nicht direkt auf die Pfosten, sondern auf zwei weitere Latten genagelt werden. Diese Konstruktion hält man durch Haken an den Pfosten fest.

Eine etwas raffiniertere Art, um die Vorderseite zu öffnen, finden wir auch bei verschiedenen Fertigbauweisen: Die schräg gestellten Bretter sind eingeschoben und können je nach Bedarf einzeln herausgezogen werden.

Sehr preisgünstige Behälter lassen sich aus engmaschigem Maschendraht herstellen. Natürlich wirken solche Behälter optisch weniger attraktiv als Holzbehälter. Die einfachste Form ergibt sich, indem man das Drahtgewebe zu einem Kreis biegt; so entsteht ein zylinderförmiger Behälter in der Höhe des Maschendrahtes. Er sollte mindestens einen Durchmesser von 80 cm haben. Dazu braucht man Drahtgewebe von 2,50 m Länge, besser 3 m oder 3,5 m.

Die Drähte sollten etwa 3 mm stark sein und das gesamte Gewebe steif genug, damit es aufrecht und ohne Formveränderung stehen bleibt. Die Maschen dürfen nicht zu weit sein, weil sonst Kompost ständig herausrieselt. Das runde Maschendraht-Silo wird dadurch flexibel gehal-

Die Enden des Gitters werden mit Drähten zu einem Ring geschlossen.

Einfache Bauweise mit Querlatten

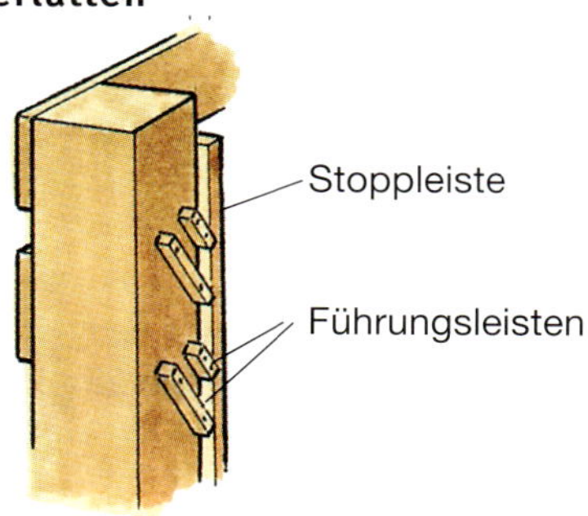

Um die Bretter der Vorderseite einzeln abnehmen zu können, setzt man sie schräg zwischen je zwei Führungsleisten und hält sie mit einer Stoppleiste fest.

Die Schnittkanten müssen abgefeilt werden, damit sich niemand daran verletzt.

ten, daß man die beiden Enden nur durch einfach lösbare Haken befestigt, so daß der Behälter spätestens zur Ernte geöffnet werden kann.

Erdsieb

Der fertige Kompost ist meist sehr grob und sollte nach der Ernte gesiebt werden, um den Pflanzen ein feinkörniges Substrat anbieten zu können. Die groben Teile werden wieder dem Rotteprozeß zurückgegeben. Dieses Sieb läßt sich leicht selbst basteln.

Dazu baut man aus 10 cm breiten und 15 bis 20 mm starken Leisten einen Rahmen. Dieser sollte etwa 60 cm breit und 1,20 m lang sein. Eventuell läßt man die beiden längeren Seiten 20 cm überstehen, damit sie Füße bilden. Wenn man exakt arbeiten will, sollten sich die Leisten an den Ecken überblatten. Ein Anstrich mit einem ungiftigen Holzschutzmittel verlängert die Haltbarkeit.

Erdsieb selbst bauen

Die Ecken werden am besten überblattet, danach nagelt man den Maschendraht auf.

Mit Hilfe eines Erdsiebs werden Grobteile aus dem Kompost abgetrennt. Die Konstruktion dieses praktischen Hilfsmittels ist ganz einfach.

Wenn kleinere Kinder mit im Haus leben, dann kann man auf dieses Spielgerät keinesfalls verzichten – den Sandkasten. Ein solcher Spielort ist mit einfachen Mitteln relativ problemlos herzustellen. Mal Ritterburg, mal Kuchenbäckerei – für die Kleinen ist er ein Platz, an dem sie sich nach Lust und Laune ihr eigenes Reich schaffen und ungestört spielen können.

Spielgeräte für Kinder

Um Kinder von sorgsam gepflegten Blumenrabatten abzulenken, können Sie ihnen Spielplätze im Garten schaffen, auf denen die Kinder sich nach Lust und Laune austoben können.

Sandkasten

Traditionell ist ein Sandkasten der erste Freiland-Spielplatz für kleine Kinder ab dem Krabbelalter – im Prinzip ganz einfach zu bauen. Bei der Standortwahl ist zu beachten, daß der Sandkasten möglichst in der Nähe der Terrasse oder in der Nähe des Ortes liegt, wo sich die Eltern häufig aufhalten, damit sie die Kleinen gut im Blick haben. Zum anderen ist natürlich eine sonnig-warme Stelle zu bevorzugen, die jedoch zur größten Mittagshitze möglichst etwas beschattet sein sollte.

Einfacher Sandkasten

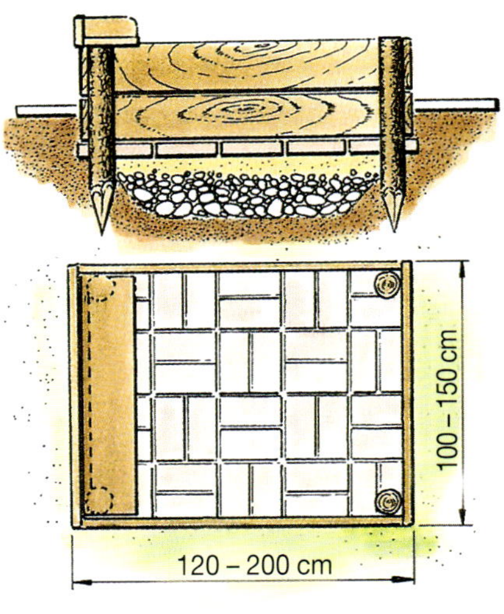

Einfachste Bauweise eines Sandkastens mit Sitzbrett. Der Untergrund sollte mit Steinen abgedichtet sein.

Die Mindestgröße eines Sandkastens beträgt 1 x 1 m. Wenn mehr Kinder den Sandkasten benutzen, sollten Sie ihn größer (2 x 2 m) anlegen. Als Unterlage für die feine Sandschicht sollte ein Boden aus Wegplatten oder Ziegelsteinen verlegt werden. Diese Schicht soll in erster Linie verhindern, daß sich der darunterliegende Boden mit dem Sand vermischt. Andererseits ist es günstig, wenn zwischen den Steinen große Fugen verbleiben, damit das Regenwasser sicher abläuft. Auf schweren Böden ist unter der Plattenbefestigung eine zusätzliche Dränschicht aus 10 cm hohem Kies oder Schotter einzuplanen. In diesem Fall ist bei Baubeginn eine 50 cm tiefe Grube auszuheben.

Anschließend werden die vier Eckpfosten so eingeschlagen, daß sie 25 cm aus dem Boden herausragen. Zur Stabilisierung schlägt man vier weitere Pfosten jeweils in der Mitte der Seiten auf die gleiche Weise ein. Nach dem Anschrauben der äußeren Seitenwände kann schließlich der obere Rahmen aufgesetzt werden.

Die einfachste Konstruktion für den Rahmen besteht aus vier etwa 60 cm langen Rundpfosten, die an den vier Ecken in die Erde geschlagen werden und an denen die 3 cm starken und 25 cm breiten Bretter außen angenagelt werden. Etwa 10 cm breite Brettchen sollten den oberen Rand des Sandkastens abdecken.

Alle Holzteile, mit denen das Kind in Kontakt kommen kann, sollten sorgsam gehobelt und die Kanten mit Sandpapier abgerundet sein. Als Holzschutzmittel sind selbstverständlich nur ungiftige Präparate zu verwenden.

Sitzbrett stabilisieren

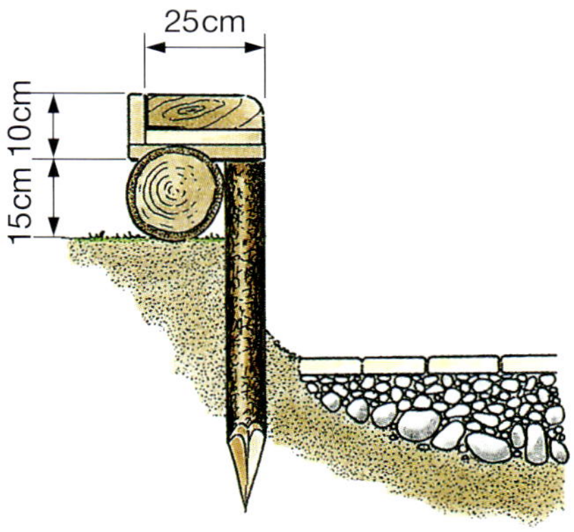

Begrenzung und Auflage des Sitzbrettes können auch durch ein Rundholz erzielt werden.

Eine einfache Erweiterung besteht in einem breiten, waagerecht liegenden Rahmenbrett, auf dessen glatter Unterlage sich am leichtesten mit „Backformen" spielen läßt und das auch als Sitzgelegenheit dient.

Selbstverständlich gibt es noch eine Menge anderer Möglichkeiten, den Rahmen zu bauen, etwa durch aneinandergereihte Rund-

TIP: Tisch im Sandkasten

Anstatt eines breiten Rahmenbrettes als Unterlage kann man zum Beispiel auch einen alten Baumstumpf tief in den Sand eingraben. Die Wurzeln sind dabei so abzusägen, daß er einerseits stabil steht und andererseits auch bei Tiefgrabungen keine Verletzungen verursachen kann. Auf der Oberfläche des Stumpfes kann eine mehr oder weniger große Tischplatte installiert werden.

hölzer. Vor der Verwendung von Eisenbahnschwellen muß allerdings gewarnt werden, aufgrund ihrer meist sehr intensiven Behandlung mit Teerölen und ihren Rückständen von Pestiziden.

Für den Inhalt des Sandkastens schließlich besorgt man sich Flußsand, der in größerer Menge von einer Baufirma angeliefert wird. Je nach Tiefe des Kastens werden (bei mindestens 25 cm Sandschicht) 200 bis 250 Liter Sand pro Quadratmeter benötigt.

Weil die Umgebung des Sandkastens oft betreten wird, ist es ratsam, auch diese Fläche zu befestigen. Von einem glatten Untergrund läßt sich Sand, der beim Spiel ständig „über Bord geht", leichter aufnehmen und wieder zurückbefördern.

Die Schaukel im eigenen Garten ersetzt Spielplatz und Jahrmarkt.

Benötigtes Material

Kant- oder Rundhölzer aus Fichte, möglichst hochdruckimprägniert, mindestens 10 x 12 cm stark
4 Ständer à 3,10 m
1 Querholz (oben, 1,60 m)
2 Fußhölzer (unten à 1,40 m)
Eisenwaren:
4 Schraubbolzen mit Beilagscheiben und Muttern, Durchmesser 10 mm, 2 je 260 mm und 2 je 300 mm lang
2 Winkel aus Flacheisen, 3 X 30 mm, gestreckte Länge 70 cm
2 Zinkblechüberdeckungen, 10 x 26 cm
2 verzinkte Schaukelhaken in starker Ausführung
Nägel
1 Sitzbrett mit Kette oder starken Seilen, dazu Einhängeringe und Längenversteller

Schaukel

Der Bau einer Schaukel erfordert vom Bastler viel handwerkliches Geschick, da dieses Gerät außerordentlich großen Beanspruchungen standhalten muß.

Die einfachste Ausführung besteht aus Kanthölzern ohne Betonfundament: Aus zwei Paaren von langen Kanthölzern wird mit Hilfe eines dritten, kurzen Fußholzes ein Dreieck gebildet. Das Fußholz darf dabei einfach außen an den Enden angenagelt werden, denn es verschwindet später unter der Erde. Dort, wo die oberen Kopfenden der beiden langen Hölzer zusammenstoßen, wird es dagegen schon komplizierter: An dieser Stelle muß aus beiden eine Form herausgesägt werden, so daß das später darüberzulegende Querholz sich genau einpassen läßt.

Das Querholz wird in die ausgesägten Lücken am Kopfende der Ständer eingefügt und provisorisch angenagelt. Dabei darf der Querriegel links und rechts ungefähr 10 cm überstehen. Die Befestigungpunkte werden anschließend mit einem Zinkblech überdeckt.

Schaukel mit Fußholz

Ein Fußholz im Boden sorgt auch ohne Betonfundament für sicheren Stand.

Nachdem Sie außerdem das Flacheisen aufgelegt und die Löcher in Zinkblech und Holz markiert haben, werden im Holz mit einem 12 mm starken Bohrer die Löcher für die später folgenden Schraubenbolzen vorgebohrt.

Wenn auch das Zinkblech durchlocht ist, kann der endgültige Zusammenbau vorgenommen werden: Man schiebt die Schraubbolzen durch Flacheisen, Zinkblech, Pfosten und Querholz auf der anderen Seite wieder heraus und schraubt sie mit Muttern fest, wobei die Unterlegscheiben nicht vergessen werden dürfen. Zu guter Letzt können am Quer-

Schaukel mit Steinfundament

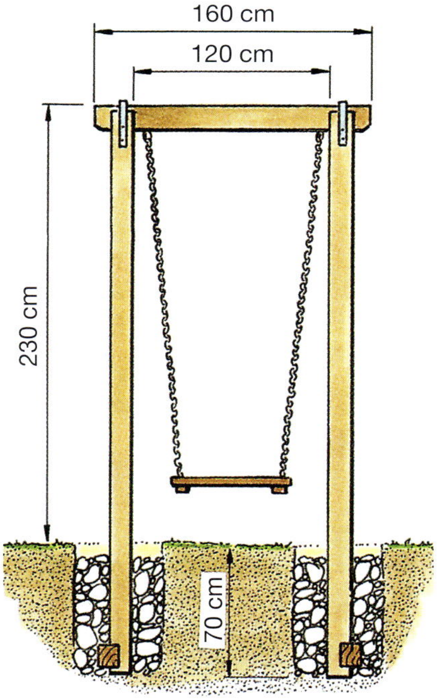

Diese Maße sollten für eine stabile Schaukel eingehalten werden.

riegel die Schaukelhaken eingeschraubt werden.

Für das nun fertige Gerüst werden im Abstand der beiden Füße zwei Gräben ausgehoben mit je 1,50 m Länge, 30 cm Breite und 70 cm Tiefe. Den Untergrund ebnen und feststampfen. Danach muß man das Gerüst mit Unterstützung eines Helfers in den Graben stellen und mit Hilfe der Wasserwaage in allen Richtungen ins Lot bringen. Wenn das geschafft ist, werden schichtweise grobe Steinbrocken und Erde eingefüllt und jeweils wieder festgestampft. Den Boden belegt man an der Stelle, wo die Kinder aufsitzen und mit den Füßen anschieben, zweckmäßigerweise mit einem weichen Material, zum Beispiel Rindenmulch oder Gummiplatten, die durch eine Unterlage aus Sand zu stabilisieren sind.

Sitzbrett und die Aufhängung anzufertigen lohnt sich kaum angesichts der hohen Sicherheitsanforderungen, die an diese Konstruktion zu stellen sind. In der Regel wird man sie sich besser in der nächsten Spielwarenhandlung besorgen.

Selbstverständlich kann man die Schaukel auch in ein Betonfundament setzen. Dazu hebt man zwei Gruben von 60 cm Tiefe und 40 x 40 cm Seitenlänge aus. Die Ecken der Gruben werden mit je vier 12 mm starken Baustahleisen armiert, etwa mit 3 bis 5 cm Abstand zum Rand.

Als Lohn für diese Mühe benötigt man auf jeder Seite lediglich einen Pfosten, entweder Kanthölzer mit 14 x 14 cm oder Rundhölzer mit 16 cm Durchmesser. Diese werden allerdings nicht selbst in den Beton eingelassen, sondern die U-förmigen Flacheisen (80 x 10 x 800 mm), die man mittels 12 bis 14 mm starker Bolzen beidseitig an den

Der obere Abschluß

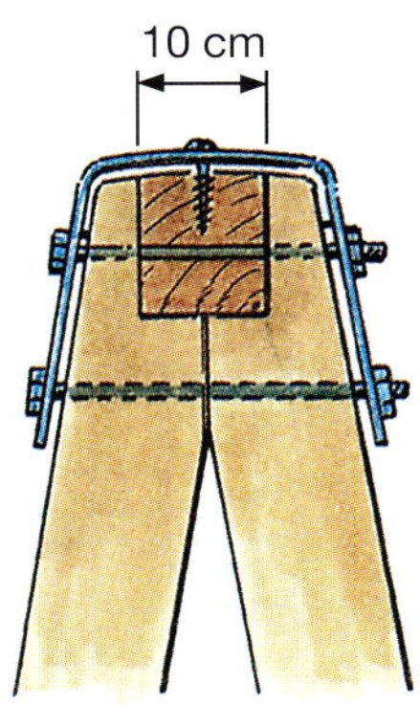

Fachgerechte Auflage des Querholzes auf zwei Balken.

Schaukel mit Betonfundament

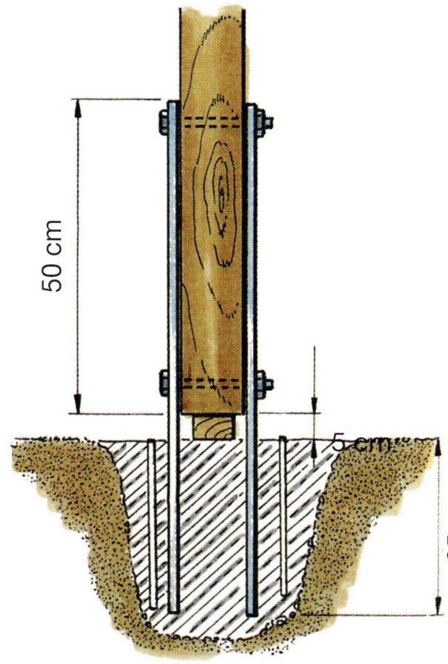

Querholz befestigen

Bei einbetonierten Pfosten genügt ein Rundeisen zur Befestigung des Querholzes.

Pfosten befestigt und in etwa 25 cm Tiefe einbetoniert.

Um sich das Ausrichten der Eisen beim Einbetonieren zu erleichtern, wird die Schaukel zuvor fertig gebaut und auf schmale Holzriegel (5 x 10 mm) gestellt, die man quer über die Gruben legt. Auch die Eisen sind bereits befestigt. Wenn nun das Schaukelgerüst so steht, wie es soll, wird in der Grube der Beton bis etwa 2 cm unterhalb der Riegel eingefüllt. Frühestens nach drei Tagen, wenn der Beton ausgehärtet ist, kann man die Riegel unter den Ständern herausschlagen. Der verbleibende Abstand sorgt dafür, daß das Holz nicht so leicht vom Wasser angegriffen wird.

Wenn Sie einen Bestand von großen alten Bäumen im Garten haben, können Sie sich den Aufwand für die Konstruktion größtenteils sparen. Eventuell finden sich dort stabile, waagerechte Äste, an denen nach intensiver Prüfung durch die Erwachsenen die Schaukel einfach aufgehängt werden kann.

Wippe

Die Wippe ist die einfachste Form einer Schaukel, für die man eigentlich nur einen quergelegten Baumstamm braucht und ein langes Brett, das man darüberlegt.

Für eine fachgerechte Konstruktion nimmt man statt eines Brettes ein etwa 2 bis 3 m langes Kantholz mit einem Querschnitt von 10 x 14 cm. Hochkant genommen gibt es einen stabilen Wippbalken ab. Weil diese Breite zum Sitzen aber relativ schmal ist, werden die Enden mit 35 cm

Aufhängung des Wippbalkens

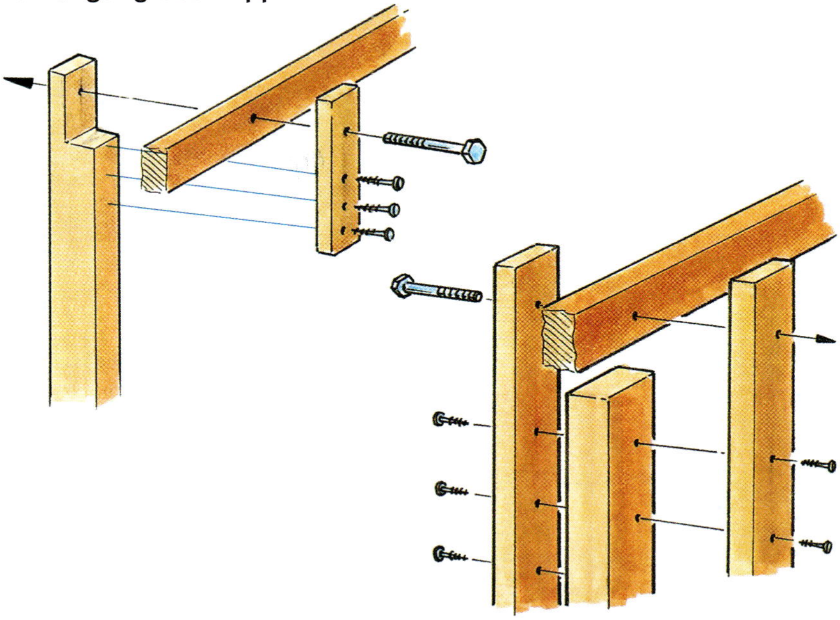

Statt eines stabilen Stützpfahls kann man die Aufhängung des Wippbalkens auch aus zwei oder drei schmäleren Hölzern zusammenbauen.

Wippenmaße im Überblick

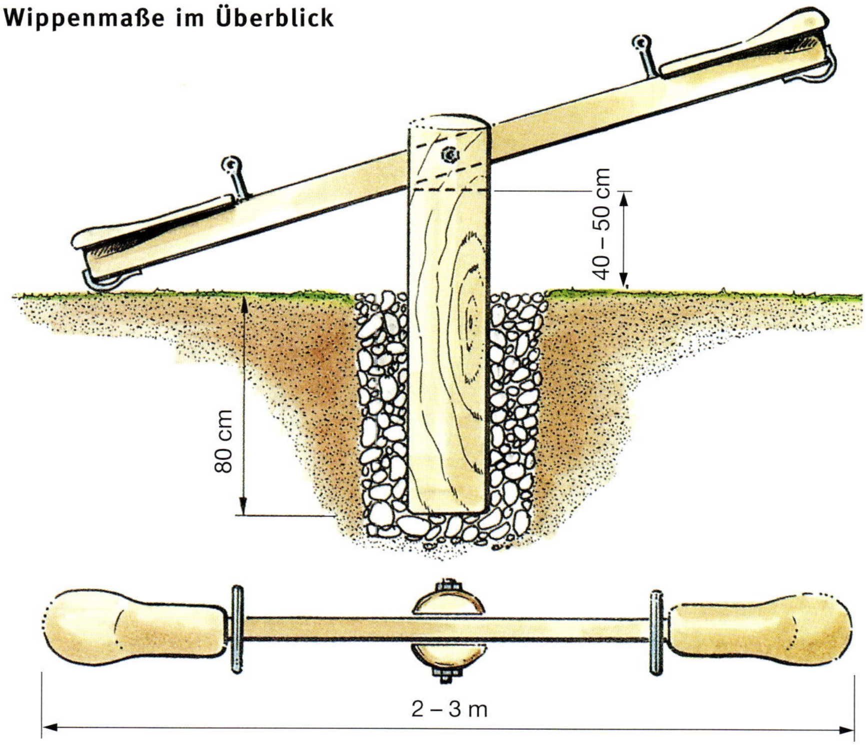

Nur bei abgestimmten Maßen funktioniert die Wippe auch dauerhaft.

langen und 18 cm breiten Sitzbrettern versehen. Je länger sie sind, desto größer ist die Möglichkeit, durch Verrutschen der einzelnen Partner unterschiedliche Gewichte auszugleichen. Am Ende des Sitzbrettes kann ein geeigneter Griff vorgesehen werden.

Für den senkrechten Standbalken nimmt man einen Holzstamm oder -pfosten von mindestenz 25 cm Durchmesser und etwa 1,40 m Länge. Je länger der Wippbalken ist, umso höher muß der Wippbalken aus dem Boden ragen. Bei 2 m Länge sind mindestens 60 cm erforderlich. Etwa 80 cm des Standbalkens sind eingegraben. Die dazu erforderliche Grube sollte einen Durchmesser von 60 cm haben. Der Untergrund ist festzustampfen, der Balken senkrecht in die Grube zu stellen, schließlich wird mit Steinen und Erde angefüllt. Dabei wird immer wieder verfestigt.

An der Oberfläche des Pfahles wird nun für einen 10 cm breiten Wippbalken ein 11 cm breites Stück aus der Mitte 25 cm tief ausgesägt. Durch die stehengebliebenen Pfahlköpfe bohrt man ein Loch für den 15 mm starken Bolzen für die Aufhängung.

Die Kanten und Oberflächen der Hölzer sollten etwas abgeschliffen sein, um Verletzungen vorzubeugen. Die Holzteile müssen, wenn sie nicht hochdruckimprägniert sind, mit einem ungiftigen Holzschutzmittel behandelt werden. Um den Aufprall beim Wippen etwas zu dämmen, können Teile von alten Autoreifen an der Aufschlagstelle im Boden versenkt werden.

Baumhaus

Sie können sicher sein, daß Sie Ihren Kindern mit einem selbst gebauten Baumhaus eine riesige Freude bereiten. Voraussetzung ist natürlich ein von Größe und Wuchsform geeigneter Baum im Hausgarten. Gut geeignet für ein solches Bauwerk sind Laubbäume mit ausladend wachsenden Ästen wie beispielsweise Kastanie oder Buche. Falls Sie zur Miete wohnen, sollten Sie vorher das Einverständnis des Vermieters einholen.

Vermeiden Sie es nach Möglichkeit, die Holzkonstruktion direkt an den Baum zu schrauben oder zu nageln, denn das schafft Eintrittspforten für Krankheiten und Schädlinge; schließlich soll der Baum nicht an dem Baumhaus zugrunde gehen.

Am verträglichsten für den Baum ist eine Konstruktion wie es auf den Abbildungen gezeigt wird. Kein Nagel und keine Schraube stecken im Holz, der Baum dient allenfalls als Stütze für das Haus, dessen Plattform in der Baumkrone ist, das aber eigentlich um ihn herum errichtet wurde. Außer der Bank und der Plattform, die aus stabilen

Erwachsene haben hier keinen Zutritt – Für kleine Abenteurer ist ein eigenes Baumhaus die Erfüllung aller Träume. Beim Spielen können sie hier ihrer Phantasie freien Lauf lassen.

Der Stamm und die Äste tragen die Plattform des Baumhauses – keine Schraube und kein Nagel verletzen seine Rinde.

Brettern gebaut wurden, besteht das hier gezeigte Modell ausschließlich aus imprägnierten Rundhölzern – je nach Einsatz mit einem Durchmesser von 6, 10 oder 15 cm.

Zuerst werden die vier aufrechten Palisadenhölzer auf der Höhe der Querstreben leicht eingekerbt. Mit einem Stechbeitel wird das Holz so abgetragen, daß die Querstreben dort möglichst flach anliegen. Dann die Hölzer an den Stellen, wo sie verbunden werden sollen, mit einem 12-Millimeter-Bohrer senkrecht durchbohren. Die Verbindungen zwischen den aufrechten Palisaden und den Querstreben stellen Flachrund-Schrauben mit Vierkant-Ansatz (Schloßschrauben, M12 x 150) her. Dann die Palisadenhölzer aufstellen. Die Rundhölzer brauchen nicht allzu tief in den Boden eingegraben werden. Wenn Sie, wie in dem hier abgebildeten Beispiel, noch ein Schaukelgerüst an das Baumhaus anbauen wollen, sollte der äußere Stützpfeiler der Schaukel jedoch mindestens 80 cm tief im Boden verankert werden. Die lange Stange mit den Schaukelhaken ist als Querstrebe des Turmgestells zweimal verschraubt. Am anderen Ende liegt sie auf der ebenfalls 15 cm dicken Palisade auf. Für die Verbindung eignen sich Nagelbleche oder ein Bandeisen, das über das Rundholz gebogen und an beiden Seiten festgeschraubt wird.

Beim Verschrauben der Querstreben sollten die Gewinde-Enden stets an der Seite herausschauen, wo die Verletzungsgefahr geringer ist. Um ganz auf Nummer sicher zu gehen, können Sie überstehende Schraubenenden auch einfach mit einer Eisensäge entfernen.

Beim Bau der Leiter kommen die Sprossen in gleichmäßigen Abständen von 30 cm an die Stützholme. Auch hier sollten Sie vorher kleine Kerben einsägen und statt langer Nägel besser stabile Schrauben verwenden.

Die Leiter darf nicht in einem zu steilen Winkel an das Baumhaus befestigt werden. Die Sprossen sollten für kleine Kinderfüße nicht zu weit auseinander stehen.

Gerätehäuschen

Als Gartenhaus im Mini-Format werden neuerdings viele Geräteboxen im Fachhandel angeboten. Sie werden meist benötigt, um Gartenmöbel und Geräte aufzubewahren, die im Keller nicht unterzubringen sind. Der Aufbau ist in der Regel problemlos, jedoch läßt manchmal die Qualität zu wünschen übrig.

Gerätehaus selbst bauen

Hier stellen wir ein Modell vor, in dem sie alles lagern können, was täglich im Garten gebraucht wird.

Als Untergrund genügt eine gestampfte Schüttung aus Kies in den Maßen 180 x 180 cm. Darauf gelegt und ausgerichtet werden vier kesseldruckimprägnierte Kanthölzer (9 x 9 cm). Auf ihnen vernagelt man das Bodenelement, die Wand- und Dachteile werden verschraubt.

Der Boden und die beiden Seitenelemente werden in den angegebenen Maßen aus Normalbrettern auf einen Lattenrahmen (bestehend aus vier Rahmenhölzern, die an den Ecken überblattet werden) genagelt. Die beiden Giebel sind in der Mitte oben flach erhöht, so daß die Dachform entsteht. Entsprechend werden die drei oberen Bretter schräg abgesägt. In der Mitte jedes Seiten- und Giebelteils ist zur Verstärkung des Rahmens ein weiteres Rahmenholz angenagelt. Dasselbe gilt für die beiden Dachelemente, die auf drei längs zu den Seitenwänden verlaufende Rahmenlatten genagelt werden.

Materialliste Gerätehaus

Stück	*Bauteil*	*Maße (cm)*
1	*Bodenelement*	*180 x 180*
1	*Giebelelement mit Tür*	*173 x 200*
1	*Giebelelement*	*173 x 200*
2	*Seitenelemente*	*180 x 184*
4	*Eckleisten*	*4 x 8 x 185*
2	*Dachelemente*	*110 x 220*
4	*Giebelblenden*	*111*
2	*Traufblenden*	*220*
2	*Firstblenden*	*110*
3	*Dachpappen*	*230*

Am vorderen Giebelteil wird an der Mittelleiste die Tür angebracht. Sie wird aus acht senkrechten Brettern 170 cm hoch auf zwei Riegelbretter genagelt, die an ihren Enden mit einem diagonalen Brett in Z-Form verbunden sind. Diese Verstrebung gibt den nötigen Halt, wenn sie von der unteren Türangel schräg nach oben zur Schloßseite verläuft.

Gerätehaus im Selbstbau

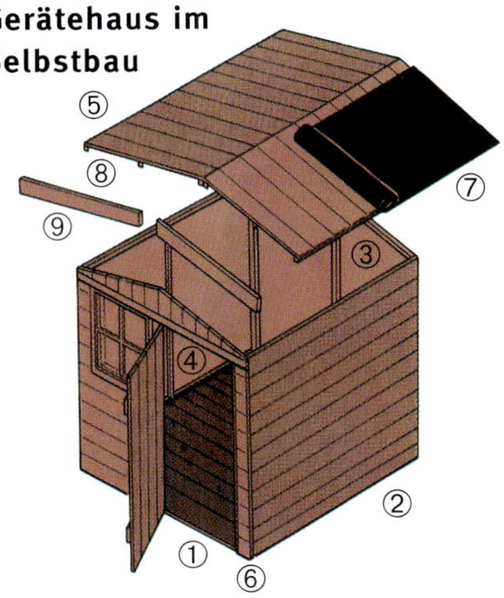

Bauteile eines einfachen Gerätehauses: ① Bodenplatte, ② Seitenwände, ③ Rückwand, ④ Rahmen, ⑤ Dachplatte, ⑥ Giebelwand, ⑦ Dachpappe, ⑧ Randpfetten, ⑨ Blenden

Als Halterung für das Türschloß dient ein waagerechtes Brett, das die Diagonale überblattet. Die Beschläge für Türangel und Schloß gibt es im Baumarkt.

Seiten und Giebel werden an der Bodenplatte so festgenagelt, daß sie rundherum gleichmäßig überstehen. Sie werden mittels Schlüsselschrauben durch die Rahmen verbunden. An die Hausecken werden Eckleisten angenagelt, um das Verbindungsgeschehen zu verdecken.

Die Dachpappe wird in drei Bahnen aufgeteilt, die 230 cm lang sind, so daß auf allen Seiten jeweils 5 cm überstehen. Von den Traufkanten angefangen, werden zwei Bahnen in Giebelrichtung mit allseitigem Überstand ausgerollt und mit Dachpappstiften angenagelt. Die mittlere Bahn wird so über den Giebel geknickt, daß beide Seiten gleich weit überdeckt sind, und angestiftet. Die überstehenden Ränder der Dachpappe werden umgebogen. Zwei Traufblenden auf den Längsseiten halten die umgeknickte Dachpappe unter sich fest und bilden einen besseren Abschluß. Die umgeknickte Dachpappe an den Giebelseiten wird unter breiteren Blenden verborgen. Über ihren Zusammenstoß in der Giebelmitte nagelt man die beiden Giebelblenden.

Als Inneneinrichtung empfiehlt sich eine Aufhängung für Handgeräte, auch Geräteständer gibt es im Fachhandel. Ein hoch angebrachtes Regalbrett nimmt Gefahrstoffe kindersicher auf. Sicherer ist ein abschließbares Wandschränkchen. Auch Hecken-

TIP: Die nötigen Werkzeuge
Es werden eigentlich nur die wichtigsten Werkzeuge für den Selbstbau eines solchen Gerätehauses gebraucht. Das sind: Zollstock, Wasserwaage, Säge, Hammer, Schraubenzieher und -schlüssel.

scheren und Sägen hängt man hoch oben auf.

Gerätehaus aus Fertigteilen

Es gibt viele Modelle von Gerätehäusern in Schlichtbauweise, deren Bauteile man vorgefertigt von verschiedenen Herstellern beziehen kann.

Ein sechseckiger Gerätepavillon hat einen Durchmesser von 240 cm, ist 250 cm hoch, aus 100 cm breiten Einzelwandteilen. Die Tür füllt eine Wand genau aus, ebenso ein Fenster, das von der Mitte bis zum oberen Rand eingebaut wird.

Das Dach setzt sich aus sechs spitzwinkligen Elementen zusammen. Sie laufen nach oben zu einer Spitze zusammen, wo sie wie auf den Seitenwänden verschraubt werden.

Das Dach ist mit Dachpappe verkleidet, wobei an der Spitze ein kreisförmiges Stück Dachpappe eingeschnitten und zu einem Kegel geformt wird und das Dach regenfest abschließt.

Ganz ohne Fenster wird die Sechsecklaube gebaut. Sie bietet an den Wandflächen mehr Platz. Sind die Seitenwände 1 m breit, ergibt sich daraus eine Grundfläche (innen) von 3,8 m^2. Bei 2,70 Höhe ist das ein umbauter Raum von weniger als 10 m^3, so daß meist keine Baugenehmigung erforderlich ist. Aus ähnlichen Bauteilen läßt sich auf entsprechend vergrößerter Bodenplatte ein acht- oder gar zehneckiges Gerätehaus bauen.

Gartenhäuschen

Der einzige Unterschied zwischen Garten- und Gerätehäusern besteht darin, daß Gartenhäuser mit Mehrzwecknutzen größer sind und meist einen überdachten Sitzplatz vorgebaut haben. Eine schlichte Sitzbank vor der Giebelseite ist die seltene Ausnahme. Beim Galeriegartenhaus geht der überdachte Stehplatz für den Schaukelstuhl nach amerikanischem Vorbild über die gesamte Länge einer Hausseite.

Im folgenden wird der Bau eines einfachen Gartenhäuschens beschrieben. Wenn Sie handwerklich erfahren sind, können Sie alles aus Kanthölzern und Brettern selbst zusammenzimmern. Weniger geübte Bastler sollten sich Gartenhäuser aus Fertigteilen aufstellen.

Bodenplatte eines Gartenhauses

In der Fachbauweise können die einzelnen Fächer mit Isoliermaterial ausgefüllt werden.

Untergrund und Boden

Der Untergrund wird vorbereitet wie für den Carport, vollkommen waagerecht und eben. Es genügt eine 15 cm starke Kies- oder Schotterschicht als Auflage für die untersten Kanthölzer.

Für den Fußboden werden z.B. 75 x 95 mm starke Balken auf Hauslänge zurechtgesägt. Sie werden zu einem Fachwerkrahmen zusammengefügt und die Fußbodenbretter mit Nut und Feder darauf genagelt. Das geschieht genau rechtwinklig. Ob das stimmt, läßt sich am besten dadurch feststellen, daß die Diagonalen der entstehenden Karos gleich lang sind. Das letzte Brett schließt möglicherweise nicht innerhalb der Hausbreite ab. Es muß in diesem Fall längs abgetrennt werden.

Die Hauswände aufstellen

Die Seitenwände werden wie beim Gerätehaus aus Einzelelementen stets gleich hoch auf Rahmenbalken genagelt. Auch die Giebelseiten fertigt man so an. Zum Bau der Wände verwendet man 55 x 75 mm starke Rahmenhölzer und Profilbretter mit der Nut nach unten. Zwischen die Wandelemente stellt man Dichtungsleisten, die zwischen die Rahmenhölzer geschraubt werden.

Alle Wandelemente werden so aufgestellt, daß sie etwa 1 cm über die Bodenkante hinausstehen. Wandelemente mit Türen und Fenstern verlangen während der Montage sehr große handwerkliche Fähigkeiten, so daß es empfehlenswert ist, sie komplett zu bestellen.

Mehrfach genagelte Knicklaschen halten die Balken zusammen.

Wandteile verbinden

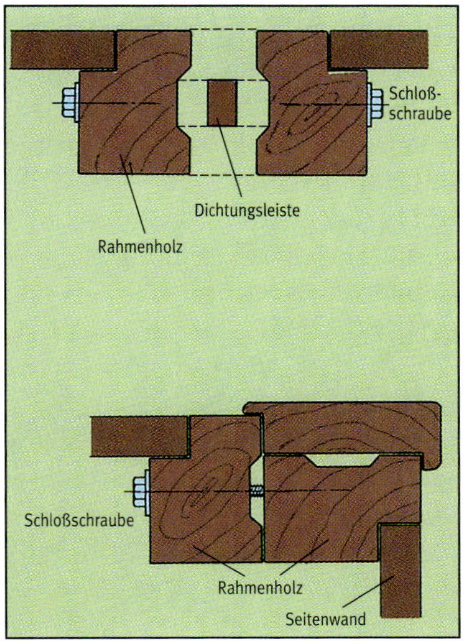

So werden die vorgefertigten Wandteile eines Gartenhauses aneinander geschraubt (oben: gerade Wandseite; unten: Hausecke).

Um das Balkengerüst zu sichern, werden provisorische Winkelstreben angeschlagen.

Giebelwand verschrauben

So wird die Giebelwand mit dem Giebelaufsatz und den Dachpfetten verschraubt.

An den Ecken werden die Rahmenhölzer wie in der Abbildung verschraubt. Für die Giebelseiten müssen die Aufsätze aus Rahmenhölzern und senkrecht stehenden Brettern zusammengenagelt werden. Sie werden auf dem Rahmen gesetzt. Zusammen mit den Giebelwandelementen werden sie mit Schloßschrauben durch vorher gebohrte Löcher verschraubt.

Alle Gartenhäuser mit Vorbau brauchen nicht nur zwei, sondern drei Giebelaufsätze, weil das vorstehende Dachteil auf Eck- und Mittelpfosten ruht, die oben mit einem solchen Abschluß verbunden werden.

Ob zwischen den Pfosten ein Geländer aus geschwungenen Brettern angebracht wird oder alles offen bleibt, hängt allein vom Stil des Hauses und dem eigenen Geschmack ab.

Das Dach aufbauen

Die beiden Dachseiten bestehen im Prinzip aus denselben Elementen wie die Wände, nur daß die Längsbalken hier Pfetten heißen. Sie werden in die Oberkante der Giebel eingelassen. Ist das Gartenhaus länger als 4,20 m, werden die Pfetten in Teilstücken dort überblattet, wo eine Trennwand darunter verläuft. Die First- und Mittelpfetten werden in ihren Ausschnitten mit Mutternschrauben festgeschraubt. Die Randpfetten werden ebenso mit den Rahmen der Seitenwände verschraubt.

Das erste Dachbrett wird mit der Nut nach außen bündig auf die Pfetten genagelt, die folgenden eng ineinander geschoben und an jeder Kreuzungsstelle je ein Nagel in die darunterliegende Pfette getrieben.

Dachlatten festigen den Rahmenbau eines kleinen Gartenhauses.

Sogar eine Dachrinne können Sie aus zwei rechtwinklig zusammengenagelten Brettern herstellen, die mit Spaxschrauben unter dem Dach befestigt werden.

Die Dachpappe wird so geschnitten, daß beide Enden bündig auf den Dachbrettern liegen. Sie soll sich auf der ganzen Länge so überlappen, daß die kiesfreien Klebestreifen überdeckt sind. Man beginnt unten an der Dachrinne und schlägt etwa 20 Nägel pro Quadratmeter ein.

Die Giebelblenden befestigen Sie so an der Kante der Dachbretter und der Stirnseiten der Pfetten, daß von all dem nichts mehr zu sehen ist. Dazu müssen die Blenden aber breit genug bemessen sein.

Blockhütte

Die urtümlichste Bauweise für Gartenhäuser sind Balkenlagen, an den Ecken übereinandergelegt. Das ist einfach, massiv und lange haltbar. Die Maße der Blockhütten beginnen bei 2 x 2 m und reichen hin zu „kleinen Einfamilienhäusern“ mit Grundflächen von 7,50 x 5,40 m.

Grundbauweise

Blockhäuser sind aus vorgefertigten Bohlen in unterschiedlichen Dicken (etwa 48 x 140 mm bis 75 x 140 cm) erhältlich. Die Bohlen sind mit doppelter Nut und Feder ausgestattet, damit ablaufender Regen nicht in die Fugen dringt. Zur höheren Sicherheit können Gewindezugspindeln oder Steckstäbe die Bohlen zusammenhalten.

Nachfolgend wird der Aufbau eines typischen Blockhäuschens beschrieben.

Fundament und Boden

Das Fundament wird frostsicher auf 80 cm Tiefe gelegt. Es kann an einzelnen Punkten, als Streifen oder als Platte gegossen werden. Die Bodenplatte wird grundsätzlich mit einer Lage Dach-

Eckverbindung eines Blockhauses

Nach „Western-Art“ werden die Bohlen von Blockhäusern über Eck in Aussparungen gelegt.

Dach eindecken

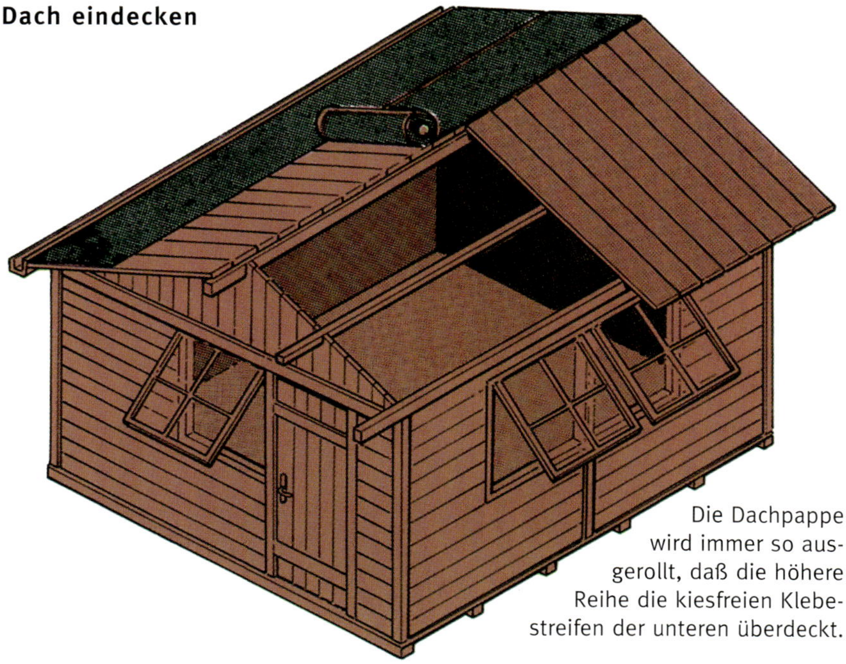

Die Dachpappe wird immer so ausgerollt, daß die höhere Reihe die kiesfreien Klebestreifen der unteren überdeckt.

pappe bedeckt, um die eventuell von unten aufsteigende Nässe abzublocken.

Darauf liegen Balken von 100 x 140 cm, wenn das Fundament in Streifen oder nur punktförmig gegossen wurde. Auf einer Festplatte genügen 80 x 100 cm. Darauf folgen als Boden 22 mm starke Hobeldielen – mit Nut und Feder genagelt.

Seitenwände, Türen und Fenster

Die Bohlen der Seitenwände sind meist aus massiv nordischer Fichte, kernfrei, kammergetrocknet und nach außen gewölbt. Auf der Innenseite sind sie glattgehobelt. In den Spezialeckverzahnungen liegen die Bohlen wind- und wasserdicht. Eine zusätzliche Sicherung bieten Spannstangen in den Längswänden, wenn das Holz „arbeitet". Für Tür und Fenster müssen stabile Rahmen in die Wandbohlen eingepaßt und angeschlagen werden. Es gibt sie vorgefertigt in den unterschiedlichsten Maßen und Ausführungen.

Von außen sollte das verbaute Holz naturbelassen aussehen, normalerweise ist es aber im Tauchverfahren gegen Schäden durch Feuchtigkeit, Schwamm und Pilz behandelt. Das Tauchbad muß frei sein von PCP und Lindan. Auf Wunsch erhält das Holz im Tauchbad gleich eine passende Färbung.

Dach- und Dacheindeckung

Auf dem Dach liegt grüne Dachpappe, entweder einfach und überlappt wie beim Bretterhaus oder zuerst eine Querlage einfacher Dachpappe und darauf längs die grün bekieste, wartungsfreie Dachpappe. Erheblich teurer ist eine zusätzliche Abdeckung aus grünen Bitumschindeln oder Dachpfannen.

Auch für die Dachrinnen kann man mehr bezahlen, wenn man sie aus Kupfer oder Zink haben will. Es genügt aber auch hier die Variante wie beim Bretterhaus aus zwei rechtwinklig aneinandergenagelten Brettern.

Für die Verkleidung der Stirnkanten stehen einfache oder girlandenförmig geschwungene Giebelblenden zur Auswahl. Die Dachabdeckung liegt auf 22 Millimeter starken Hobeldielen in einer Neigung von 18 bis 20 Grad, also relativ flach. Der Dachstuhl wird mit Pfetten (mindestens 70 x 140 mm) in die oberen, schräg verkürzten Balken eingelassen.

So gemütlich wie in einer Tiroler Berghütte kann es im Gartenhaus auf dem flachen Lande auch aussehen.

Isolierung und Innenwände

Das Dach kann von unten sichtbar bleiben und muß nicht unbedingt durch eine Innenraumdecke versteckt werden. Wer eine wünscht, braucht dazu Trägerbalken (100 x 140 mm) und die bekannten Hobeldielen. Darauf zur Isolierung eine 60 mm dicke Mineralfaserdecke oder 50 mm dicke Styroporplatten auslegen.

Wenn Sie die Wände ebenso isolieren möchten, brauchen Sie dafür eine Konterlattung von 80 x 80 mm, deren Fächer mit Mineralfaser ausgefüllt werden, bevor Sie auch hier Hobeldielen aufnageln. Zur Fußbodenisolierung gibt es spezielle zweischalige, 22 mm dicke Spanplatten, die innen mit Styropor gefüllt sind.

Innenwände zwischen abgeteilten Nebenräumen werden aus Blockhausbohlen aufgeschichtet. Sie ragen genauso wie die Hausecken durch die Wand und müssen darum vor Nässe, Wind und Licht geschützt sein.

In einem luftig gebauten Carport trocknet das Fahrzeug schnell und ist ausreichend vor Witterungseinflüssen geschützt. Außerdem gestalten sich Wartung und Pflege einfacher als in der Garage.

Carport

Aus den Bauteilen für die Pergola kann auch ein Carport über dem Weg zur Garage oder als luftiger Schutz für das Auto gebaut werden. Natürlich können Sie auch eine oder zwei Seiten mit dichtem Rankwerk oder Bretterwänden abschotten. Als Dach empfiehlt sich eine lichtdurchlässige Abdeckung aus Stegdoppel- oder Profilplatten. Damit hat das Auto ein gutes Klima und vor allem Nässeschutz. Unter dem freistehenden Dach können Sie das Auto auch pflegen und reparieren.

Im Vergleich zu einer teuren Garage ist ein Carport sehr schnell selbst zusammenzubauen. Es ist nichts anderes als eine Ranklaube auf sechs Pfosten und langen Reitern. Zu seiner Länge und Breite ist der Schwenkraum für die Türen sowie ausreichend Platz hinzuzurechnen, um hinten und vorn herumgehen zu können. Der Zuschnitt und Zusammenbau richtet sich nach den Anleitungen für den Pergolabau.

TIP: Baugenehmigung

Für Carports mit massivem Dach und festen Wänden braucht man in den meisten Bundesländern eine Baugenehmigung. Die Hersteller von Bauteilen fügen meistens die dafür notwendigen Baubeschreibungen und Bauzeichnungen der Montageanleitung bei.
Die Pergola braucht normalerweise keine behördliche Zustimmung, auch wenn sie mit einer lichtdurchlässigen Bedachung eingedeckt ist.

Überdachungen

Stegdoppelplatten gibt es in verschiedenen Längen (200 bis 600 cm) und mehreren Breiten von 60 bis 120 cm. Sie sind 16 mm stark, farblos und braun oder weiß getönt. Die Platten bestehen aus Plexiglas und lassen das UV-Licht der Sonne durch.

Stegdoppelplatten benötigen eine Reiterschar, die sich nicht verzieht, also verwendet man dafür vorzugsweise Leimholzbalken der Güteklasse nach DIN 1052. Reiter gibt es in einer leichten Ausführung für 16 mm starke Platten in den Längen 400, 500 und 600 cm.

In Spezialprofilen aus Aluminium mit PVC-Abdeckleiste ruhen die Platten in einem lichten Abstand von 25 mm. Die Neigung des fertigen Daches sollte wenigstens 5 Grad betragen.

Sinusprofilplatten, die man umgangssprachlich auch Wellplastik nennt, sind weniger aufwendig zu verlegen. Das Profil 76/18 hat zwischen den Wellen 76 mm Abstand und wölbt sich 18 mm hoch. Dafür gibt es passende Profilleisten, um die Zwischenräume auf den Balken zu verschließen; sie sind 100 cm lang.

Den Anschluß an die Mauer stellt ein PVC-Profil her mit einer Deckbreite von 68,4 cm und 0,8 mm Stärke.

Die Platten selbst sind farblos oder braun eingefärbt und in verschiedenen Längen und Breiten erhältlich. Da ein Teil der Platten in den Befestigungen verschwindet, ist die Nutzbreite geringer als die tatsächliche Breite. Die Dachneigung sollte wenigstens 10 ° betragen. Dies entspricht pro Meter Dachlänge etwa 18 mm Höhenunterschied.

Balkenquerschnitte bei Dächern aus Stegdoppelplatten

Pfosten bis 2,25 m Höhe sollten 100 x 100 mm stark sein, bis 3 m Höhe 120 x 120 mm.
Sattelbalken bis 3 m freitragender Länge brauchen für Reiter im Abstand von 75 cm einen Querschnitt von 60 x 120 mm, bis 4 m Länge 60 x 140 mm und bis 5 m Länge 80 x 160 mm.
Dieselben Maße gelten für die langen Reiter, auf denen die Stegdoppelplatten mit Befestigungsprofilen angebracht werden.

Gewellte Dachplatten

Auf jeweils passenden Unterprofilen werden die Dachplatten lückenlos fest verschraubt.

Stegdoppelplatten zur Bedachung

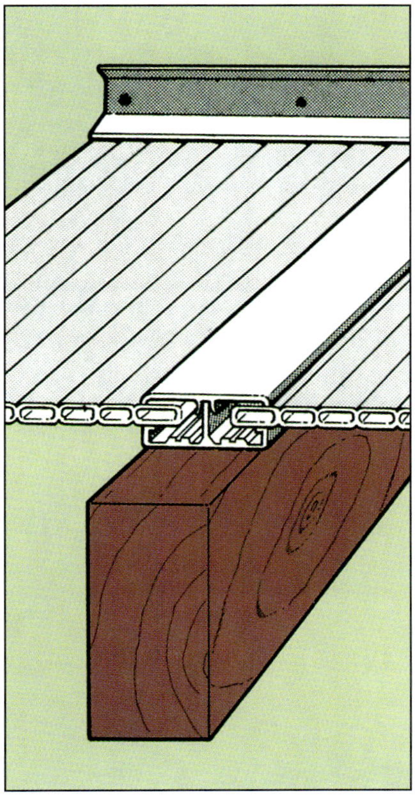

Dichtungsleisten halten die Abdeckplatten auf dem Dach unverrückbar fest und wasserdicht.

Dachbegrünung

Natur an ungewöhnlicher Stelle

In den letzten Jahren hat die Begrünung von versiegelten Flächen besonders in den Ballungsgebieten der Städte stark an Bedeutung gewonnen. Begrünte Dachflächen, die im Betrachtungsbereich der Menschen liegen, haben ihren besonderen Reiz.

Flachdachkomplexe öffentlicher Gebäude, Hochgaragen und größere Zweckbauten werden ansprechend gestaltet und begrünt. Teilweise entstehen vorbildliche Dachgärten, die den Benutzer zum Betrachten, Ausruhen und Entspannen auffordern und animieren.

Als Flächen zur Dachbegrünung im eigenen Garten eignen sich besonders die Dächer von Carports, Flachdachgaragen, Gartenhäusern oder Müllboxdächern. Neben ihrem attraktiven Aussehen wirken sich Dachbegrünungen positiv auf Mensch und Tier, auf das Kleinklima des Standortes aus. Sie können beachtliche Mengen Feinstaubpartikel aus der Luft binden und schaffen gerade in dicht bebauten Siedlungen einen gewissen Ausgleich für nicht mehr vorhandene Grünflächen.

Verschiedene Formen der Dachbegrünung

Bei der Dachbegrünung muß man grundsätzlich zwei Techniken unterscheiden: Der Fachmann spricht von intensiver und extensiver Ausführung.

Die Tragfähigkeit des Daches und seines Unterbaues entscheidet über die Belastungsfähigkeit und damit über die mögliche Mächtigkeit des aufliegenden Substrats. Die Höhe des Substrats wiederum entscheidet über die spätere Bepflanzung.

Die intensive Dachbegrünung, mit größeren Stauden und Sträuchern oder sogar Bäumen ist auch in der Unterhaltung sehr aufwendig. Sie erfordert stete Pflegemaßnahmen, einschließlich Bewässerung, Düngung und Unkrautbekämpfung. Die meisten der vorhandenen Dachkonstruktionen sind allerdings zu schwach, um die entstehenden Gewichtsbelastungen bis 500 kN/m² Dachoberfläche zu tragen.

Andererseits können bereits Substratstärken von 2 bis 6 cm unter gewissen Umständen dauerhaft begrünt werden. Unter dem Begriff der extensiven Dachbegrünung versteht man solche Anpflanzungen, die sich auch durch einen geringeren Unterhaltungsaufwand auszeichnen.

Belastbarkeit der Dachfläche

Jedes Dach verfügt über eine bestimmbare Traglast. Diese Traglast wird in N/m² oder kN/m² angegeben. Ein kN (= 1000 N) entspricht dem Gewicht von 100 Kg.

Häufig geben die Hersteller von Dächern und Dacheindeckungen auch Zahlen für eine eventuelle Nutzlast an. Diese Zahl ist für die Auswahl der Substratstärke und Vegetationsauswahl unerläßlich. Solche Nutzlasten bewegen sich bei Garagen mit massiven Betondecken zwischen 0,5 und 1 kN pro Quadratmeter.

Das durchschnittliche Substartgewicht für Extensivbegrünung kann mit 100 - 150 N/m² je Zentimeter Schichtstärke angesetzt werden. Auch zusätzliche Lasten aufgrund der Wasseraufnahmefähigkeit des Substrates, mögliche Schneelasten und eventuell die Begehbarkeit müssen bei der Ermittlung der Nutzlast berücksichtigt werden. Bereits ab einer Nutzlast von 0,5 kN/m² kann man das Dach mit einer Extensivbegrünung gestalten. Im Zweifelsfall sollte man immer einen Statiker oder Architekten hinzuziehen.

Unterschiedliche Dicke der Substratschicht

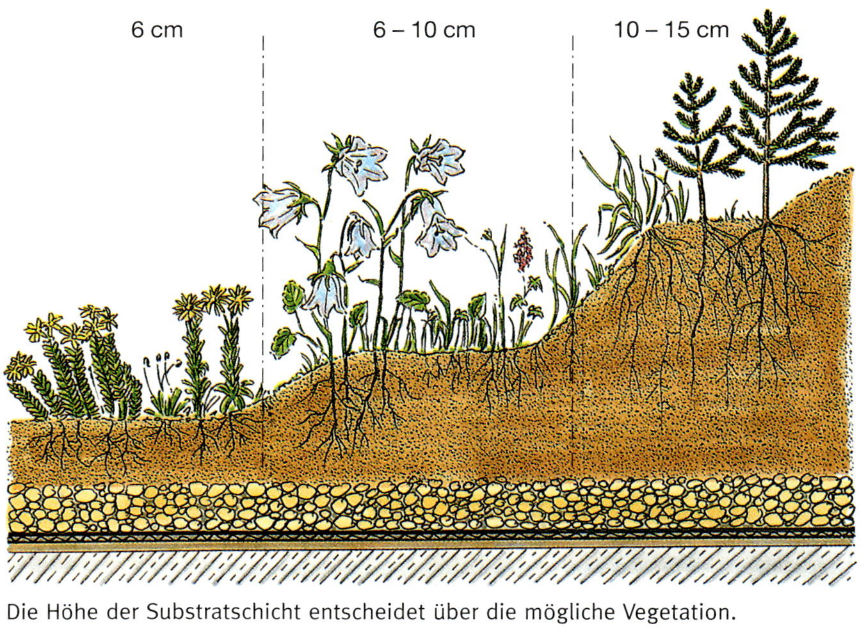

Die Höhe der Substratschicht entscheidet über die mögliche Vegetation. Schon ab 2 cm können Dachflächen begrünt werden.

Formeln

1. Ermittlung der Nutzlast:
maximale Belastung [kN/m²] minus Schneelast und Wasserlast [kN/m²] minus Verkehrslast in [kN/m²] = Nutzlast in [kN/m²]

2. Ermittlung des spezifischen Gewichts für Substratmischungen:
Das Gewicht ist abhängig von der Zusammensetzung des Substrates. Es kommt vor, daß in einem Substrat bis zu 10 verschiedene Bestandteile eingemischt sind. Daher müssen die unterschiedlichen Gewichte entsprechend ihrem Anteil zusammengerechnet werden.

$$\frac{\text{\% Anteil(1) x spez. Substratgewicht (1)}}{100\,\%}$$

plus

$$\frac{\text{\% Anteil(1) x spez. Substratgewicht (2)}}{100\,\%}$$

plus ...

= spezifisches Gewicht der Substratmischung

3. Ermittlung der Substratdicke:

$$\frac{\text{Nutzlast [kN/m}^2\text{]-Pflanzenlast [kN/m}^2\text{]}}{\text{spezifisches Substratgewicht [kN/m}^3\text{]}}$$

= Substratdicke [m]

Rechenbeispiel
Garagendecke Stahlbeton, maximale Belastung: 2,5 kN/m²
Schnee- und Wasserlast: 0,7 kN/m²
Verkehrslast: 0,8 kN/m²
Bepflanzung mit Stauden und Gehölzen: 0,45 kN/m²

Zunächst ermitteln wir die Nutzlast:
$2{,}5\ kN/m^2 - 0{,}7\ kN/m^2 - 0{,}8\ kN/m^2 = 1\ kN/m^2$

Durchschnittliches Substratgewicht: $13{,}8\ kN/m^3$

Nun können wir die Schichtdicke berechnen:

$$\frac{1\ kN/m^2 - 0{,}45\ kN/m^2}{13{,}8\ kN/m^3}$$

= 0,069 m = 6,9 cm

Neigung der Dachfläche

Dächer weisen in der Regel eine Neigung auf; Ausnahmen sind Flachdächer. Ab etwa 15 Grad Dachneigung muß eine aufliegende Substratschicht mit zusätzlichen Befestigungen vor dem Abrutschen geschützt werden. Durch Anbringen solcher Schutzvorrichtungen können Dächer von bis zu 45 Grad Neigung begrünt werden.

Weiterhin muß die Himmelsrichtung beachtet werden, nach der die Dachneigung ausgerichtet ist. In südliche Richtungen geneigte Dächer trocknen sehr viel schneller aus, als die auf der sonnenabgewandten Seite. Die zeitweise extrem hohen Temperaturen von bis zu 50 °C auf nach Süden aus gerichteten Dächern werden nur von sehr wenigen Pflanzengruppen vertragen.

In westliche Richtungen geneigte Dächer sind als typische „Wetterseiten" den Niederschlägen viel stärker ausgesetzt, als die gegenüberliegende Seite. Um die hohen Niederschlagsmengen aufnehmen und ableiten zu können, haben sich Pflanzengruppen bewährt, die mit einem starken Wurzelfilz das Substrat zusammenhalten. Hierzu zählen zum Beispiel Günsel, Frauenmantel, Gundermann oder Efeu.

Auf stark geneigten Flächen hat auch der Wind eine größere Angriffsfläche. Um zu verhindern, daß Substratbestandteile oder ganze Pflanzenballen abgeweht werden, kommen hier flach anliegende Polsterbildner zum Einsatz. Auch eine Klarsicht-Abdeckfolie bietet vorübergehend einen guten Windschutz bei Neupflanzungen.

Stark geneigte Dachfläche mit einer Solaranlage, die durch eine Sedum-Gras-Begrünung wirkungsvoll umpflanzt wurde.

Bevor man sich an die Realisierung seiner eigenen grünen Oase auf dem Dach macht, sollte das zu bepflanzende Dach vorher genau auf seine Dichtigkeit hin untersucht werden. Wenn nun noch alles gründlich gereinigt wurde, kann es auch schon losgehen. So ein grünes Dach verändert das Aussehen eines Grundstückes und auch des Hauses in entscheidendem Maße – die natürliche Anlage des Gartens findet ihren krönenden Abschluß auf dem Dach.

Vorbereitende Baumaßnahmen

Garagendächer und andere Dachkonstruktionen mit einer Kiesauflage werden vor Beginn der Maßnahme gereinigt und auf ihre Dichtheit untersucht. Diese Prüfung kann erfolgen, indem man den Ablauf vorübergehend verstopft und Wasser auf das Dach leitet, das zwei Tage dort verbleiben sollte.

Grundsätzlich ist Vorsicht bei den vorbereitenden Baumaßnahmen geboten, denn häufig kommt es durch unsachgemäße Handhabung von Arbeitswerkzeugen zu diesem Zeitpunkt noch zu Verletzungen der Dachhaut.

Die Befestigung des Dachrandes

Bei den meisten Dächern ist eine Befestigung des Dachrandes notwendig und sinnvoll. Garagendächer besitzen meist schon eine Seitenwanderhöhung von mehreren Zentimetern. Bei Holzdächern von Gartenhäusern oder Geräteschuppen ist eine Randbefestigung aus Holz sinnvoll.

Die Höhe der Randbefestigung ist davon abhängig, wie hoch das Substrat aufgeschüttet werden soll, sie sollte jedoch 2 bis 4 cm höher sein. Neben einer Verblendung des Dachrandes dient die Randbefestigung auch als seitlicher Schutz gegen das Abrutschen des Substrates sowie zur Befestigung der Dichtungsfolie.

In der Regel wird die Randeinfassung direkt an der Betondecke oder Holzeindeckung mit korrosionsbeständigen Messingschrauben befestigt.

TIP: Nachträglicher Einbau eines Gefälles

Zur Verhinderung von schädlicher Staunässe auf Dächern ohne Gefälle kann nachträglich ein Gefälle geschaffen werden. Dazu bietet sich ein Unterbau von schneidbaren Styroporplatten unterschiedlicher Stärke an, die ihrer Stärke nach geordnet auf dem Dach ausgelegt und mit Kleber befestigt werden. Gefälle zu angrenzenden Gebäuden sollte allerdings vermieden werden.

Aufbau einer Dachbegrünung im Querschnitt:

Dichtungsfolie und Schutzvlies werden am Dachrand hochgezogen. ① Unterkonstruktion, ② Schutzvlies, ③ Dichtungsfolie, ④ Trennvlies, ⑤ Wärmedämmschicht, ⑥ Substrat.

Auf kleinen, überschaubaren Dachkonstruktionen können Steinumrandungen eingesetzt werden, die von Zeit zu Zeit auf ihre richtige Lage kontrolliert werden müssen.

Bei alten Eternitdächern mit einer Neigung bis 5 Grad kann auf eine Randeinfassung ganz verzichtet werden. Häufig weisen solche Dächer schon eine natürliche Patina aus Algen, Moos und Flechten auf. Durch staubfeine Aufbringung organischer Substrate bis 1 cm Stärke kann man eine weitere Vergrünung des Daches aktiv fördern.

Dichtungsfolie verlegen

Bei der Dichtungsfolie ist darauf zu achten, daß der Hersteller die Durchwurzelungsfestigkeit ga-

Die Dichtungsfolie kann am Holzrand des Daches mit Hilfe eines Tackers befestigt werden.

rantiert. Neben der Wasserdichtheit und der Wurzelfestigkeit muß die Folie gegen schädliche chemische und biologische Einflüsse (z.B. organische Säuren) beständig sein. Im Handel werden von der Kunststoffindustrie eine Reihe von solchen Produkten angeboten. Die größte Rolle spielen heute bei den Dachabdichtungen die PVC-Weichbahnen. Die Stärken dieser Bahnen liegen zwischen 1,5 und 2 mm. Die Dichtung wird an der Randbefestigung angebracht und so verlegt, daß eine gleichmäßige Randhöhe hergestellt wird. Eine zusätzliche Versiegelung der Nahtstelle zwischen Folie und Unterlage kann mit wetterfestem Silikon oder Kautschuk vorgenommen werden. Für das Verlegen sollte immer ein warmer sonniger Tag ausgewählt werden, da sich die Dichtungsbahn bei kaltem Wetter nur schwer verformen und auslegen läßt.

TIP: Schutzschicht ausbringen

Einige Hersteller empfehlen, eine Schutzlage (Vlies) auf die Dichtungsbahn aufzubringen, um diese nach der Montage beim Begehen des Daches nicht zu verletzen. Aber auch Sandschichten erfüllen eine gewisse Schutzfunktion.

Einbau von Schutzschwellen

Eine einfache und wirkungsvolle Konstruktion gegen das Abrutschen des Substrates stellt der Einbau von Schutzschwellen aus Holz oder Kunststoff dar. Grundvoraussetzung dafür ist eine Dachrandeinfassung, die fest mit dem Untergrund verbunden sein muß. Diese Dachrandeinfassung sollte erfahrungsgemäß 3 bis 4 cm höher als die Substratschichtung sein.

Je nach Neigung der Dachfläche muß der Abstand der Querverstrebungen gewählt werden. Bei Dächern ab einer Neigung von 10 bis 20 Grad sollte der Zwischenraum 35 bis 40 cm betragen. Ab etwa 35 Grad Dach-

Vorsicht vor einem Abrutschen des Substrates

Einbau von Schutzschwellen gegen das Abrutschen des Substrates, Abstand je nach Dachneigung.

neigung sollte der Abstand nicht mehr als 20 cm betragen. Die Höhe der Querverstrebungen ist abhängig von der Schütthöhe des Substrates; sie sollten auf jeden Fall 10 bis 15 mm niedriger als die Substrathöhe sein.

Ungehobelte Dachlatten und Konstruktionslatten eignen sich hervorragend zur Herstellung solcher Konstruktionen. Natürlich sollten sie mit einem ungiftigen Imprägniermittel geschützt sein.

Die Dränageschicht

Dränageschichten sind bei extensiver Begrünung nur auf Dächern notwendig, die kein ausreichendes Gefälle aufweisen. Länger andauernder Wasserstau würde zwangsläufig zu Bodenversauerung und zu massiven Wurzelschäden führen. Geeignete Werkstoffe zur Herstellung einer Dränageschicht sind Kiessande, Lava- und Bimskiese, Blähton und Blähschiefer. Je nach Stärke des verfüllbaren Substrats wird die Mächtigkeit der Dränageschicht ausgerechnet: Sie sollte immer einen Höhenanteil von 20 – 25 % des Gesamtsubstrats einnehmen.

Die Filterschicht

Besonders bei größeren Dächern, wie Garagen oder Gartenhäusern, ist die Auflage einer Filterschicht auf die Dränschicht zu empfehlen. Die Filterschicht verhindert, daß im Wasser gelöster Oberflächenboden in die unterliegende Dränschicht eingespült wird und diese langsam verstopft. Besonders geeignet erscheinen 2 mm starke Nadelvliesstoffe, die im Tiefbau Verwendung finden.

Wege auf dem Dach

Bei größeren Dächern ist eine Weganlage zwischen der Vegetation sinnvoll und praktisch. Besonders dekorativ wirkt ein Kiesweg mit einer Körnung zwischen 16 und 32 mm. Man wählt die Farbe des Kieses immer in harmonischer Abstimmung mit der Mulchschicht aus.

Der Kies sollte 3 bis 5 cm mächtig in die dafür ausgekofferte Vegetationsschicht verfüllt werden. Von Zeit zu Zeit muß man die Pflanzen am Rand entfernen, da Kieswege sonst häufig zuwachsen. Am Rand zwischen Vegetationsschicht und Weg kann aber auch eine Natursteinkante eingebaut werden, die beide Flächen voneinander trennt.

Alternativ zu Kieswegen können auch Baumscheiben, Natursteinplatten oder Holzbohlen als Wegbelag dienen.

Überschüssiges Wasser abführen

Auf flachen Dächern empfiehlt es sich, überschüssiges Wasser aus dem Substrat ① mittels einer Drainageschicht ② abzuführen. Eine Filterschicht ③ verhindert das Einspülen des darüberliegenden Substrates. Zuunterst die Dichtungsfolie ④.

Um das Dach in eine grüne und blühende Landschaft im Kleinformat zu verwandeln, muß man einige Dinge beachten. Bei dem Substrat kommt es vor allem auf das richtige Mischungsverhältnis an. Erstaunlich ist, daß sich viele Pflanzen bereits auf einer sehr geringen Substratschicht wohlfühlen und schon nach kurzer Zeit kräftig blühen werden.

Die Vegetationsschicht

Je nach Tragfähigkeit des Daches wird die mögliche Stärke der Vegetationsschicht ausgewählt. Außerdem ist die Mächtigkeit der Schicht von der vorgesehenen Vegetation abhängig.

Bei der Ansiedlung von flachwachsenden Moosen in Verbindung mit zwergigen Mauerpfefferarten (Sedum-Arten), die mit Hilfe von Sproßteilen auf das Dach aufgebracht werden, sollte die Höhe der Vegetationsschicht bei etwa 2 bis 4 cm liegen.

Ist eine Dachvegetation aus ausdauernden Horstgräsern und eingestreuten Blütenstauden vorgesehen, so wird eine Substrathöhe von mindestens 5 bis 7 cm benötigt. Die gleiche Substrathöhe eignet sich besonders gut zur dauerhaften Kultur alpiner Stauden und trockenheitsverträglicher Polsterarten auf dem Dach.

Ab einer Schichthöhe zwischen 12 und 20 cm lassen sich sogar höhere Stauden und kleinere verholzende Bodendecker erfolgreich ansiedeln. Substratstärken über 20 cm bis 50 cm werden zur dauerhaften Ansiedlung von großen Solitärstauden und Sträuchern bis 2,50 m Kronenhöhe benötigt.

Je nach Größe des Daches und der benötigten Substratmenge lohnt sich der Einsatz technischer Geräte. Relativ schnell können mit Hilfe eines Dachdecker-Lastenaufzuges größere Mengen Baustoffe auf das Dach geschafft werden. Für die Herstellung des Substrates eignet sich bei größerem Mengenbedarf der Einsatz einer Betonmischmaschine. Die verschiedenen Bestandteile und Zuschlagstoffe zur Substratherstellung werden mit Hilfe dieser rundlaufenden Trommel optimal miteinander vermengt.

Beischlagstoffe zur Herstellung von Substraten

Generell gilt für alle Substrate, daß sie gut belüftbar sein und eine lockere Gefügestruktur zur Sauerstoffversorgung der Pflanzenwurzeln aufweisen sollten. Ebenfalls notwendig ist eine ausreichende Speicherkapazität für Feuchtigkeit, während Staunässe unter allen Umständen verhindert werden muß.

Das Substrat sollte ein geringes Eigengewicht aufweisen, ohne jedoch ständig in Gefahr zu sein, durch Wind und andere Sogkräfte verweht zu werden. Natürlich sollten auch keine schädlichen Stoffe und zumindest im Anfangsstadium keine Unkrautsamen enthalten sein. Der pH-Wert richtet sich nach der Pflanzenauswahl, sinnvoll für die Verwendung vieler Arten ist jedoch ein Wert zwischen 6 und 6,5, also im leicht sauren bis neutralen Bereich.

Organische Bestandteile
Hauptbestandteile des Substrates für eine pflegeleichte Dachbegrünung bildet Torf in Form von Weiß- und Schwarztorfmischungen, als Torfkultursubstrat (TKS) oder als Hauptbestandteil gärtnerischer Erden. Weitere Grundbestandteile bilden gedämpfte Komposte oder Rindenhumus.

Mineralische Beischlagstoffe
Bimskies ist durch vulkanische Tätigkeit entstanden und zeichnet sich durch offenporige Kornstruktur aus. Er besitzt eine mäßige Wasseraufnahmekapazität und eignet sich sowohl als Dränagematerial als auch für Vegetationssubstrate.

Blähschiefer ist ein mineralisches Material, das durch Erhitzung von Schiefermineralien hergestellt wird. Seine Eigenschaften ähneln denen von Blähton.

Blähton entsteht durch Aufblähen von Tonmineralen in einem Ofen bei 1200 °C. Die geblähten Minerale werden anschließend gebrannt. Blähton ist leicht und außerordentlich belastungsstabil, er nimmt außerdem kaum Wasser auf.

Lava ist ähnlich wie Bims durch vulkanische Aktivitäten entstanden und besitzt eine offenporige Struktur. Lava hat ein etwas höheres Eigengewicht als Bimskies und setzt durch Verwitterungsvorgänge im Laufe der Zeit geringe Nährstoffmengen frei. Im Vergleich zum Blähton kann Lava höhere Wassermengen aufnehmen und speichern.

Gesteinsmehl dient als Gefügebildner und liefert Spurennährstoffe, die sich vorteilhaft auf die Pflanzenentwicklung auswirken. Außerdem wird das Substrat durch Zusatz von Gesteinsmehl bindiger und die Haftung stabiler. Der Handelsname für diesen Stoff lautet Bentonit.

Kohlensaurer Kalk übernimmt als Beimischung wichtige Aufgaben: Der Kalk erhöht den pH-Wert des Substrates, indem er organische Säuren (aus Torf oder Rinde) neutralisiert, außerdem wirkt er positiv auf die Bodenlebewesen.

Perlite entsteht durch zerkleinertes, vulkanisches Gestein, das bei 1300 °C erhitzt wird. Dabei bläht sich das Volumen auf das Zwanzigfache auf. Das weiße Perlite ist leicht und nicht in der Lage, Nährstoffe zu binden.

Vermiculite besteht aus Aluminiumsilikat, das auf 1000 °C erhitzt wird und so das Poren-

Verschiedene Bestandteile für die Herstellung von Vegetationssubstraten. Vorne links: Kalkschotter, Kies und Sand. Hintere Reihe: Kiessand, Einheitserde und Bimskies.

Blähschiefer als Vegetationssubstrat wird (hier von Mauerpfeffer) rasch besiedelt und gut durchwurzelt.

volumen auf das Zehn- bis Fünfzehnfache der Grundgröße erweitert. Dies erleichtert die Bewurzelung.

Sand wird torfhaltigen Substraten beigemischt. Wegen seines hohen Gewichtes wird Sand nur in geringen Mengen verwendet.

Chemische Beischlagstoffe
Hygromull ist ein offenporiger Kunstharz-Schaumstoff, der dem Dachsubstrat vor allem zur Erhöhung der Wasserspeicherfähigkeit beigemischt wird.

Hygropor 73 ist ein Gemisch aus 70 % Hygromull und 30 % Styroporflocken. Es dient zur Lockerung des Substrates.

Styromull sind 4 bis 12 mm große Flocken und bestehen aus Polystyrol. Es ist sehr leicht, hat eine lockernde Wirkung und führt überschüssiges Wasser ab.

Agrosil ist die Handelsbezeichnung für eine pulverartige Substanz, die durch Wassereinwirkung stark aufquillt und somit die Wasserspeicherfähigkeit des Substrats verbessert.

Grundmischungen für Pflanzsubstrate

Neutrale Substrate
Diese Substrate haben einen pH-Wert zwischen 6,5 und 7,5. Die allermeisten Gräser und Staudenarten in sonnigen und schattigen Lagen zeigen in neutralen Substraten eine optimale Entwicklung. Folgende Mischung hat sich bewährt:

1 Volumenteil Einheitserde Typ P
1 Volumenteil gedämpfter Kompost
1 Volumenteil Bims
1 Volumenteil Lava
1/4 Volumenteil Gesteinsmehl
1/2 Volumenteil Bentonit
1/4 Volumenteil Vermiculite

Alpine Gewächse mögen einen noch höheren pH-Wert, der leicht duch Zugabe von ½ Volumenteil kohlensaurem Kalk oder Kalksplitt erreicht wird.

Leicht saure Substrate
Besonders in hellen Schattenlagen siedeln Pflanzengruppen, die mit einem leicht sauren pH-Wert gute Wachstumsleistungen zeigen. Der pH-Wert des Substrats wird auf 5,5 bis 6 eingestellt. Eine geeignete Mischung besteht aus folgender Zusammensetzung:

1 Volumenteil Weißtorf
1 Volumenteil Einheitserde Typ O
1 Volumenteil gedämpfter Kompost
1 Volumenteil entkalkter Oberboden
1 Volumenteil Bimskies
1/2 Volumenteil Quarzsand
1/4 Volumenteil Hygromull
1/4 Volumenteil Vermiculite

Substrat anmischen und aufbringen

Am besten mischt man das Substrat in einer Schubkarre und befördert es mit Eimern, die man an Seilen befestigt, auf das Dach. Dabei sind zwei bis drei Hilfskräfte von Nutzen.

Bei größeren Dächern ab etwa 10 m^2 und höherem Substratbedarf lohnt sich der Einsatz einer Förderbandkonstruktion.

Auf dem Dach erfolgt die Substratausbringung immer zuerst auf der abseitig liegenden Dachseite, um unnötiges Verdichten durch das Hin- und Herlaufen zu vermeiden. In der benötigten Schichtstärke wird das Substrat geschüttet und mit der Rückseite

TIP: Unfallverhütung
Um möglichen Unfällen vorzubeugen, ist es zwingend notwendig, mit größter Sorgfalt und Vorsicht zu arbeiten. Dies betrifft insbesondere das Begehen des Dachrandes. Stabile Eimer und reißfeste Nylonseile sollten selbstverständlich sein. Personen, die unten am Seil die Eimer befestigen, sollten immer Schutzhelme tragen.

des Rechens verteilt und leicht angedrückt. Eine gewisse Setzung des Substrats innerhalb von drei Wochen ist zu berücksichtigen.

Direkte Aussaat

Ansaaten sollten grundsätzlich nur auf Dächern ohne oder mit einem Gefälle von höchstens 5 Grad durchgeführt werden, weil die Vegetationsschicht sonst großflächig abrutschen könnte.

Sinnvoll ist die breitwürfige Aussaat des Samens auf die Oberfläche des Substrates. Mischt man außerdem feinkörnigen Sand zum Saatgut, erreicht man eine optimale Verteilung.

Geeignete Saatgutmischungen bestehen in der Regel aus einer Mischung von 60 % Gräsern und 40 % krautigen Arten. Die Einsaat wird mit dem Rechen flach eingeharkt und danach mit Hilfe einer Flachschaufel leicht angedrückt. Mit einer feinen Brause wird das Saatgut intensiv angegossen. Günstige Termine für die Aussaat liegen in den Frühjahrsmonaten März bis Mai.

Rollrasen und Vegetationsmatten

Zur direkten Auflage auf die Substratschicht bieten sich abgestochene Rasensoden oder Rollrasen an. Wichtig dabei ist, daß der Rollrasen sowie die Substratschicht gut durchfeuchtet sind. An den Dachrändern müssen Rasensoden besonders dicht und bündig verlegt werden, da sie sonst schnell abgespült oder verweht werden.

Manche Firmen bieten auch vorkultivierte Vegetationsmatten an, die aus Filzgewebe oder Kunstfasern bestehen und mit verschiedenen Gattungen und Arten begrünt werden. Einige Fachbetriebe haben sich auf die Anzucht von Pflanzensprossen spezialisiert, die einfach auf die Substratoberfläche (ab 4 cm Dicke) aufgestreut und leicht angedrückt werden. Der unerfahrene Dachbegrüner nimmt also am besten Sprossenmischungen, von denen sich später die robustesten durchsetzen werden.

Rollrasen wird durch die Wurzelschicht zusammengehalten. Die Seitenkanten sind sauber auszuschneiden.

Direktpflanzung

Diese Technik wird am häufigsten genutzt, um Dächer zu begrünen. Dabei sollte die Vegetationsschicht mindestens 5 bis 10 cm dick sein. Je nach Größe und Wüchsigkeit der Arten rechnet man durchschnittlich mit 25 bis 40 Pflanzen pro Quadratmeter. Bei der Auswahl der Arten sollte man darauf achten, daß möglichst 5 bis 10 Pflanzen einer Art zu einer Gruppe zusammengepflanzt werden. So entsteht ein natürlicher Eindruck. Die Kosten für die Pflanzen sind nicht unerheblich, daher lohnt immer ein Preis- und Qualitätsvergleich bei verschiedenen Fachfirmen. Bei der Verteilung der Pflanzung auf dem Dach sollten verschiedene Betrachtungsstandpunkte berücksichtigt werden, bis schließlich durch Hin- und Herschieben ein Idealbild der Fläche entsteht.

Die Pflanzung erfolgt mit Hilfe eines Pflanzholzes und keinesfalls mit einer scharfkantigen Hand- oder Gartenschaufel, um mögliche Verletzungen der Dachhaut auszuschließen. Man beginnt sinnvollerweise an einem Rand und bewegt sich in eine Richtung. Nach der Pflanzung wird intensiv angegossen.

Bewässerung und Pflege

Bei intensiven Dachbegrünungen muß im Sommer und in Trockenphasen eine Bewässerung erfolgen. Die Bewässerung kann oberirdisch durch Beregnung erfolgen, auch eine Tröpfchenbewässerung kann eingesetzt werden.

Die Bewässerung der meisten, einfach bepflanzten Extensivbegrünungen kann mit weniger Aufwand betrieben werden. Kleinere Dachflächen können von Hand bewässert werden. Am besten eignen sich dafür die frühen Morgen- oder Abendstunden. Acht bis zehn Wochen nach der Pflanzung können die Zeiträume zwischen den Wassergaben deutlich vergrößert werden. Häufig reicht ein Abstand von zwei Wochen. Nach einem Jahr gilt die Dachbegrünung als eingewachsen. Die regelmäßige Bewässerung kann nun in der Regel ganz eingestellt werden.

Zur Düngung eignen sich besonders Langzeitdünger, wie Osmocote, Plantosan oder Triabon. Als Pflegemaßnahmen sollten im Frühjahr abgestorbene Pflanzen(-teile) und trockene Samenstände entfernt werden. Im April/Mai können Umgruppierungen bei den Pflanzen vorgenommen werden. Während des Sommers sollten Sie die Dachbegrünung auf Unkräuter mit hohem Feuchtigkeitsbedarf untersuchen. Löwenzahn, Quecke, Kratzdistel, aber auch Sämlinge größerer Weidenarten, der Pappel und der Erle müssen schonungslos entfernt werden. Rhizome der Unkräuter müssen sorgfältig mit dem Einzink entfernt werden. Im Herbst angewehtes Laub absammeln.

Großflächig vertrocknete Grasteile werden aus der Rasenvegetation herausgetrennt.

Ein begrüntes Dach schafft neue Lebensräume für Pflanzen und Tiere und ist ein ganz besonderer Blickfang.

Pflanzenauswahl für Dünnschicht-substrate (2 bis 6 cm)

Von sog. Dünnschichtsubstraten spricht man bei einer Vegetationsschicht von 2 bis 6 cm. Je dünner die Schicht ist, desto größer werden die Belastungen für die Pflanzen bei Trockenheit und hoher Sonneneinstrahlung sowie bei Barfrost im Winter.

Die meisten Dachflächen sind extreme Trockenstandorte. Die an diese Bedingungen angepaßten Pflanzen sollten immer zu wirkungsvollen Gruppen vergesellschaftet werden.

Stauden für sonnige Lagen

Die nachstehenden Gattungen und Arten zeichnen sich durch besonders große Hitzebeständigkeit und Anspruchslosigkeit aus. Sie schmiegen sich dicht an die Vegetationsdecke an und schmücken sich im Sommer mit üppiger Blütenpracht.

Alpenleinkraut *(Linaria alpina)*
Badener Rispengras *(Poa badensis)*
Enzian-Lauch *(Allium cyaneum)*
Felsnelke *(Petrorhargia saxifraga)*
Habichtskraut *(Hieracium pilosella)*
Helmkraut *(Scutellaria orientalis var. pinnatifida)*
Hundskamille *(Anthemis carpatica)*
Kronwicke *(Coronilla varia)*
Miere *(Minuartia verna)*
Schnittlauch *(Allium schoenoprasum)*
Weißer Himalaya-Hauswurz *(Sempervivella alba)*
Weißer Mauerpfeffer *(Sedum album)*

Die Kronwicke gehört zu den Pionierarten bei fast allen Dachbegrünungen.

Große Polster entwickelt die Miere, hier in Verbindung mit einer roten Lichtnelke.

Über graugrünem Laubpolster erscheinen die dekorativen Blüten des Helmkrauts.

Zur Blütezeit verwandeln sich die dichten Mauerpfeffer-Polster in bunte Farbteppiche.

Stauden für schattige Lagen

Braunstieliger Streifenfarn *(Asplenium trichomanes)*
Fiederpolster *(Cotula dioica)*
Gänsekresse *(Arabis ferdinandi-coburgii)*
Gelbes Bergveilchen *(Viola biflora)*
Gundermann *(Glechoma hederacea)*
Kriechender Günsel *(Ajuga reptans)*
Montie *(Montia sibirica)*
Moos-Steinbrech *(Saxifraga hypnoides)*
Sauerklee *(Oxalis acetsella)*
Walddickblatt *(Chiastiphyllum oppositifolium)*
Zwergglockenblume *(Campanula cochleariifolia)*
Zwergpolstersegge *(Carex firma)*

Moose

Echtes Knäuelmoos *(Tortella tortuosa)*
Kissenmoos *(Grimmia pulvinata)*
Schlafmoos *(Hypnum cupressiforme)*

Grasmischung für die Dachbegrünung

10 % Hainrispe *(Poa nemoralis)*
10 % Rotes Straußgras *(Agrostis capillaris)*
10 % Kammgras *(Cynosurus cristatus)*
30 % Härtlicher Schwingel *(Festuca ovina duriuscula)*
20 % Horstbildender Rotschwingel *(Festuca rubra commutata)*
10 % Wiesenrispe *(Poa pratensis)*
10 % Goldhafer *(Trisetum flavescens)*

Niedrige Glockenblumenarten besiedeln mit Vorliebe Schotterböden oder Bimskiesflächen.

Im lichten Schatten der Dachfläche fühlt sich das Walddickblatt besonders wohl.

Der Sauerklee gehört zu den schönsten Wildstauden für die Dachbegrünung in schattigen Lagen.

Pflanzenauswahl für 6 bis 12 cm starke Substrate

Bei Substratauflagen von 6 bis 12 cm steigt die Zahl der verwendbaren Arten deutlich an. Hierfür spielt in erster Linie die höhere Wasserspeicherfähigkeit des Substrates eine wesentliche Rolle. Etwa 6 Monate nach der Pflanzung sind die Pflanzen voll bewurzelt und bilden zusammen einen dichten Wurzelfilz, der das Dachsubstrat vor Abwaschung oder Abrutschen sichert.

Diese Garbe zeichnet sich durch ihre intensive Leuchtkraft der gelben Blütenstände aus.

Stauden für sonnige Lagen

Alpenbalsam *(Erinus alpinus)*
Büschelglocke *(Edraianthus graminifolius)*
Fingerkraut *(Potentilla crantzii)*
Garbe *(Achillea ageratifolia)*
Goldaster *(Aster linosyris)*
Grasnelke *(Armeria maritima)*
Heidenelke *(Dianthus deltoides)*
Küchenschelle *(Pulsatilla vulgaris)*
Mittagsblümchen *(Delosperma cooperi)*
Sandnelke *(Dianthus arenarius)*
Seifenkraut *(Saponaria ocymoides)*
Steintäschel *(Aethionema speciosum)*
Walliser Schwingel *(Festuca valesiaca)*
Zittergras *(Briza media)*

Substrathöhen von 6 bis 12 cm erlauben aufgrund der höheren Wasserspeicherfähigkeit eine breitere Pflanzenauswahl.

Die Büschelglocke benötigt einen durchlässigen Boden.

Die Mittagsblume bildet dichte Polster und schmückt sich mit vielen Strahlenblüten.

Stauden für schattige Lagen

Akelei *(Aquilegia vulgaris)*
Frauenmantel *(Alchemilla alpina)*
Glockenblume *(Campanula carpatica)*
Haselwurz *(Asarum europaeum)*
Immergrün *(Vinca minor)*
Kissenprimel *(Primula vulgaris)*
Leberblümchen *(Hepatica nobilis)*
Mannschild *(Androsace primuloides)*
Steinbrech *(Saxifraga geranoides)*
Storchschnabel *(Geranium endressii)*
Veilchen *(Viola biflora)*

Die Polster der Heidenelke bilden je nach Sorte rote, rosa oder weiße Blüten. Ein Rückschnitt nach der Blüte fördert den Neuaustrieb.

Alpine Stauden

Alpenmargerite *(Chrysanthemum alpinum)*
Aurikel *(Primula auricula)*
Edelweiß *(Leontopodium alpinum)*
Ehrenpreis *(Veronica armena)*
Gänsekresse *(Arabis bryoides)*
Glockenblume *(Campanula aucherie)*
Igelpolster *(Acantholimon glumaceum)*
Leimkraut *(Senecio abrotanifolius)*
Nelke (*Dianthus pavonius)*
Storchschnabel *(Geranium argenteum)*

Zu den dekorativsten Sorten für die Dachbegrünung zählt die Karpatenglockenblume.

Kurz nach der Schneeschmelze erblüht auf schattigen Dachflächen das Leberblümchen.

Manch einer wird staunen - bei ausreichend hoher Substratauflage kann man auf einem begrünten Dach sogar Gehölze ansiedeln.

Gehölze für die Dachbegrünung

Für eine erfolgreiche Ansiedlung von Gehölzen auf Dachflächen muß erfahrungsgemäß zumindest eine 12 bis 15 cm starke durchwurzelbare Substratauflage vorhanden sein. Die einzelnen Gehölzstandorte können nach der Pflanzung noch mit einer zusätzlichen Substrataufschüttung überhöht werden. Besonders bei der Sicherung der Randbereiche spielen überhängende Arten eine wichtige Rolle, weil sie durch ihren bogenförmigen Wuchs auch ansprechende Gestaltungsmöglichkeiten außerhalb der eigentlichen Dachfläche bieten.

Laubgehölze

Sommerflieder
Buddleia alternifolia
Blütezeit: VI
Blütenfarbe: purpurlila
Größe: bis 1,5 m hoch und 3 m breit
Hinweise: bildet bis 2 m lange Zweige und eignet sich ideal zur Randbepflanzung

Stein-Ginster
Genista lydia
Blütezeit: V-VI
Blütenfarbe: gelb
Größe: bis 0,5 m hoch und 1 m breit
Hinweise: Zwergstrauch mit niederliegenden Trieben

Die Ziffern bei der Blütezeit geben den Monat an.

Winterjasmin
Jasminum nudiflorum
Blütezeit: II-IV
Blütenfarbe: gelb
Größe: bis 2 m hoch und 1 m breit
Hinweise: überhängender Strauch mit dekorativer Winterblüte, Randbepflanzung

Buschklee
Lespedeza thunbergii
Blütezeit: VIII-X
Blütenfarbe: violettrot
Größe: bis 1 m hoch und 1,5 m breit
Hinweise: Randbepflanzung, im ersten Jahr Winterschutz durch Abdeckung

Der Buschklee läßt seine Triebe wirkungsvoll vom Dach herunterhängen.

Rosen und Lavendel bilden einen schönen Kontrast und sind attraktive Farbspender.

Zwerg-Kirsche
Prunus tenella
Blütezeit: IV-V
Blütenfarbe: rosa-rot
Größe: bis 1 m hoch und bis 2 m breit
Hinweise: kleiner, breitbuschiger Strauch mit dekorativen Kirschblüten

Büschel-Rose
Rosa multiflora
Blütezeit: VI-VIII
Blütenfarbe: weiß
Größe: bis 1 m hoch und 3 m breit
Hinweise: breit ausladende Rose mit überhängenden Zweigen und rosa Früchten

Glanz-Rose
Rosa nitida
Blütezeit: VI-VIII
Blütenfarbe: rosa
Größe: bis 0,8 m hoch und bis 1 m breit
Hinweise: dichttriebiger Kleinstrauch mit roten Hagebutten im Herbst

Brombeere
Rubus-Hybride „Tridel“
Blütezeit: V
Blütenfarbe: weiß
Größe: bis 1,5 m hoch und bis 1,5 m breit
Hinweise: überhängende Triebe mit tiefgrünen Blättern und großen weißen Blüten

Kugel-Weide
Salix purpurea „Nana“
Blütezeit: III-VI
Blütenfarbe: gelb
Größe: bis 1,5 m hoch und bis 1,5 m breit
Hinweise: sehr dekorative, kugelig wachsende Weide, extrem schnittverträglich

Kriech-Weide
Salix repens argentea
Blütezeit: IV-V
Blütenfarbe: gelb
Größe: bis 0,7 m hoch und bis 1,5 m breit
Hinweise: bodenaufliegender Zwergstrauch mit silbriggrauer Behaarung der Blattunterseite

Weiße Zwergspiere
Spiraea albiflora
Blütezeit: VI-IX
Blütenfarbe: weiß
Größe: bis 0,5 m hoch und bis 0,8 m breit
Hinweise: aufrecht wachsender Zwergstrauch mit lockerer Verzweigung

Rote Sommerspiere
Spiraea bumalda „Anthony Waterer“
Blütezeit: VI-IX
Blütenfarbe: rot
Größe: bis 0,8 m hoch und 1 m breit
Hinweise: dichter vieltriebiger Zwergstrauch mit halbkugeligem Wuchs

Die Purpurweide eignet sich zur Bepflanzung des Dachrands und ist hervorragend schnittverträglich.

Wilde Weiden sind gefährlich

Mit besonderer Aufmerksamkeit und Vorsicht begegnet man Weidenarten, die sich selbst auf dem Dach ansiedeln. Sie haben häufig ein überstarkes Wurzelwachstum und können so der Dachabdichtung gefährlich werden. Ähnlich rigoros entfernt man neben den Weiden auch Pappel-, Birken- und Erlensämlinge, um die Dichtheit des Untergrundes nicht zu gefährden.

Nadelgehölze

Nadelgehölze kommen vorrangig für lichte, aber schattige Dachflächen in Frage, da Nadelgehölzpflanzungen in sonnigen Lagen im Sommer einen enorm hohen Wasserbedarf haben. Wachstumsdepressionen können dann nur vermieden werden, wenn das Substrat durch höhere Lehm- und Tonanteile eine höhere Wasserspeicherkapazität bekommt und intensiv bewässert wird.

Zwergige Balsamtanne
Abies balsamea „Nana“
Größe: bis 0,6 m hoch und bis 0,8 m breit
Beschreibung: ausgebreitete Zwergkonifere mit flachkugeligem Wuchs und dunkelgrüner Benadelung

Flacher Kriech-Wacholder
Juniperus communis „Hornibrookii“
Größe: bis 0,3 m hoch und bis 2 m breit

Zwei kriechende Wacholder in enger Nachbarschaft: Links Juniperus horizontalis „Glauka", rechts Juniperus communis „Hornibrookii".

Beschreibung: flachkriechende Zwergkonifere mit frischgrüner stechender Benadelung

Blauer Teppich-Wacholder
Juniperus horizontalis „Glauca"
Größe: bis 0,3 m hoch und bis 2 m breit
Beschreibung: flache Zwergkonifere mit dichter Verzweigung und stahlblauer Benadelung

Ebenso wie Laubgehölze pflanzt man die ausgewählten Nadelgehölze zu kleinen Gruppen zusammen. Günstige Pflanzzeit für Gehölze sind die Monate März bis Anfang Mai. Ähnlich wie bei Stauden muß auch bei den Gehölzen in den ersten 6 bis 8 Wochen nach der Pflanzung für intensive Wassergaben gesorgt werden. Durch Schnittmaßnahmen lassen sich zu üppige Triebe einkürzen und zu schönen Dachgartengestalten erziehen.

Grundvoraussetzung für die erfolgreiche Direktansaat ist ein geeignetes Substrat, das eine Mindesthöhe von 12 cm aufweisen sollte. Für basische Standorte wird der pH-Wert des Substrates mit kohlensaurem Kalk auf etwa 8 angehoben.

Das Dach sollte nach Möglichkeit kein größeres Gefälle als 5 Grad aufweisen, um ein Abspülen nach heftigen Niederschlägen auszuschließen. Für die breitwürfige Aussaat von Hand reicht eine Aufwandmenge von 5 bis 8 Gramm pro Quadratmeter. Dabei ist es sinnvoll, die Saatgutmischung mit Sand zu vermengen, um eine gleichmäßige Verteilung der Samenkörner zu gewährleisten. Danach wird die Fläche mit der Flachschaufel leicht angedrückt und intensiv bewässert.

Im Handel sind bereits fertige Saatgutmischungen erhältlich, die direkt auf dem Substrat ausgebracht werden. Nach kurzer Zeit wird man so von einer Pflanzenvielfalt überrascht.

Basische Trockenrasen für sonnige Lage

Hierher passen die Pflanzen der Kalkmagerwiesen. Solche Standorte sind meist stickstoffarm, weisen aber einen hohen Kalkgehalt auf.

Name	Blütezeit	Blütenfarbe
Kleiner Odermennig		
Agrimonia eupatoria	*VI-VIII*	*gelb*
Wundklee		
Anthyllis vulneraria	*V-IX*	*gelb*
Kalk-Aster		
Aster amellus	*VII-IX*	*violett*
Zittergras		
Briza media	*V-VI*	*grünlich*
Aufrechte Trespe		
Bromus erectus	*V-VI*	*grünlich*

Name	Blütezeit	Blütenfarbe
Knäuel-Glockenblume		
Campanula glomerata	*VI-IX*	*blau*
Rundblättrige Glockenblume		
Campanula rotundifolia	*VI-IX*	*blau*
Blaugrüne Segge		
Carex flacca	*V-VI*	*silbrig-purpur*
Gewöhnlicher Eberwurz		
Carlina vulgaris	*VIII-X*	*silbrig-weiß*
Gemeine Wucherblume		
Chrysanthemum leucanthemum	*V-VII*	*weiß u. gelb*
Wilde Möhre		
Daucus carota	*VII-X*	*weiß*
Knolliges Mädelsüß		
Filipendula vulgaris	*VI-VII*	*weiß u. rosa*
Duftende Schlüsselblume		
Primula veris	*III-IV*	*gelb m. orange*

Ein Kräutergrasdach im ersten Jahr nach der Aussaat. Schon jetzt entsteht der Eindruck einer wildnishaften Wiesenlandschaft.

Silikatische Schattenrasen

Für eher absonnige Dachstandorte mit einer höheren Wasserhaltefähigkeit empfiehlt sich die Ansaat von Pflanzen aus silikatischen Mittelgebirgslagen. Dort wachsen die Arten in der Regel auf sauren Sandstein- oder Urgestein-Verwitterungsböden; das Substrat sollte daher sauer sein. Durch Beimischung von physiologisch saurem Nadelkompost, Torf und Quarzsand kann der pH-Wert abgesenkt werden.

Name	Blütezeit	Blütenfarbe
Wiesen-Salbei		
Salvia pratensis	*V-VII*	*blau*
Aufrechter Ziest		
Stachys citrina	*VI-VIII*	*purpur*
Wiesen-Frauenmantel		
Alchemilla vulgaris	*V-X*	*grünlich*
Gemeines Katzenpfötchen		
Antennaria dioica	*V-VI*	*weiß u. purpur*
Gänseblümchen		
Bellis perennis	*II-XI*	*weiß, gelb*
Berg-Sandglöckchen		
Jasione montana	*VI-IX*	*hellblau*
Borstgras		
Nardus stricta	*V-VII*	*silbrig-weiß*
Echter Dost		
Origanum vulgare	*VII-X*	*purpur,*
Blutwurz		
Potentilla erecta	*VI-X*	*gelb*
Weißklee		
Trifolium repens	*V-IX*	*weiß, rosa*
Rivins-Veilchen		
Viola riviniana	*IV-VI*	*weißlich*

Lauben, Pergolen, Pavillons

Ästhetik im Garten

Pavillons, Pagoden und Gartenlauben stehen bei Gartenbesitzern heute wieder hoch im Kurs. Geradezu eine Renaissance erleben die barocken und romantischen Zierbauten in verspielten Formen und aus kostbarem Material. Aber auch eine schlichte Holz-Pergola verschönert als Rankhilfe für die Lieblingsrosen den Garten.

Daneben ist auch eine Neigung erkennbar, Stile fremder Kulturen zu kopieren, vor allem aus Fernost, ebenso wie aus Mexiko und dem Mittelmeerraum. Ein stilvoll gestalteter Sitzplatz kann den gesamten Garten beherrschen. Er ist oft nach allen Richtungen geöffnet und nur zur Grundstücksgrenze hin von höheren, dichten Ziergehölzen abgeschirmt.

Solche lauschigen Plätze eignen sich nicht nur zum Verweilen in Mußestunden, sondern auch zu spätsommerlichen Gartenparties oder einem nachmittäglichen Kaffeeplausch.

Eine so zugerankte Gartenlaube paßt auch in den kleinen Garten und bietet zusätzlich einen halb überdachten Sitzplatz.

Grundsätzliche Überlegungen

Die Nutzung

Der Wohnraum unter freiem Himmel ist heute wieder in Mode. Hier spielt sich bei gutem Wetter das gesamte Familienleben ab. Es läßt sich natürlich auch einiges unterbringen, was nicht ständig ins Haus getragen werden soll, zum Beispiel Gartenmöbel und Spielzeug. Noch komfortabler ist ein Gartenhaus mit elektrischer Installation für Beleuchtung, Musik und netzabhängige Geräte. Auch ein Wasseranschluß weiter vom Wohnhaus entfernt kann sinnvoll sein, wenn er das Gießen im Garten erleichtert.

Die Pergola trennt Gartenteile ebenso wie es andere verbindet: Gartentor mit Haustür oder die Garage mit der Straße als eine Art grüner Carport. Die verschließbare Gerätebox im Freien ist unverzichtbar geworden, wo es keinen geeigneten Unterstellplatz für scharfe, spitze, giftige oder brennbare Stoffe gibt. Speziell für diesen Zweck gibt es im Gartenmarkt auch Mini-Gartenhäuser aus Blech oder Holz.

Der richtige Standort

Das Gartenhaus sollte immer weit genug vom Haus entfernt stehen. Der Standort wird nur selten in der Mittelachse des Gartens liegen, vor allem auf kleineren Flächen meist auf der Linie vom Haus zu einer der beiden hinteren Ecken.

Wo es richtig eng ist, kann der hausferne Sitzplatz praktisch nur in einer der hinteren Ecken liegen, damit der Abstand vom Haus weit genug ist und der Blick über den ganzen Garten frei bleibt.

Gartenhäuser sind Blickfänger, sie dürfen nicht in einen stark bewachsenen Gartenwinkel gedrängt werden. Je schöner sie sind, umso freier müssen sie stehen. Einfacher gebaute Kleingartenlauben sind mehr von praktischem als von ästhetischem Nutzen und werden oftmals so aufgestellt, daß sie von ein oder zwei Seiten verdeckt sind.

Die Himmelsrichtung ist bei den zentral gelegenen Rundhäusern ohne Bedeutung. In Randlagen mit einseitiger Ausrichtung wird man versuchen, die Sonne im Rücken zu haben. Das Dach soll ja nicht nur vor Regen schützen, sondern auch Schatten spenden. Nachmittags, wenn die Sonnenstrahlen flacher einfallen, kann es sonst ungemütlich warm werden. Wenn eine Seite des Sitzplatzes geschlossen ist, sollte es nach Möglichkeit die Wetterseite sein.

Für Hanglagen muß der Untergrund für den Sitzplatz so terrassiert werden, daß der Fußboden nicht unter das umgebende Niveau zu liegen kommt. Für richtig steile oder spitzwinklige Grundstücke müssen individuelle Lösungen gefunden werden.

Rechtliche Aspekte

Soll das Gartenhaus an die Grundstücksgrenze gestellt werden, ist das öffentliche Bau- und Nachbarrecht einzuhalten. Das ist hierzulande Ländersache und wird mit Bauplänen geregelt. Es muß also vor der Planung beim Bauordnungsamt nachgefragt werden. Grundsätzlich dürfen selbst kleinere Gartenhäuser unter 30 m³ Rauminhalt nur in Wohngebieten aufgestellt werden. Der Grenzabstand muß mindestens 3 m betragen. Ist das auf schmalen Grundstücken nicht machbar, muß der Nachbar zustimmen. Es kann mit seinem Einverständnis „grenzständig“ gebaut werden, wenn auf der Grundstücksgrenze eine feuerfeste Wand errichtet wird. In diesem Fall können zwei Gartenhäuser so geplant werden, daß sie sich mit einer gemeinsamen Wand auf der Grenze treffen.

Grundformen

Lauben und Gartenhäuser gibt es in vielen verschiedenen Bauweisen und Stilrichtungen. Sie müssen natürlich zur Umgebung passen. Für einen naturnahen Garten sind Rundhölzer und Reetdach gut geeignet.

Der Grundriß einfacher Blockhäuser ist rechteckig oder quadratisch, der Sitzplatz davor ganz oder teilweise überdacht, meist mit flachem Giebel oder auf der höheren Seite überstehend. Die Wände sind senkrecht oder waagerecht gebrettert, in besseren Ausführungen mit flachrunden Balken im Blockhausstil. Die schmucklosen Seiten werden begrünt, zum Beispiel mit mehrjährigen Kletterpflanzen.

Quadratische Grundmuster gibt es auch bei den kostbaren Bauten wie dem englischen Sommerhaus und dem Pavillon „Ar-

Ein wildromantisches Blockhaus mit Dachbegrünung regt die Kinder zum Spielen unter dem schützenden Dach an.

Die vorgefertigten Seitenteile eines mehreckigen Pavillons brauchen auf der Bodenplatte nur miteinander verschraubt zu werden.

kona". Hier sind die Seiten großräumig geöffnet und nur seitlich der Eckbalken schmal vergittert. Darüber liegt eine weiße, flache Pyramide als Dach.

Das klassische Landhaus ist über einem verschalten Sockel mit quadratischen Kleinscheiben rundum verglast. Das Walmdach ist mit Ziegeln gedeckt. Eine Dachform mit zurückgeneigten Giebeln, die ebenfalls ziegelgedeckt sind, wirkt ebenfalls länglich pyramidal.

Die Zahl der Ecken wächst bei Pavillons und Pagoden von sechs über acht bis polygonal und in wenigen Fällen sogar zur Kreisform, die als offenes Halbrund der romantischen, alten Laube am nächsten kommt. Es sind nur einzelne Streben mit wenigen Querstreben, die in der Mitte sanft gebogen zusammentreffen.

Bei den historisch motivierten Gartenhäusern überwiegen sechs- und achteckige Formen. Teils sind sie so offen, daß nur die nackten Pfeiler über einem hüfthohen Geländer zu sehen sind. Andere sind halbseitig offen, die Rückseiten mit Rankhilfen vergittert. Es gibt geschlossene Teehäuser mit Fensterbögen in jedem Segment, die sich in den Türfenstern exakt wiederholen.

Die zweihüftige Urform der Pergola ist für den normalen Garten zu ausladend. Es verbleibt in den meisten Fällen das Grundmuster einer senkrechten Balkenreihe, die oben längs miteinander verbunden ist. Auf der Verbindung sitzen quer dazu Leisten. Die Erinnerung an den ursprünglichen Zweck dieser Dachbalken ist am besten erhalten, wenn aus der Halterung am Fuß zwei Balken aufsteigen, einer senkrecht, der andere schräg davon weglaufend. Sie werden oben mit den Querbalken zusammengehalten und wirken auf diese Weise wie ein schmales Dach.

Eigenkonstruktion oder Fertigbau

Ganze Gartenhäuser selbst zu errichten, stellt auch an den erfahrenen Heimwerker höchste Anforderungen. Schon beim schwierigen Holzzuschnitt der vielen Einzelteile, spätestens aber bei Metallarbeiten und Vollverglasung sind die Grenzen des Eigenbaus erreicht: Kunstschmiedearbeit oder Reetdach eindecken ist nicht jedermanns Sache. Aber auch bei einem Fertighaus ist noch eine Menge Eigenarbeit zu leisten.

Für Ranklauben und Pergolen genügen einfache Bauanleitungen, sie müssen nicht mit letzter baulicher Präzision hergestellt werden. Es kommt dabei nicht auf den Millimeter an, jedoch muß ein Balkengerüst massiv ausgeführt werden, damit es Belastungen durch Winddruck und Sturmböen standhält.

Abzuraten ist vom Eigenbau eines aufwendigen Pavillons. Natürlich sind die Preise für einen derartigen Bau entsprechend hoch. Wer es sich zutraut, kann dem Fachpersonal beim Aufbau helfen und so etwas Geld sparen.

Materialien und Bauteile

Das natürlichste Baumaterial für den Garten ist Holz. Es hat auch praktische Vorzüge, da es sich leichter bearbeiten läßt, und deshalb für den Eigenbau verwendet werden kann. Das gilt vor allem für Pergolen, aber auch für einfache Lauben im Kleingarten. Kostbare englische Sommerhäuser sind meist rundum aus Zedernholz in Handarbeit hergestellt und halten sogar extremer Witterung stand. Die natürlichen Öle und Harze verhindern, daß das unbehandelte freiliegende Holz verrottet.

Holzarten und Holzschutz

Die drei Kernholzarten Kiefer, Lärche, und Douglasie besitzen einen vom farblich helleren Splintholz abgesetzten Kern. Seine Grundtönung ist rötlich braun, besonders bei der Douglasie.

Im Laufe der Zeit dunkeln alle drei Holzarten nach, aber sie behalten ihren besonderen Charakter für die dekorative Verwendung als offene Balken, besonders aber als Dielen und Bretter für die Wände. Sie werden deshalb nicht lackiert, sondern lasiert oder gewachst. Bodenkontakt ist auf jeden Fall zu vermeiden.

Unbehandeltes Holz, das der Bodennässe ausgesetzt ist, muß mit einem Imprägnierungsmittel behandelt werden.

Der Werkstoff Holz ist relativ preiswert und läßt sich einfach bearbeiten. Er ist daher für den Heimwerker ideal geeignet.

Auf die Dauer ist nur die Kanadische Zeder witterungsbeständig. Unbehandeltes Gartenholz fault meist schon nach drei bis fünf Jahren, druckimprägnierte Bauhölzer halten bis zu 10 Jahren. Unbehandelte Hölzer können mit Holzschutzmitteln haltbar gemacht werden.

Abzuraten ist von Kunstharzlacken mit ihrem hohen Anteil an Lösungsmitteln, sowie allen Teerölprodukten (Karbolineum). Nur wenn sich dauerhafter Erdkontakt nicht vermeiden läßt, sollten Mineralölprodukte eingesetzt werden.

Am besten geeignet sind wasserverdünnbare, lösungsmittelarme Dünnschichtlasuren, die etwa alle 3 Jahre neu aufgetragen werden. Der flexible Film reißt nicht und läßt Feuchtigkeit aus dem Holz verdunsten.

Trotz aller chemischen Holzschutzmittel muß für baulichen Holzschutz gesorgt werden. Dazu gehört, daß alle Hirnholzflächen gut verborgen sind. Zumindest darf sich kein Wasser länger auf waagerechten Schnittflächen halten.

Das Fundament

Für einzelne Pfosten werden Punktfundamente 70 bis 80 cm tief ausgehoben, um die frostfreie Zone im Boden zu erreichen. Je schwerer die Balken sind, umso breiter wird die Grube ausgehoben. Normalerweise genügen auf jeder Seite eine Zugabe von etwa einer Balkenbreite. Grabenfundamente sind nur unter den Seitenwänden schwerer Bohlenhäuser notwendig.

Beton herstellen

Die Ausschachtung wird halb mit Steinen gefüllt. Darauf gießt man Beton in einer Mischung von einem Teil Zement und sechs Teilen Kies. Auf festem Untergrund wird solange von einer auf die andere Seite geschaufelt, bis die Farbe einheitlich grau ist. Anschließend wird mit fortschreitender Wasserzugabe bestimmt, wie weich der Beton werden soll. Es wird weiter umgeschaufelt bis er gleichmäßig teigartig formbar geworden ist.

Anker und Standfüße

Die Betonanker und Standfüße werden so tief in das Fundament gedrückt, daß die Pfosten eine Handbreit über Niveau stehen. Mit Hilfe der Schrauben richtet man die herausragenden Flacheisenteile genau aus und fixiert

Betonanker bauen

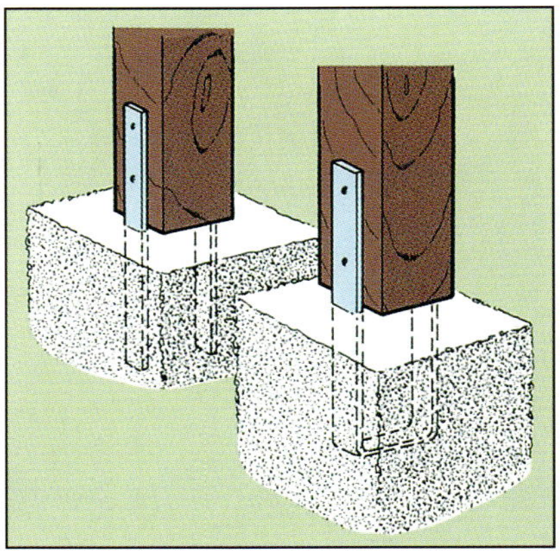

Bei allen Verankerungen im Boden kommt es darauf an, daß die Balken 3 – 5 cm Abstand vom Boden einhalten.

sie, bis der Beton nach zwei, spätestens drei Tagen durch und durch abgebunden hat. Erst dann werden die Balken an die Verankerungen geschraubt. Dazu verwendet man Mutterschrauben, die ebenfalls verzinkt oder schwarz beschichtet sind. Die handelsüblichen Maße sind zum Beispiel 10 x 120 mm für Pfosten von 9 x 9 cm. Die passenden Löcher werden durchs Holz gebohrt, die Schrauben hindurchgesteckt und die Muttern festgezogen.

Kiesbett

Für Lauben, Pavillons und Gartenhäuser mit fester Bodenplatte genügt durchweg ein Kiesbett oder lose verlegte Platten auf einer Auskofferung, die mit Kies oder Steinen gefüllt ist. Für überdachte Sitzplätze ist dies zugleich der Fußboden.

Dachmaterialien

Häufig wird das Holzdach aus 16 mm dicken Brettern mit Dachpappe wasserdicht gemacht.

Als Dachdeckung kommen in Frage: bitumöse Schindeln, 500er Bitumenbahnen (grün, rot, an-

Kies kann gleichermaßen als Auflage wie als Isolierung zwischen bodentragenden Balken dienen.

Dachpappe wird in Bahnen von unten nach oben verlegt, damit der Überstand wasserdicht ist.

Reetdächer in norddeutscher Tradition lassen den Regen abperlen. Die Schilfhalme werden zum Teil als fertige Platten geliefert.

thrazit), Schieferplatten, Stahlblech in Form von Dachziegeln, Schilf- oder Reetdach.

Glas oder transparenter Kunststoff werden vor allem dann bevorzugt, wenn die Seitenwände im Wintergartenstil auch durchsichtig sind.

Reetdächer

Im Garten werden Reetdächer als Schirme auf einem zentralen Pfosten oder vier bis sechs Stützbalken gesetzt. Es gibt aber auch die Möglichkeit, Gartenhäuser im norddeutschen Stil mit langem Reet zu decken.

Aufgrund der Luftpolster zwischen den Halmen kühlen Reetdächer die schattierten Flächen um 5 Grad tiefer ab als unter anderen Abdeckungen.

Pavillondächer

Die typisch englischen Pavillonformen nehmen Details der europäischen Gartenarchitektur des 17. und 18. Jahrhunderts wieder auf. Ein häufig verwendeter Werkstoff dieser Bauwerke ist Metall, zum Beispiel mattschwarz gestrichenes Stahlrohr oder kunstvoll geflochtenes Eisen bei den sogenannten „Wirework"- Pavillons.

In den stilvollen Dachgestaltungen klassischer Pavillons kehren häufig pagodenförmige Abstufungen nach dem Vorbild indischer Tempelbauten wieder. In China, Japan und Korea sind diese übereinandergetürmten Reliquienschreine im Kleinformat ein bedeutendes Element der Gartengestaltung. Weniger verspielt als klassisch streng wirken die eleganten, glockenförmigen Dächer offener Pavillons.

Wirklich eindrucksvoll wirkt eine Pergola, wenn sie wie hier mit Kletterrosen überwachsen ist.

Bau einer Pergola

Material und Bauweise einer Pergola müssen zum Stil des Hauses und zum Garten passen. Als Material eignen sich Rund- oder Kanthölzer, roh und lackiert, Bretter und Latten. Seltener werden Stahlrohre oder Hart-PVC verwendet.

Die Grundbauweise

Das Betonfundament hält die Trägereisen für die Balken. Die Flacheisenverbindung mit dem Fundament läßt man durchbohren, am unteren Ende aufspalten und so auseinanderbiegen, daß nach beiden Seiten ein waagerechter Fuß entsteht. Das Flacheisen kann in der Mitte zweimal im rechten Winkel hochgebogen werden, damit beide Enden oben als doppelter Halt dienen können.

Die Eisenteile für Außenbeschläge sollten alle rostfrei angelegt sein, am besten verzinkt. Das kostet nicht viel und ist auf Dauer der beste Rostschutz.

Für die verzinkten Eisenträger werden an den genau ausgemessenen Punkten die Fundamentgruben ausgehoben.

Bauelemente

Die Holzmaße einer Pergola dürfen nicht zu dünn wirken. Pfosten, die beispielsweise 250 cm hoch und in 250 cm Abstand stehen, sollen zwischen 9 x 9 und 14 x 14 cm dick sein. Die Sattelbalken sind meist 2 cm breiter, aber genauso hoch. Es können statt dessen auch zwei Bretter von 2 bis 3 cm Stärke seitlich an die Pfosten genagelt werden. Auf ihnen sitzen Reiter, die zwei Nuten haben. Die Sattelbalken werden an den Enden geblattet, wenn mehrere aneinandergesetzt werden sollen. Dazu sägt man sie von der Stirnseite her genau in der Mitte soweit ein, wie die Balken dick sind. Dann trennt man von einem die obere, von dem anderen die untere Hälfte ab, soweit der Einschnitt längs reicht. Ist alles richtig getroffen, liegen die Balkenenden paßgenau übereinander.

Pergola befestigen

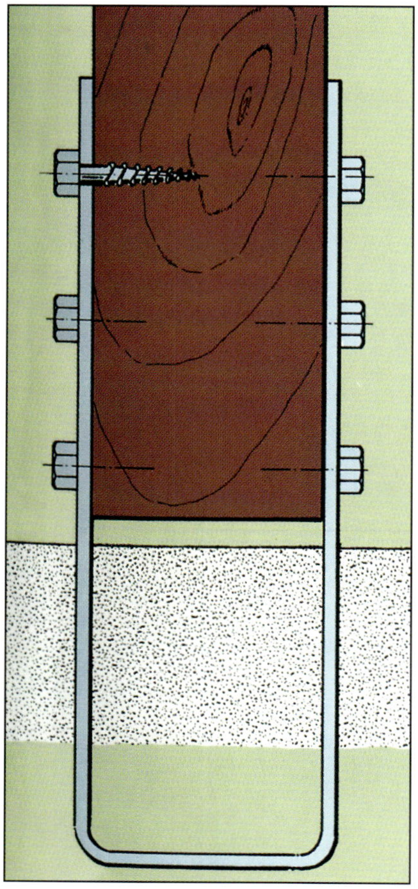

Querschnitt durch den wichtigsten Punkt einer Pergola, an dem sie mit einem schweren Eisenanker festgehalten wird.

Sattelbalken einer Rundholzpergola werden so überblattet, daß sich dazwischen wenig Feuchtigkeit hält.

Zur höheren Festigkeit kann man die Sattelbalken auf den Pfosten mit Winkelstreben zusätzlich versteifen. Sie sind 2 cm schmäler als das Balkenwerk und an den Enden im Winkel von 45 Grad abgeschrägt. So bilden sie ein gut proportioniertes Dreieck auf beiden Seiten der Verbindungsstellen.

Rosenbogen

Die kleinste Pergola ist der beliebte Rosenbogen, nicht nur über dem Gartentor, sondern auch über dem freien Sitzplatz. Es werden häufig dafür Metallrohre angeboten, die in einem Stück gebogen sind.

Die beste Kletterhilfe für Spreizklimmer wie Rosen sind jedoch zwei Holme, die wie eine Leiter mit Querlatten verbunden sind. Die Triebe steckt man abwechselnd von der einen und der anderen Seite hindurch.

Bei den Gerüstmaßen sollten die senkrechten Holzpfosten etwa 8 x 8 cm, die Leitersprossen 3 x 4 cm, die Sattelbalken zwischen beiden Bodenseiten 6 x 10 cm breit sein. Die beiden aufrecht stehenden Pfosten, die jeweils eine Seite des Rosenbogens bilden, werden im Abstand von 25 cm an einbetonierte Laschen geschraubt.

Die Latten zwischen ihnen müssen dann etwa 50 cm lang sein, damit sie auf jeder Seite etwa 5 cm überstehen. Wenn das Ganze über 200 cm hoch wird, stimmen die Proportionen.

Aufbau der Sattelbalken

Auch einhüftige Pergolen können mit verschiedenen Sattelbalken und Winkelstreben ausgestattet werden.

Die Pergola in Form eines Rosenbogens weckt romantische Erinnerungen. Sie ist besonders leicht zu errichten.

Die aufgesetzten Reiter werden an den Enden auch gerne mit Bogenschnitten versehen. Die einfachste Lösung ist ein Viertelkreis, der die untere Hälfte des Holzes herausnimmt.

Runde Eingangsbögen

Für Torbögen, Ranklauben und den größeren, freien, von Pergolen umgebenen Sitzplatz gibt es gebogene Sattelbalken aus mehrfach verleimten Brettern, die man auch als Fertigteile im Fachhandel beziehen kann. Die nach oben gebogenen Sattelbretter werden mit verzinkten Schlüsselschrauben (6 x 80 mm) seitlich an die Pfosten angeschraubt.

Auf den kürzeren Leimholzbogen setzt man in der Mitte einen Reiter, auf den längeren in gleichmäßigen Abständen verteilt vier. So entsteht optisch das Bild eines Tor- oder Türbogens.

Nur stabil gebaute Pergolen können auf Dauer die Gewichte der daraufliegenden Hölzer und den Winddruck aushalten.

Die Pergola aufstellen

Pergolen aus Kanthölzern, Balken und Brettern sind leicht aus den handelsüblichen Holzmaßen zurechtzusägen. Es gibt die Einzelteile und Beschläge aber auch in zahlreichen Mustern und Abmessungen komplett und mit Erweiterungsprogrammen für Zwischenstücke und längere Wege.

Auffällig ist bei zahlreichen Fertigteilen, daß sie verschraubt und genagelt werden. Vielfach sollen rechtwinklig gebogene Eisenlaschen aufgeschraubt werden. Fachgerechte Holzverbindungen mit Nut und Zapfen sind aus Kostengründen meist die Ausnahme. Das Holz ist im Freien aber länger haltbar, wenn die Hirnholzflächen schnell abtrocknen können und sich keine Feuchtigkeit in den Verbindungsstellen sammelt und hält. Deshalb werden im Eigenbau alle Holzverbindungen zwischen den Pfosten, Sattelbalken und Reitern möglichst witterungsfest ausgeführt.

Winkellaschen aus Stahl

Zur Holzverbindung sind verschiedene Formen und Stärken der Winkellaschen verfügbar.

Fachgerechte Holzverbindung

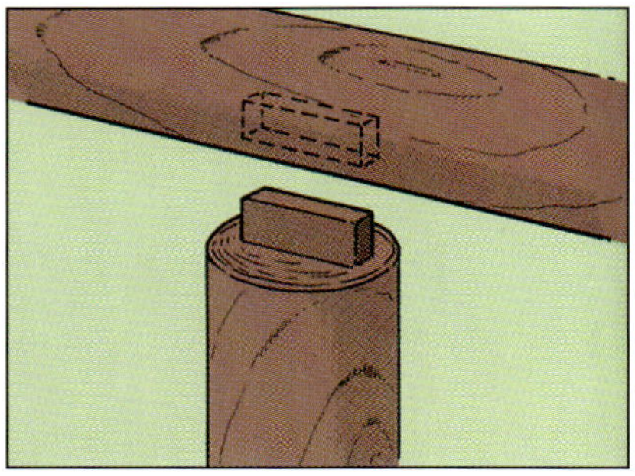

Nut und Zapfen werden im Freien so angelegt, daß sie vor herablaufendem Wasser geschützt sind.

Wo rechtwinklige Laschen angeschraubt werden müssen, sollten Sie versuchen, die Lasche unterhalb der Hölzer anzubringen. Wählen Sie eine Stelle, die von der Hauptblickrichtung abgewendet ist, also bei doppelten Sätteln innen und auf der Außenseite, wo die Pergola an der Grundstücksgrenze entlanggeht.

Meist reicht das Gewicht der aufliegenden Hölzer aus, um sie mit Zapfenverbindungen zusammenzuhalten. Diese werden auf dem Pfosten mit der Feinsäge auf volle Breite und halbe Dicke ausgeschnitten. Die Nut im Sattelbalken wird mit dem Stemmeisen paßgenau ausgenommen. Schließlich werden die Teile mit leichten Hammerschlägen zusammengefügt. Auf die gleiche Weise werden die Reiter im Abstand von 35 cm auf die Sattelbalken gesetzt.

Wenn die Breite des Reiters ausreicht, wird meistens noch von oben genagelt oder geschraubt.

Eine längere Haltbarkeit erzielen Sie, wenn der Nagel- oder Schraubenkopf leicht im Holz versenkt und diese Vertiefung mit Flüssigholz ausgefüllt wird, damit zwischen Holz und Metall kein Wasser eindringen kann.

Pergola aus Rundhölzern

Pergolen im Naturgarten werden gern aus Rundholz mit oder ohne Rinde gebaut. Sie sehen ähnlich wie berankte Bäume aus und passen in alle ländlichen Gärten. Knüppelholz läßt sich weniger leicht aufeinander passen. Vermeiden Sie runde Aussparungen, die nach oben gerichtet sind (Holzfäule!). Richtig sind Aussparungen in den oben liegenden Rundhölzern, die genau auf die Rundungen der unteren passen. Die Stellen müssen vor dem Zusammenbau imprägniert werden. Markieren Sie die halbrunden Aussparungen an den Kreuzungspunkten, damit die Rundung des einzufügenden Holzes passend herausgearbeitet werden kann.

Am besten zuerst mit der Säge von beiden Seiten einen schrägen Schnitt ansetzen, so daß eine dreieckige Kerbe herausfällt. Danach ist es nicht mehr schwierig, mit einem Stemmeisen, Schnitzmesser, Raspel und Feile so viel Holz auszuspanen, daß der Knüppel genau hineinpaßt. Reiter werden auf diese Weise von der Unterseite herausgenommen und mit zwei Nägeln rechts und links von oben auf dem Sattelbalken befestigt. Ebenso verfährt man mit Handläufen und Geländern.

Um die Stabilität der tragenden Pfosten nicht zu stark zu schwächen, werden sie flacher ausgemuldet. Alle Rundholzenden werden so abgeschrägt, daß die Hirnholzflächen nach unten zeigen. Zur Verlängerung werden die Endstücke ebenso überblattet wie Kantholz: in der Mitte einsägen und die gegenüberliegenden Hälften wegnehmen.

Kombination von Pergola und Sitzbank

Zwischen den luftig gestalteten Säulen kann auch eine verschließbare Truhe eingebaut werden.

Konstruktionsbeispiele

Eine einhüftige oder einreihige Pergola aus kesseldruckimprägnierten oder lackierten Bauteilen ist gut proportioniert, wenn sie die nachfolgenden Maße hat.

	dick (mm)	lang (cm)
Pfosten	90 x 90	270
Sattelbalken	45 x 95	190
Verstrebung	45 x 95	30
Reiter	45 x 95	50

Von diesen Maßen sind Abweichungen möglich, insbesondere bei Sattelbalken, die immer so lang abgesägt werden, wie die Pfosten auseinanderstehen. Die Gesamtlänge der Pergola wird dazu in gleichmäßige Intervalle unterteilt, danach die Längsbalken so abmessen, daß sie auf den Pfosten zusammentreffen und überblattet werden können.

Soll die Pergola mit zwei Pfostenreihen gebaut werden, müssen die Reiter entsprechend verlängert werden. Die Abmessungen können frei gewählt werden, sollten aber im harmonischen Verhältnis zueinander und dem eigenen Garten stehen.

Pergolabauteile aus Zedernholz sind so wetterfest, daß Sie auf die fachgerechte Holzverbindung zwischen Pfosten und Sattelreiter verzichten können. Hier genügt eine Ausklinkung im Hirnholz von 45 mm, in die der Sattelbalken eingesetzt wird.

Ein gelungenes Beispiel, wie die schlichte Pergola zu einer einladenden Freiluftbar ausgestaltet werden kann.

Fertige Pergolateile aus Zedernholz gibt es in folgenden Holzmaßen:

Bauteil	dick (mm)	Länge (cm)
Pfosten	94 x 94	240
Sattelbalken	45 x 94	230
Verlängerung	45 x 94	190 bis 366
Reiter einzeln	45 x 94	57
Reiter lang	45 x 94	190 bis 366
Verstrebung	45 x 94	27*

*) an der längeren Seite

Wer sich die Bauteile selbst zurechtsägen will, bekommt im Holzhandel Balken-, Latten- und Rahmenhölzer in verschiedenen Längen und Querschnitten.

Alle Hölzer zum Aufbau nach eigenen Ideen sind geriffelt oder einseitig geriffelt, die Kanten glatt gehobelt. Die Pfosten sind vierseitig geriffelt. Dazu gibt es einen Katalog von abgerundeten Ecken und Kanten, glatt gehobelt oder geriffelt für Pfosten und Sattelbalken in den Stärken von 38 x 90 mm und 38 x 140 mm, in verschiedenen Längen von 60 bis 300 cm.

Sehr gut passen dazu schichtverleimte Rundbögen in 38 x 90 mm Stärke und 105 cm Spannweite, Stich (Erhebung über die Waagerechten) 58 cm.

Flacher sind die Schweifbögen mit 25 cm Stich und 240 cm Spannweite. Segmentbögen haben keine flachen Auflagen und eine Spannweite von 180 cm mit 30 cm Scheitelhöhe.

Spalierelemente für die Felder zwischen den Pergolapfosten sind in verschiedenen Größen und Ausführungen zu haben. Man kann sie beispielsweise mit Lattice-Füllung (diagonal) oder mit quadratischem Innenmuster in verschiedenen Breiten kaufen.

Wenn der Innenraum mit Brettern ausgefüllt werden soll, um besseren Wind- und Sichtschutz an stark exponierten Stellen zu bieten, muß der Rahmen des Elements stärker sein. Fertige Sichtschutzwände gibt es in verschiedenen Höhen und Breiten in Baumärkten und Gartencentern.

Rankwände

Die Flächen zwischen geradlinig verlaufenden Pergolapfosten füllt man nicht nur mit Rankgittern im Karomuster aus. Es gibt dafür auch auf der Spitze stehende Quadrate aus 16 x 35 mm schwachen Leisten in 45 x 45 mm starken Rahmen. Solche Rankunterlagen werden auch als Seitenwand oder Dachabdeckung über zweihüftigen Pergolen und Ranklauben eingesetzt, flächendeckend oder auf Lücke. In schmaler

Ausführung können sie auch an einzelne Senkrechtbalken geschraubt und berankt werden.

Mit den Kästen und Pergolateilen lassen sich bewegliche Rankwände bauen, die den Sommer lang aufgestellt werden, wo etwas zu verdecken ist. Zwischen den einzelnen oder doppelten Pfosten der Pergola können Blumenkästen aufgestellt werden. Sie füllen nicht nur den Rahmen auf besonders schöne Weise, sondern dienen auch als Halt für die Pfosten, die daran mit Schlüsselschrauben (10 x 160 mm mit Holzgewinde) festgeschraubt sind.

Die Blumenkästen selbst werden aus Kanthölzern 7 x 9 cm zusammengesetzt, die an den Ecken überblattet sind. Die Grundfläche ist variabel 50 cm, 100 cm, oder 190 cm lang und 50 cm breit, die Seitenwände sind etwa 45 cm hoch. Sie können diese von innen mit Pflanzfolie auskleiden, bekommen dazu aber auch Einsätze aus Plastik mit Lavagestein und Trennvlies als Wasserspeicher im Handel.

Sicht- und Windschutz

Den lauschigen Sitzplatz in der umrankten Pergola hat man gern etwas windgeschützt. Statt der Rankgitter fügt man deshalb zwischen den Pfosten eine Bretterwand, wie sie im Garten an vielen Stellen als Sicht- und Windschutz aufgestellt wird.

Sie haben folgende Möglichkeiten: Eine Wand aus Flechtelementen, die aus 7 mm dicken und 75 mm breiten Lammellen waagerecht um fünf senkrecht stehende Latten geflochten sind.

Die Rankgitter und Sichtschutzelemente werden mit Elementhaltern befestigt, die aus einer rechtwinklig gebogenen Eisenlasche bestehen. Sie haben auf der Balkenseite eine Holzschraube, auf der anderen zwei Löcher für Holzschrauben, mit denen die Elemente befestigt werden. Sie sind verzinkt, gelb bichromatisiert, weiß oder aus Edelstahl rostfrei hergestellt.

Die Wand wird von allen Seiten an einen Rahmen genagelt, der 30 x 75 cm stark ist. Man beginnt unten in einer Ecke der verzapften Rahmenbretter und legt die Lamellen einmal vor und einmal hinter die senkrechten Bretter. Die nächste Lage wird umgekehrt geflochten, so daß ein Muster entsteht wie ein großer Spankorb. Fertigelemente in dieser Bauweise gibt es in folgenden Rahmenmaßen: 90 cm, 120 cm, 150 cm und 180 cm hoch sowie 100 cm, 150 cm und 190 cm breit.

In einen Rahmen gleicher Stärke können waagerechte Lamellen auch glatt an die senkrechten Latten genagelt werden, und zwar immer abwechselnd, eins von innen und eins von außen. Die Wirkung ist nicht ganz so locker, aber durch das Wechsel-

Einfache Rankgitter mit quadratisch übereinandergenagelten Latten bieten Sicht- und Windschutz in einem.

Zaunartige Latten an schwerem Stützwerk bieten Schutz vor unerwünschten Blicken oder Eindringlingen.

spiel von Licht und Schatten wirken die Elemente zaunartig.

Rahmen mit geflochtenen Lamellen lassen sich auch aus noch dünnerem Holz herstellen: 5 mm dick und 75 mm breit, ebenfalls auf fünf senkrechte Bretter bei zwei Metern Breite abwechselnd nach vorn und hinten geflochten. Für die an den Ecken verzapften Rahmen genügen schon 30 x 60 mm dicke Hölzer.

TIP: Winkel, Laschen, Balkenschuhe

Zur Holzverbindung gibt es einfache Winkel in den verschiedensten Formaten. Um beispielsweise Reiter auf den Sattelbalken zu befestigen, kann man feuerverzinkte Doppellaschen mit den Innenmaßen 45 x 45 mm verwenden, die mit je drei Schrauben unten an den Sattel und oben an den Reiter geschraubt werden. Um einzelne Balken an Mauern oder Wänden zu befestigen, gibt es mehrere Muster von Balkenschuhen mit innen und außen angelegten Befestigungslaschen mit zahlreichen Schraub- und Dübellöchern.

Die Lamellen für den Wetterschutz, Rank- und Ziergitter sind häufig so dünn, daß es kaum noch möglich ist, sie an den Rahmen zu nageln. An den Enden spalten sie auf, aufeinandergelegt haben die Nägel nicht genug Halt. Dafür gibt es im Handel praktische Aluminium- und andere Klammern, die das Flecht- oder Gitterwerk in dem Rahmen festhalten.

Winkel und Balkenschuhe

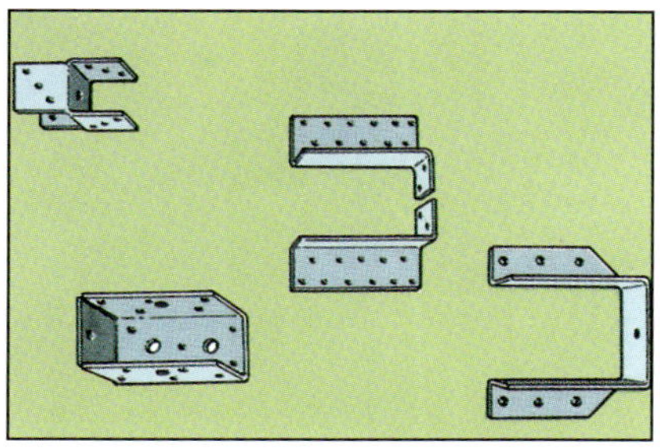

Balken- und Reiterhalter in unterschiedlichen Stärken sind den jeweiligen Belastungen angepaßt.

Bau eines Pavillons

In einem Pavillon hält man sich gerne auf, egal ob in geselliger Runde oder allein. Der lauschige Sitzplatz im Garten verdient seinen Namen „Pavillon" nur dann, wenn er auch gestalterisch ein Schmuckstück darstellt. Es gibt viele Modelle vorbildlicher Baureihen, die sich aus den schon von den Lauben her bekannten Elementen zusammensetzen. In welchem Ausmaße diese Elemente selbst hergestellt oder vorgefertigt zusammengebaut werden, spielt dabei eine geringere Rolle.

Die Wände der Fertigelemente bestehen aus Fenster-, Tür- und Vollholzelementen, die in nahezu beliebiger Form mit 6, 8, 10, 12 und 16 Ecken zusammengestellt werden, mit Rauminhalten von etwa 20 bis 100 Kubikmetern. Vieleckformen lassen sich auch in Gruppen kombinieren.

Typische Bauelemente

Das Material für den Fußboden und die Wände ist wie bei den Gartenhäusern Nordische Fichte oder Tanne, Polnische Stammkiefer oder schlichtes Brettholz mit Nut und Feder, ungefähr 20 mm stark.

Dasselbe gilt für den Fußboden, der auf dieselben Balken gelegt wird wie bei den Lauben. Diese sind auf ein Punkt- oder Flächenfundament geschraubt. In der Form richtet es sich nach der gewünschten Seitenzahl.

Einfache Dächer werden auf Rahmen genagelt und miteinander verschraubt. Kuppelartig abgerundete Dachformen läßt man besser vom Handwerker aus verzinktem Stahl herstellen. Sie werden in der Mitte von einem Stahlkranz gehalten. Zwischen ihnen wird Massivholz mit Nut und Feder eingesetzt, eingedeckt mit passenden Schindelformen oder Massivkupfer.

Die Dachspitze ragt umso höher, je mehr Ecken der Pavillon haben soll. Wetterschutz bietet zum Beispiel eine Pavillonreihe mit Fensterelementen, die als Sprossenfenster vom Boden bis zum stilvollen Bogen oben gestaltet sind. Sie werden mit 4 mm starkem Glas ausgefüllt. Geschlossene Wandelemente werden nach Möglichkeit nur dort eingesetzt, wo ein völliger Sichtschutz notwendig ist.

Ein Pavillon im Garten ist niemals nur Zweckbau, sondern immer auch ein wahres Schmuckstück für Liebhaber dieser Gartenkunst.

Glasreich ist dieser exklusive Pavillon mit Rundbogendrehfenstern und -türen. Er läßt auch späte Herbstsonnenstrahlen herein.

Den Pavillon aufstellen

Fenster-, Tür-, und Wandelemente brauchen einen festen Halt an Pfosten, die an einem Fundamentanker festgeschraubt sein müssen. Dafür genügen Punktfundamente, wenn darauf ein Holzfußboden verlegt wird. Fliesen liegen besser auf einer Betonplatte.

Man kann sich auch an einem Kamin wärmen, der aus massivem Steinzeug auf gefliester Tischlerplatte hergestellt ist. Mit wenigen Handgriffen kann daraus ein Grill entstehen, für den es eine Kaminhaube gibt. So eingerichtet ist der Pavillon nicht nur ein gestalterisches Schaustück, sondern auch für viele gesellige Gelegenheiten nutzbar.

Die vorgefertigten Seitenwände stehen fester, wenn sie untereinander verschraubt werden.

Die einfache Sechsecklaube

Eine Sechsecklaube, die aus 186 cm breiten Wandelementen zusammengestellt wird, hat einen diagonalen Durchmesser von 370 cm. Das bietet etwa 10 Personen ausreichend Platz, wenn sie auf einer Eckbank im Kreise um einen Tisch von 150 cm Durchmesser sitzen.

Die Boden-, Wand- und Dachelemente werden mit Profilbrettern auf Rahmenhölzer genagelt.

Oft sind Pavillons rundum mit Fenstern von der halben Wandhöhe an ausgestattet; eine Doppeltür tritt an die Stelle der einfachen. Der Pavillon soll überall eine gute Aussicht in den Garten eröffnen.

Der Pavillon verschwindet im grünen Laub, wenn das Holz lindgrün imprägniert wird. Weitaus attraktiver wirkt zum Beispiel eine weiß-blaue Lasierung des Holzes.

Das englische Sommerhaus

Auch nach dem Vorbild der klassischen englischen Gartenhäuser ist eine ganze Reihe von Pavillons konstruiert worden. Sie zeigen besonders deutlich, daß es nicht auf die Zahl der Ecken ankommt. Es gibt rechteckige, quadratische, sechs- und achteckige Grundrisse. Sie sind teils offen wie Ranklauben mit Dach oder voll verschlossen. Übereinstimmendes Merkmal ist, daß die tragende Konstruktion und die Außenverkleidung aus Kanadischem Zedernholz gebaut sind. Das sieht gut aus und ist langfristig wetterfest.

Glasfensterbögen lassen dieses englische Teehaus wie ein kleines Schlößchen erscheinen. Es bietet einen stilvollen Aufenthaltsort und gewährt freie Sicht auf den Garten (Hölscher und Leuschner).

Für die Innenverkleidung genügt wasserfestes Sperrholz; die Fußbodendielen und die Tragbalken darunter sind aus schlichtem heimischen Kiefernholz. Auf tiefreichende Fundamente kann verzichtet werden, wenn eine ebene Stellfläche aus Kies oder Plattenbelag vorhanden ist. Die kleinen Teehäuser stehen darauf sogar ohne Bodenplatte.

Aus Blockhausbohlen kann auch eine Art Pavillon errichtet werden, der – stabil und rustikal konstruiert – ein Schmuckstück für jeden naturnah angelegten Garten ist.

Ganz britisches Landhaus, stabil und breit: das Sommerhaus im rustikalen Look mit Stil und Charme (Gaywood/AMDEGA).

Der reiche Pflanzenbewuchs schafft jene heitere Atmosphäre, die zu einem Sitzplatz im Freien, wie hier unter einer Pergola, gehört.

Das grüne Drumherum

Pavillons, Lauben und Pergolen sind erst dann vollkommen, wenn sie von Rank- und Kletterpflanzen, Kübel- und Ampelpflanzen umgeben sind. Die Pflanzen sind unentbehrlich, nicht nur weil sie schön aussehen: Sie verbessern das Kleinklima und schützen vor Wind und Wetter.

Neben einigen heimischen Schling- und Kletterpflanzen eignen sich zur Begrünung auch Rankgehölze sowie das gesamte Spalierobst.

Baumwürger

Vollkommen anspruchslos an Klima und Boden schlingen sich der Baumwürger Celastrus orbiculatus und C. scandens an Kletterhilfen, Spalieren, Drähten oder Pfosten in die Höhe. Die Pflanzen gedeihen in Sonne oder Halbschatten, und ihre flachen Wurzeln reichen weit und treiben Ausläufer. Wo männliche und weibliche Pflanzen nebeneinander stehen, reifen im Oktober knallrote Samen, die von einem gelben Mantel umgeben sind; diese Früchte sind ein prachtvoller Schmuck und leckeres Vogelfutter.

Efeu

Mit seinen Haftwurzeln klettert der anspruchslose Efeu an Wänden und Pergolen 20 bis 30 m hoch, selbst im tiefen Schatten, und fast auf jedem Boden. Neben dunkelgrünen Grundformen dieses immergrünen Kletterstrauches gibt es buntblättrige, weiße und gelblich gesäumte Varianten. Tiefrot ist die Herbstfärbung der Sorte „Minima“. Nur ältere Pflanzen bilden spät im Jahr unscheinbare, gelblichgrüne Blütendolden, die von Insekten umschwärmt werden. Sie duften und bringen im Jahr darauf dichte Büschel kugelig schwarzer Früchte.

Geißblatt

Die windenden Triebe der Lonicera-Arten wachsen in Sonne oder Halbschatten 3 bis 6 m hoch an Drähten und Spalieren. Ihre duftenden Büten erscheinen je nach Art von Mai bis

Das Geißblatt ist ein atemberaubender Gartenschmuck. Die ersten Blüten erscheinen im Mai in Quirlen an den Triebspitzen.

September in Quirlen an den Triebspitzen. *L. henry* ist die einzige immergrüne Art. L. x heckrottii „Goldfame“ hat gelbrote Blüten, L. x brownii „Dropmore Scarlet“ blüht orangerot.

Glycine

Als Blauregen ist *Wisteria sinensis* allgemein bekannt, weil ihre herabhängenden Blütentrauben bis einen halben Meter lang werden. Die linkswindende Schlingpflanze wächst bis zu 15 m hoch und blüht von Mai bis Juni sehr willig und angenehm duftend in hell- oder kobaltblau, violett oder weiß am mehrjährigen Holz.

Hortensie

Die kletternde Art der Hortensie *Hydrangea petiolaris* wächst äußerst kraftvoll und dicht bis 10 m hoch. Die flachen, weißen Blütendolden erscheinen im Juni/Juli am mehrjährigen Holz. Die Kletterhortensie gedeiht am besten im Halbschatten, aber auch im vollen Schatten, sie ist allerdings etwas empfindlich gegen Wind und starken Frost.

Jasmin

Von Februar bis April blüht der echte Winterjasmin *Jasminum nudiflorum*, ein Spreizklimmer, der aufgebunden höher als 3 m wächst. In geschützten sonnigen bis halbschattigen Lagen, sowie auf durchlässigen und kalkhaltigen Böden stellt er keine weiteren Ansprüche.

Knöterich

Der robuste Schlinger *Fallopia syn. Polygonum aubertii* wächst an Draht oder Gitter in kürzester

Für eine reiche Blüte müssen Kletterrosen fachgerecht beschnitten werden.

Zeit bis 15 m hoch und so dicht, daß er wie eine Hecke geschnitten werden kann. Die üppige Blütenpracht erscheint in Rispen von Juni bis September. Die relativ anspruchslose Pflanze gedeiht auf allen sonnigen und halbschattigen Plätzen.

Rose

Die Kletterrosen werden in einmal- und öfterblühende Sorten unterteilt. Kletterrosen blühen an kurzen Seitentrieben (rosa, rot, weiß oder gelb). Die einjährigen Triebe werden nicht beschnitten, kurze Seitentriebe schneidet man auf drei bis vier Augen zurück. Überalterte Triebe werden möglichst tief an der Basis herausgenommen. Die einjährigen Triebe bindet man spiralig an Pfosten oder Rosenbögen, an Spalieren werden die Triebe waagerecht befestigt, um den Blütenaustrieb zu fördern. Die Sorten „Flammentanz“, „Goldener Olymp“ oder „Rosarium“ gelten als besonders frosthart.

Eine Entscheidungshilfe bei der Sortenwahl bieten die ADR-Prüfungen (Anerkannte Deutsche Rose).

Waldrebe

Die großblumigen *Clematis*-Hybriden stehen meist zu dritt an langen Stielen und leuchten in vielen Farben: tiefdunkelblau, purpurviolett, strahlend weinrot, rosa und weiß.

Die Vorjahrestriebe werden im Frühjahr auf 60 cm zurückgeschnitten. Die botanisch reinen Wildarten blühen zwar kleiner, aber dafür zahlreicher, und sie sind weitaus widerstandsfähiger. Sie gedeihen in tiefgründigem, nicht zu schwerem Boden sowohl in sonnigen und halbschattigen Lagen gleich gut.

Wilder Wein

Die Jungfernrebe *Parthenocissus quinquefolia* ist hierzulande neben dem Efeu sicher das am weitesten verbreitete Klettergehölz.

Faszinierend ist die flammendrote Herbstfärbung des wilden Weins.

Sie klettert mit Haftscheiben ohne Hilfe bis 15 m hoch. Am spektakulärsten ist sicherlich die leuchtendgelbe oder scharlachrote Herbstfärbung der Blätter. Widerstandsfähige Sorten sind „Veichtii“ (Herbstfärbung orange und Scharlach) oder „Engelmannii“ (dunkelbraun-purpurn). Die fernöstliche *P. tricuspidata* leuchtet im Herbst mit orange bis flammend scharlachroten Blüten.

Einjährige Kletterpflanzen

Es gibt einjährige Schlingpflanzen, die in einem einzigen Sommer überwältigend hoch und dicht wachsen und reich blühen. Allerdings brauchen die schnellen Kletterer einen sehr guten, nahrhaften Boden, um diese Leistungen zu vollbringen.

Glockenrebe

Erst Mitte Mai pflanzt man die in Töpfen vorgezogenen Jungpflanzen der Glockenrebe *(Cobaea scandens)* nach draußen. Sie wachsen 3 bis 6 m hoch und benötigen dafür reichlich Wasser und Dünger. Die 7 cm großen Blütenglocken sind meist weißlichgrün, später bläulichviolett gefärbt und erscheinen an 15 bis 25 cm langen Stielen von Juli bis Oktober.

Kapuzinerkresse

Mit ihren bis zu 4 m langen, reich verzweigten Trieben bedeckt die Kapuzinerkresse *(Trophaeolum majus)* ebenso den Boden wie Spaliere, Mauern, Wände und Pergolen, die mit Maschendraht bezogen sind. Die frostempfindlichen Jungpflanzen werden erst Mitte Mai an einen sonnigen bis halbschattigen, windgeschützten Platz gesetzt. Aus einer Fülle vielfarbiger Blüten verbreiten sie einen zarten, süßen Duft, von Juni bis zum ersten Frost. Um alle Farben genießen zu können, wählt man am besten eine „Rankende Mischung“.

Schönranke

Zu den schönsten Kletterpflanzen zählt die 3 m hoch kletternde Schönranke *(Eccremocarpus scaber)* mit großen Blütenrispen von Juli bis Oktober. Die Hybrid-Mischungen enthalten gelbe, karmesin- und purpurrosa Farbtöne.

Schwarzäugige Susanne

An dünnen Rankhilfen bis 1,50 m hoch oder herabhängend aus Ampeln ist die Schwarzäugige Susanne *(Thunbergia alata)* sehr beliebt. Sie eignet sich für sonnig-warme Stellen, wenn sie im Februar bei 18 Grad im Haus ausgesät und anschließend in Töpfen mit normaler Blumenerde 2 Monate weiterkultiviert wird. Die leuchtend gelben oder orangefarbenen Blüten mit dem schwarzen Fleck in der Mitte erscheinen von Juni bis weit in den September hinein.

Die Prunkwinden begrünen bis zu 5 Meter hohe Sichtschutzwände.

Wicke

Die wohlriechende Wicke *Lathyrus odoratus* kennt fast jeder. Die Palette der Blütenfarben reicht von scharlachrot und rosa über rahmgelb bis zu mittelblau. Sie alle bilden luftige, duftende Wände, wirken zart, sind aber widerstandsfähig und bescheiden. Sie lieben offene, sonnige Lagen und guten Boden, der wasserdurchlässig ist, aber nie trokken wird. An Fäden und Gittern klettern sie bis 1,50 m hoch, blühen üppig und anhaltend bis zum Herbst.

Spalierobst

An Rankgerüsten kann man schwach wachsende Sorten verschiedener Baumobstarten heranziehen. Die Gehölze müssen durch strengen Formschnitt so erzogen werden, daß sich an den Leitästen rundherum kurzes Fruchtholz ausbildet. Waagerecht gestellte Seitenäste erhöhen die Fruchtbarkeit. Daneben gibt es die klassischen Spalierformen: schräg als Schnurbaum, U-förmig als Palmetten oder Verrier-Palmetten. Freie Spaliere werden formlos, aber gleichmäßig über das Rankgerüst verteilt, nachdem die Stammverlängerung herausgeschnitten wurde.

Günstiges Klima für weintragende Reben findet sich an jeder Südwand.

An der Südwand erzieht man auf diese Weise Birnen, Pfirsiche, Weinreben; an der Ost- und Westwand Äpfel, Aprikosen, Pflaumen, Frühbirnen und Schattenmorellen.

Weinrebe

Die weintragende Rebe *(Vitis vinifera)* ist keineswegs auf Flußtäler mit Weinbauklima angewiesen.

Auch an der südlichen Hauswand in Schleswig-Holstein und der Mark Brandenburg oder im Voralpenland bis 600 m Höhe sind schon schmackhafte Beeren herangereift.

Neben den Keltertrauben gibt es wilde Rebarten wie *V. amurensis, V. coignetiae, V. labrusca,* die Fuchsrebe, Sand-, Sommer- und Winterreben, die frosthart und wüchsig bis 10 m hoch klettern. Sie können durchaus eßbare Reben tragen, wenn sie in normalen, tiefgründigen Böden und nach Möglichkeit sonnig bis halbschattig stehen.

Kletterndes Gemüse

Es gibt doppelten Grund, Fruchtgemüse an Rankgerüsten zu kultivieren: Sie sehen sehr dekorativ aus und bereichern außerdem den sommerlichen Speiseplan.

Erbse

Die hochwachsenden Reisererbsen wie die robuste Sorte „Schnabel“ wird bis 140 cm hoch, mit späten, aber großen Hülsen. Grünpflückererbsen gehören zu den schmackhaftesten Gemüsearten, die roh verzehrt werden können. Es ist also ideal, wenn sie direkt am Sitzplatz angebaut werden.

Feuerbohne

Schon der ebenfalls geläufige Name Prunkbohne zeigt, wie überzeugend sich bei dieser selbständigen Bohnenart Schmuckwert und Küchennutzen vereinen. Die Zuchtformen sind durchweg robuster als andere Stangenbohnen, unterscheiden sich aber nicht in Anzucht und Pflege, Geschmack und Zubereitung. Die Erde sollte locker und humos, leicht bis mittelschwer, tiefgründig und neutral sein. Die ersten Hülsen sind nach 6 Wochen erntereif. Man sollte sie pflücken, bevor die Kerne unter der Schale fühlbar werden. Auch Gurke, Tomate, Kürbis und Melone eignen sich als „kletterndes Gemüse“, wenn sie an Rankhilfen hochgezogen werden.

Feuerbohnen sind robuster und schmackhafter als normale Stangenbohnen.

Kübelpflanzen

Der eigentliche Grund für die Kübelkultur ist die Möglichkeit, tropische, exotische oder wärmeliebende Pflanzen in den Garten zu stellen, die im Freiland nie überleben könnten.

Kleingewächshäuser

Die Früchte der eigenen Arbeit ernten

Ein eigenes Gewächshaus zu besitzen und darin selbst Gemüse anzubauen, ist der Wunschtraum eines jeden Gärtners. Schließlich schmeckt der Salat aus eigener Anzucht immer noch am besten – man weiß einfach, was drin ist.

Ein Gewächshaus schützt die Pflanzen vor Kälte, Regen und Wind. In dem Haus aus Glas, das jeden einzelnen Sonnenstrahl einfängt, finden Ihre Pflanzen optimale Wachstumsbedingungen. Aber nicht nur zahlreiche Gemüsesorten, sondern auch Kräuter und sogar Blumen gedeihen bestens.

Sogar in einem unbeheizten Gewächshaus beginnt die Gartensaison früher und kann weit nach hinten verlängert werden.

Doch welches Gewächshaus ist das richtige für Ihre Ansprüche? Vor dem Bau sollten Sie genau überlegen, welche Größe und welche technische Ausstattung Sie wirklich benötigen.

Gewächshausformen

Früher gab es für jede Pflanzenart eine bestimmte Bauweise für Gewächshäuser. Mitte der 50er Jahre erfand man das Normhaus. Seine Maße ergeben sich aus den Scheibengrößen, die bis heute im Erwerbsgartenbau üblich sind.

Was bei den Profis geschah, wurde später auch für den Hobbybereich eingeführt. Durch die Größe der Stegdoppelplatten entstanden Rastermaße und damit Konstruktionen, die mit wenig Verschnitt der Platten auskamen.

Das Erdhaus benötigt weniger Energie bei der Beheizung und schont somit auch den Geldbeutel.

Satteldach-Gewächshäuser

Das rechteckige Satteldach-Gewächshaus, in unterschiedlichen Breiten angeboten, ist das gebräuchlichste Haus. Die Stehwände sind gerade, die Dachneigung beträgt, je nach Breite des Hauses und abhängig von der Stehwandhöhe, zwischen 25 und 30 Grad. Satteldachhäuser werden durch die unterschiedlichen Höhen der Seitenwände geprägt.

TIP:
Ein Anlehngewächshaus ist kein Wintergarten! Das Baurecht untersagt den dauernden Aufenthalt darin. Es dürfen hier keine Sitzgruppen wie im Wintergarten aufgestellt werden. Deshalb bitte die Bauvorschriften beachten!

Das Kleingewächshaus

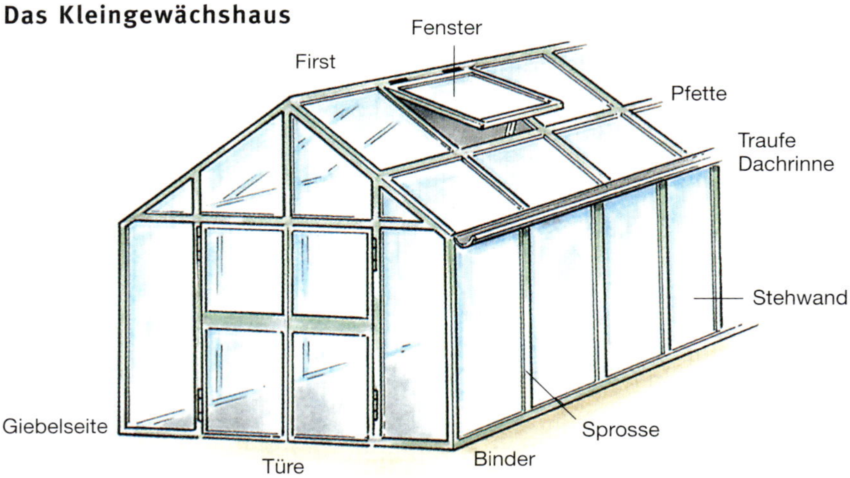

Hier sehen Sie alle Bestandteile eines Kleingewächshauses auf einen Blick.

Anlehn- oder Pulthäuser

Ist das Gewächshaus an eine Mauer gelehnt, spart man Glas und eventuell auch Heizkosten. Sie lassen sich schnell an Versorgungsleitungen (Heizung, Strom, Wasser) anschließen. Man genießt auch den Vorteil, jederzeit trockenen Fußes in sein Glashaus gelangen zu können. Allerdings muß die Hauswand, an die das Gewächshaus anlehnt, gut gegen eindringende Feuchtigkeit isoliert werden.

Erdhäuser

Im Vergleich zu anderen Gewächshaustypen spart dieser Haustyp bis zu 40% Energie und damit auch Heizkosten.

Eigentlich sind Erdhäuser ganz normale Satteldachhäuser, ohne oder mit geringer Stehwand. Sie können allerdings weniger Licht aufnehmen, da häufig nur das Dach aus lichtdurchlässigem Material besteht. Diese Lichtmenge reicht jedoch für den Großteil der Kulturen aus.

Solarhaus

Für ein Gewächshaus, das in unseren Breiten ganzjährig frostfrei gehalten werden soll, reicht Sonnenenergie allein nicht aus. Ein Solarhaus muß die Sonneneinstrahlung möglichst effektiv einfangen und als Wärme speichern können.

Günstig erweist sich beispielsweise die südliche Ausrichtung des Hauses mit einer Dachneigung, die dem niedrigen Stand der Wintersonne entspricht. Die Wärmespeicherung erfolgt am einfachsten mit großvolumigen Wasserbehältern.

Gesetzliche Bestimmungen

Grundsätzlich ist jedes Gewächshaus als Bauwerk genehmigungs- oder anzeigepflichtig. Allerdings sind die Bestimmungen darüber in jedem Bundesland unterschiedlich. Wenn Sie Ärger mit Behörden und Nachbarn vermeiden wollen, dann wenden Sie sich vor dem Bau an die zuständige Untere Bauaufsichtsbehörde der Gemeindeverwaltung.

Besonders die Unterscheidung von Anlehngewächshäusern und den baugenehmigungspflichtigen Wintergärten bereitet häufig Probleme.

In einigen Bundesländern sind Gewächshäuser lediglich bis 3 Meter Höhe nur anzeigepflichtig, nicht aber baugenehmigungspflichtig.

Der einfachste und sicherste Weg ist es, vor Baubeginn eine Voranfrage bei der Bauaufsichtsbehörde einzureichen. Diese unterrichtet dann über Vorschriften und eventuell örtliche Auflagen. Bei Kleingartenvereinen gelten oft noch strengere Regeln.

Der Standort

Ein Gewächshaus wird für viele Jahre an einem Platz stehen bleiben. Der passende Ort muß daher sorgfältig ausgewählt werden. Sicher lassen sich nicht alle Wünsche verwirklichen, so daß Kompromisse gerade in der Standortfrage unvermeidlich sind.

Zuerst sollte man an die ungehinderte Lichtzufuhr denken. Dazu sollte die größte Fläche des Hauses (Dach- und/oder Seitenfläche) nach Süden ausgerichtet werden. Zu berücksichtigen ist weiterhin, daß die Sonne im Lauf des Jahres ihre Himmelsbahn ändert. Im Winter steht sie niedriger, im Sommer höher über dem Horizont.

Bei Satteldachhäusern mit rechteckigem Grundriß sollte die Firstrichtung am besten von Ost nach West verlaufen.

Wenn ein Standort gefunden ist, sollten Sie die angenommene Größe des Hauses erst einmal kennzeichnen. Dazu werden vier Stäbe oder Latten an den Eckpunkten eingeschlagen. Nun kann man beobachten, wieviel Licht dem Haus wirklich zugute kommt. Wird der Standort durch Gebäude oder Bäume verdeckt? Wieviel Sonnenstrahlen erreichen am 22. Dezember zur Sonnenwende noch das Haus? Auch im Winter sollte das Licht mindestens von 9 Uhr bis 15 Uhr ungehinderten Zutritt haben.

Auch der Wind trägt wesentlich zur Abkühlung eines Gewächshauses bei. Rund um ein Gewächshaus bildet sich eine warme Luftschicht, die vom Wind

Schutz vor Wind ist für den Standort des Gewächshauses ebenso wichtig wie optimale Lichtbedingungen.

davongetragen und immer wieder ersetzt werden muß, besonders bei hohen Windgeschwindigkeiten. Das Haus darf nicht mit der „Breitseite" zur Hauptwindrichtung gestellt werden.

Nun darf ein Windschutz aber kein Licht nehmen. Befindet sich zum Beispiel eine Hecke in unmittelbarer Nähe, kann sie mehr schaden als nützen. Wie bei Mauern oder Hauswänden sollte daher ein Abstand von 4 bis 5 m eingehalten werden.

Was noch zu beachten ist

Eine Rolle spielt natürlich auch das Kleinklima im Garten – man baut das Gewächshaus nicht gerade in ein frostgefährdetes „Loch". Hier können nur Erfahrung und Beobachtung helfen. Ebenso sind nasse Standorte zu vermeiden. In Senken sammelt sich das Oberflächenwasser, seine Verdunstung bringt Kälte. Auch ästhetisch muß sich das Haus in den Garten einfügen, hier hilft Farbe. Ebenfalls von Bedeutung sind die Versorgungsanschlüsse für Strom, Wasser und Heizung. So kann zum Beispiel eine fachmännisch isolierte Zuleitung der Warmwasserheizung zum Gewächshaus sehr teuer werden. Aus diesen Überlegungen heraus muß ein Standort gefunden werden, der manchmal ein Kompromiß sein kann, am wichtigsten bleibt jedoch ein heller, sonniger Standort.

Innenausstattung

Je nach Bedarf braucht das Gewächshaus eine technische Innenausstattung. Künstliche Lichtquellen, Heizung, Schattierung und Lüftung gehören in der Regel zur Grundausstattung.

Licht

Pflanzen benötigen Licht als Energiequelle für ihren Stoffwechsel. Aus Licht wird Wärme, die ebenfalls zum Wachstum gebraucht wird. Das Wissen darüber kann man sich zunutze machen, wenn man „künstliche" Lichtquellen verwendet und somit die Blütezeit verändert oder die Ernte verfrüht.

Wer im Gewächshaus Kunstlicht einsetzt, sollte spezielle Pflanzenlampen verwenden. Sie haben einen erhöhten Anteil an rotem und blauem Licht, das vom Blattgrün besser verwertet wird. Man rechnet für die Zusatzbelichtung im Winter je nach Lampenart mit 120 bis 150 Watt/m². Die Installation überläßt man besser dem Fachmann.

Schon ab März kann die Sonne so intensiv strahlen, daß Saatkisten oder Jungpflanzen schattiert werden müssen. Gewebe aus Jute oder Kunststoff, innen oder außen angebracht, können zur Schattierung eingesetzt werden. Schattiergewebe sollten beweglich sein, damit sie den veränderlichen Lichtbedingungen angepaßt werden können und die Lüftung möglichst nicht beeinträchtigen. Es gibt auch Schattierfarbe, die außen auf das Gewächshaus aufgetragen wird und durch den Regen im Lauf des Sommers abgewaschen wird.

Alle Lebensvorgänge in Pflanzen sind temperaturabhängig und finden je nach Pflanzenart in bestimmten Temperaturbereichen statt. Ab 5 °C steigert sich die Aktivität in der Pflanze, bei 35 °C verlangsamt sich der Stoffwechsel. Die Obergrenze pflanzlichen Lebens liegt bei etwa 55 °C, einer Temperatur, die durchaus im Gewächshaus erreicht werden kann.

Eine Zusatzbelichtung kann sehr nützlich sein, insbesondere bei der Jungpflanzenanzucht in der lichtärmeren Jahreszeit.

Die Außenschattierung läßt die Lichtstrahlen gar nicht erst ins Haus. Der Abstand zum Glas ermöglicht eine unbehinderte Lüftung.

Ein Gewächshaus ohne Heizung ist dem gegenüber nur eingeschränkt nutzbar. Schon eine Beheizung ab April verlängert das Gartenjahr um mehr als drei Monate. Und was gibt es Schöneres, als im Mai die eigenen, vorgezogenen Pflanzen in den Garten zu setzen.

Für welche Art der Heizung man sich entscheidet, hängt von der Größe des Hauses und den Versorgungsmöglichkeiten ab. Die Mehrheit der Häuser wird elektrisch beheizt. Spezielle Gebläseöfen stellen die effektivste Lösung in kleinen, nur zeitweilig beheizten Häusern dar. Der Anschluß an die Wohnhausheizung ist eigentlich ideal, aber nur dann vernünftig, wenn das Gewächshaus weniger als 10 m vom Wohnhaus entfernt steht. Ansonsten müssen die Zuleitungsrohre optimal isoliert werden, und das ist teuer.

Heizungen, die nur wenige Wochen im Jahr eingesetzt werden, lassen sich mit Flaschengas betreiben. Dazu passen spezielle Katalysatorbrenner, denn sie haben einen hohen Wirkungsgrad und sind sicher in der Anwendung. Um die Heizung überwachen zu können – Frost im Haus kann alle Arbeit zunichte machen – sollte an den Einbau einer Frost-Warnanlage gedacht werden. Im Handel gibt es Modelle, die zu niedrige und zu hohe Temperaturen sowie Stromausfall melden.

Die Lüftung sorgt für den Luftaustausch und vermeidet einen Hitzestau im Haus. Grundsätzlich sollten 20% der Glasfläche eines Gewächshauses belüftbar sein. Da es im Gewächshaus schnell zu warm werden kann, sollten sich die Fenster automatisch öffnen. Auf dem Markt sind wachsgefüllte Druckzylinder, die sich bei Wärme ausdehnen. Über eine Feder wird das Fenster dann bei niedriger Temperatur zurückgeführt. Feuchtraumgeeignete Ventilatoren eignen sich zur Umwälzung der Gewächshausluft.

In Kleingewächshäusern entsteht häufig hohe Luftfeuchtigkeit, besonders bei niedrigen Temperaturen kommt es dann zur Kondenswasserbildung. Dies sind ideale Bedingungen für Pilzkrankheiten. Auch zu trockene Luft kann Wachstumsstörungen der Pflanzen zur Folge haben. Den richtigen Mittelweg zu finden, ist nicht einfach. Das Öffnen der Lüftung ermöglicht ein Entweichen der feuchten Luft, Versprühen von Wasser auf den Wegen (nicht direkt auf die Pflanzen) erhöht die Luftfeuchtigkeit.

Hohe Luftfeuchtigkeit bei hoher Temperatur im Gewächshaus läßt sich meist nur mit aufwendiger Technik realisieren.

Leichtgewicht Aluminium – eine solche Konstruktion mit Stegdoppelplatten zur Verglasung besticht durch eine hohe statische Festigkeit.

Bauteile und Materialien

Das Gerüst eines Gewächshauses muß allerhand aushalten. Winddruck, Schneelasten, Feuchtigkeit und große Temperaturunterschiede zwischen innen und außen stellen hohe Anforderungen an das Material.

Andererseits soll die Konstruktion möglichst viel Platz für transparente Flächen bieten; nur so können optimale Lichtverhältnisse geschaffen werden.

Materialien für das Gewächshausgerüst

Die positiven Eigenschaften, wie Haltbarkeit, Festigkeit, relativ leichte Bearbeitung (Schweißen!) und ein günstiger Preis machen den Stahl für Gewächshäuser interessant. Als nachteilig haben sich seine gute Wärmeleitfähigkeit und seine einfachen Sprossenformen erwiesen. Kleingewächshäuser aus verzinktem Stahl werden relativ preiswert angeboten, das macht sie als Alternative zu Folienhäusern interessant.

Aluminium gehört zu den sogenannten Leichtmetallen. Seine Festigkeit und Korrosionsbeständigkeit haben es zum wichtigsten Material im Kleingewächshausbau gemacht. Durch geformte Preßprofile erreicht man die Herstellung unterschiedlichster Formen und eine hohe statische Festigkeit. Nachteilig ist auch hier die relativ gute Wärmeleitfähigkeit und der hohe Preis.

Das Bedeckungsmaterial

Zur Bedeckung des Gewächshauses eignen sich transparente Materialien (Glas oder Kunststoff), die möglichst viel Licht einlassen und die Wärme halten.

TIP:
Natürliche Wärme ausnutzen

Die durch das Bedeckungsmaterial einfallende kurzwellige Sonnenstrahlung wird von den Gegenständen im Gewächshaus absorbiert und als langwellige Wärmestrahlung wieder abgegeben. Dadurch heizt sich das Gewächshaus auf. Dunkle Körper nehmen mehr Wärme auf als helle, und geben sie langsam wieder an die Umgebung ab. Schwarze, wassergefüllte Behälter sind gute Wärmespeicher im Kleingewächshaus. Tagsüber erwärmen sie sich, und nachts geben sie die Wärme wieder an die Umgebung ab.

Stahl wird aufgrund seiner Stabilität bevorzugt bei großen Gewächshäusern verwendet.

Gerade Foliengewächshäuser müssen über ausreichende Lüftungsmöglichkeiten verfügen.

Folien

Für Kleingewächshäuser werden vor allem zwei Arten eingesetzt: Polyethylen (PE)- Folien sind preiswert, aber nur haltbar, wenn sie UV-stabilisiert sind. Die Reißfestigkeit ist in Gitterfolien durch eingearbeitete Fäden gesteigert. Leider lassen Folien aus Polyethylen viel Wärme nach außen entweichen. Aus Umweltgründen gelten sie als wenig problematischer Kunststoff.

Folien aus Polyvinylchlorid (PVC) besitzen etwas bessere Wärmerückhalteeigenschaften. Ihre Beseitigung über die Abfallentsorgung ist problematisch. Sie sollten daher im Garten nicht eingesetzt werden.

Glas

Die Lichtdurchlässigkeit ist bei Glas am größten. Die Glassorten Klarglas und Blankglas sind für Gewächshäuser gebräuchlich. Dabei ist Blankglas beidseitig eben und damit durchsichtig, während Klarglas einseitig genörpelt ist (beim Verlegen die genörpelte Seite nach innen!). Die Nörpelung bewirkt eine bessere Streuung des Lichtes.

Die Scheiben werden in genormten Größen und Stärken geliefert. Glas mit weniger als 3 mm Stärke sollte aus Sicherheitsgründen nicht eingebaut werden. In Frostperioden kann als zusätzlicher Kälteschutz ein Mantel aus Noppenfolie angebracht werden. Dabei müssen Sie jedoch einen verminderten Lichteinfall in Kauf nehmen.

Auch für Gewächshäuser sind zur Wärmeisolierung Doppelverglasungen entwickelt worden, die mit Kohlendioxid gefüllt sind. Aus statischen Gründen werden sie meist nur an den Seitenwänden verwendet.

Stegdoppelplatten

Sie sind mittlerweile die gebräuchlichste „Verglasung“ für

Ein Aluminiumhaus mit Klarglas und großen Scheiben.

Befestigung der Dacheindeckung

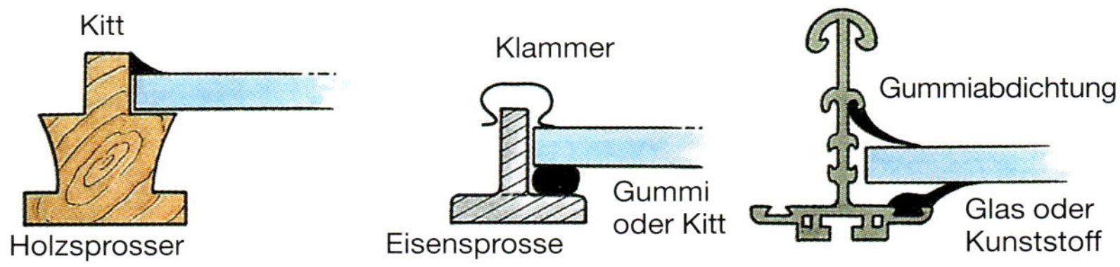

Je nach Konstruktionsmaterial ist die Bedachung anders zu befestigen.

hochwertige Gewächshäuser im Hobbygartenbereich geworden. Die Stärke reicht von 4 bis 32 mm. Für Stegdoppel- oder Stegdreifachplatten gelten je nach Hersteller und Ausführung unterschiedliche Verlegehinweise, die man unbedingt beachten sollte. Andernfalls lassen sich keine Garantieansprüche (10 Jahre) geltend machen.

Stegdoppelplatten werden aus Polycarbonat oder Acrylglas (Plexiglas) gefertigt. Je nach Stärke der Platten werden unterschiedliche Isolierwerte gegenüber Glas erreicht.

Polycarbonat ist schlagfest, nahezu unzerbrechlich und für größere Spannweiten geeignet. Die Lichtdurchlässigkeit (16 mm) beträgt 77%. Acryl ist spröder, weist aber eine höhere Lichtdurchlässigkeit von 86% auf.

Beim Einbau wird die „no drop"-beschichtete Seite nach unten verlegt. Die Schutzfolien werden erst zuletzt entfernt.

Für die nötige Stabilität stehen Plattendicke und -breite in einem bestimmten Verhältnis. Der Sprossenabstand richtet sich nach der Plattenbreite und kann bei 16-mm-Platten ruhig bis zu 1 m betragen.

Beim Verlegen müssen die Stege nach oben so dicht wie möglich verschlossen werden. Nach unten muß Kondenswasser ablaufen können.

Das Fundament

Das Fundament des Gewächshauses stützt die Konstruktion im Boden ab. Es kann als Punkt- oder Streifenfundament gebaut werden. Fertigfundamente sind manchmal sogar Bestandteil des Gewächshauses. Je nach Untergrund ist es 60 bis 80 cm frostfrei zu gründen.

Eine Isolierung mit Dämmplatten (Styrodur) mindert die Wärmeleitung in den Boden und senkt so die Kosten für die Heizung um ungefähr 10%.

Zubehör

Um sinnvoll arbeiten zu können, sind im Gewächshaus einige Hilfsmittel notwendig. Das fängt mit dem Weg an, der mindestens 60 cm breit und unbedingt rutsch- und trittfest sein sollte.

Hängetische in der Breite der Aussaatkisten bieten den optimalen Platz für Jungpflanzen. Tische, auf denen Topfpflanzen kultiviert werden sollen, müssen stabil gebaut sein. Ersatzweise können Platten aus wasserfestem Material auf Klappböcke gelegt werden. Falls der Platz später für Gurken oder Tomaten gebraucht wird, können sie herausgenommen werden. Bei fast allen Aluminiumhäusern lassen sich diverse Hängevorrichtungen aus Kunststoff, Stahl oder Aluminium anbringen.

Schließlich sollte auch ein Arbeitstisch eingeplant werden. Der stabile Tisch soll an drei Seiten eine mindestens 20 cm hohe Kante haben, damit beim

Der Fundamentaufbau

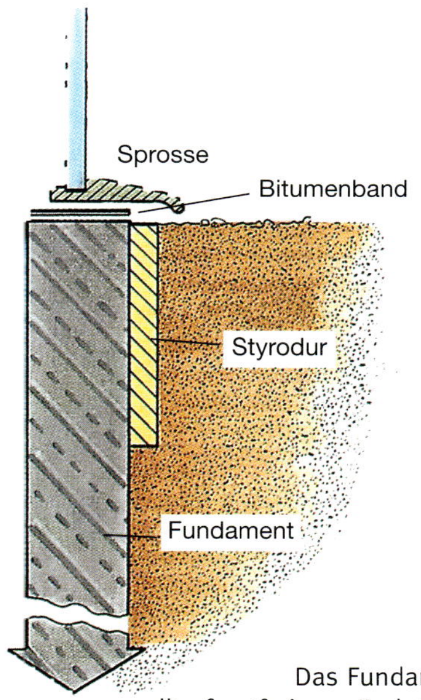

Das Fundament sollte frostfrei gegründet und mindestens 10 cm stark sein. Eine Isolierung zum Erdreich ist empfehlenswert.

Topfen und pikieren das Substrat nicht herunterrutscht. Für Töpfe in verschiedenen Größen benötigt man noch ein Regal in greifbarer Nähe zum Arbeitstisch.

Mit Hängetischen läßt sich reichlich Platz für Aussaaten und Pikierkisten schaffen.

Anhaltspunkte für die Kaufentscheidung

Natürlich kann der geschickte Bastler auch ein Kleingewächshaus aus alten Fenstern selbst erstellen.

Allerdings sind solche Provisorien oft kein schöner Anblick, und der Kulturerfolg ist eher Glücksache. Wer das Gärtnern im Gewächshaus erst einmal ausprobieren möchte, sollte sich für ein preiswertes Folienhaus entscheiden. Bei höherwertigen Modellen ist es ratsam, sich Kataloge der Hersteller zu beschaffen, um Qualität und Preise vergleichen zu können. Der Selbstbau lohnt meist nicht, da er keinen Preisvorteil erwarten läßt.

Vor der Anschaffung sollte man prüfen, ob das Gewächshaus folgenden Kriterien standhält:

- Stehwandhöhe nicht unter 1,50 m.
- Türbreite mindestens in Karrenbreite.
- Glasstärke nicht unter 4 mm. Kunststoff nicht unter 8 mm.
- Fenster und Türen sollten 20 % der Außenfläche einnehmen.
- Jederzeit ausbaufähig durch Erweiterungen.

Beim Vergleich der Konstruktionsmaterialien muß Stahl preiswerter sein als Aluminium, auch wenn er verzinkt angeboten wird. Wichtig sind Art und Stärke der Sprossen, der Verbindungen, der Eckprofile und der Unterkonstruktion. Türen sollten wirklich schließen – das ist keine Selbstverständlichkeit.

Bei der Abdeckung ist auf die Stärke und auf das Abdichtungsmaterial (Kitt, Silikon oder Gummi) zu achten.

Außerdem sollten Sie bedenken:

- Ist das Material fertig zugeschnitten?
- Garantiert der Hersteller die Haltbarkeit für mehr als fünf Jahre?
- Kann man das Haus beim Hersteller oder in entsprechenden Ausstellungen besichtigen?

Der Arbeitstisch im Gewächshaus erspart lange Wege. Alle benötigten Arbeitsgeräte sind übersichtlich sortiert und immer griffbereit.

Jungpflanzen auf den Hängetisch, Pikierkisten und Töpfe auf den Kulturtisch, die Fertigpflanzen ins Erdbeet.

Große Häuser sind nicht gerade preiswert – die Kaufentscheidung muß sorgfältig überlegt sein.

Gewächshäuser richtig nutzen

Im Gewächshaus gibt es Ernten rund ums Jahr. Gesundes Gemüse, selbst gezogen und knackig frisch geerntet, zählt zum Besten, was ein Gewächshaus bieten kann.

Im März Radieschen, im April den ersten Salat, im Juni Stangenbohnen und schmackhafte Tomaten bis in den Dezember hinein, das sind Genüsse, um die man mehr oder weniger offen beneidet wird.

Frühjahr und Sommer

Es ist schon erstaunlich, was selbst in einem unbeheizten Gewächshaus das ganze Jahr über geerntet werden kann.

Man kann Gemüse dabei in Reihen säen und später dann bei zu dichtem Stand vereinzeln. Oft aber ist es einfacher, die Pflanzen in Multitopfplatten vorzuziehen und später auszupflanzen, sobald die Beete von Tomaten oder Gurken geräumt sind. Je mehr die Sonne an Kraft gewinnt und je später gesät wird, desto mehr erweitern sich die Möglichkeiten.

Ab Anfang März steht die Anzucht eigener Jungpflanzen auf dem Programm. Bis Mitte Mai herrscht dann auf den Beeten und den Hängeborden drangvolle Enge. Der Sommer gehört den Hauptkulturen Tomaten, Gurken und Paprika, zu denen sich Auberginen, Melonen und Stangenbohnen gesellen. Bei ausreichender Lüftung gedeiht alles ganz problemlos. Die Beete sind bis Ende Oktober oder November belegt.

Herbst

In der Regel wachsen Herbstgemüse wie Feldsalat, Endivien, Chinakohl, Radicchio, Spinat, Kopfsalat und Kohl problemlos im Freien. Der Unterglasanbau ist dabei besonders interessant für Salatgemüse wie Fenchel, Feldsalat, Gartenkresse, Kopf- und Pflücksalat, Radicchio, aber auch für Lauchzwiebeln, und Kohlrabi, weil die Qualität unter Glas viel besser ausfällt. Die „kleinen“ Gemüse wie Radieschen, Mairüben und Spinat können bei genügend Licht dazwischen gesetzt werden.

Spätherbst und Winter

In der kalten Jahreszeit gedeihen im Gewächshaus Feldsalat, Mangold, Petersilie, Pflücksalat, Radicchio, Radies, Rettich, Spinat und Winterkopfsalat. Auch für Treibkulturen, wie Chicoree, Erdbeeren, Rhabarber und Spargel kommt ein Gewächshaus auch ohne Heizung aus.

Ein darübergezogenes Vlies oder Schlitzfolie sorgen zusätzlich für Wärme. Allerdings sollten die wenigen Frosttage mit einer Zusatzheizung überbrückt werden können.

Das frostfreie Haus als Überwinterungsquartier

Mit wenig Energiekosten und einfachen Mitteln läßt sich ein Gewächshaus gerade eben frostfrei halten.

Die ideale Überwinterungstemperatur für mediterrane Kübelpflanzen liegt zwischen 5 und 10 °C. Glasflächen und dunkler Bodenbelag sammeln im Winter Sonnenstrahlen und wandeln sie in bescheidene Wärmegrade um, gerade richtig für Margeriten- und Fuchsienstämmchen, Wandelröschen, Geranien, Schönmalven, Engelstrompeten, Bougainvilleen, Citrus-Gewächse, Oleander, Palmen, Papyrus, Bananen und Yucca, um nur einige der Exoten zu nennen.

Die wertvollen Pflanzen lohnen die Mühe des Ein- und Ausräumens durch vollere, frühere Blüten. Ihr Sommer beginnt schon im März oder April, wenn andere Pflanzen gerade erst an

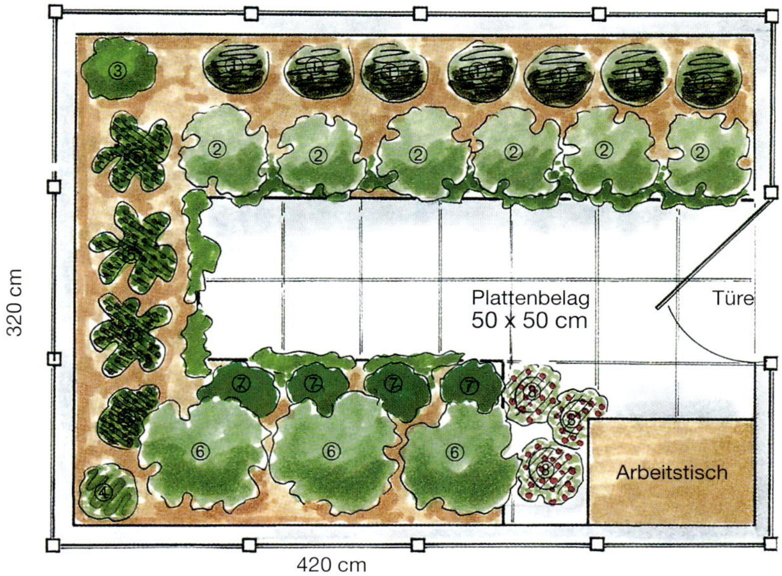

Vielfältige Sommernutzung:
1) 7 Paprika, 2) 6 Tomaten, 3) Spaghettibohnen, 4) Stangenbohnen, 5) 4 Zuckermelonen, 6) 3 Schlangengurken, 7) 4 Auberginen, 8) 3 Kübel mit Andenbeeren

Im September ist das Gewächshaus mit Gemüse noch voll belegt. Doch schon wachsen diverse Blumen heran.

den Frühling denken. Kamelien, Mimosen, Alpenveilchen und Pantoffelblumen bringen sogar mitten im Winter ihre schönen Blüten hervor.

Die Pflanzen bleiben bis kurz vor den Frösten im Freien, werden erst dann eingeräumt und dabei gleich um ein Drittel der Triebe eingekürzt. Den Winter über wenig gießen – die Pflanzen sollen nicht vertrocknen, aber auch nicht wachsen, sondern eine Ruhepause einlegen. Erst Mitte bis Ende Februar erhalten sie neue Erde, neue Töpfe und gegebenenfalls noch einen Formschnitt. Dann kann das neue Wachstum beginnen. Verstärktes Gießen ermuntert sie dazu.

Gemüse im Winter

Neben der niedrigen Temperatur begrenzt auch der sehr geringe Lichteinfall das Wachstum im Winter. Dies gilt insbesondere für Gemüse. Bei Kopfsalat und Radieschen gibt es im Handel spezielle Sorten, die an diese Bedingungen angepaßt sind und im Oktober und November ausgesät werden können. Dabei gilt es, nicht übermäßig zu heizen und geduldig bei 8 bis 10 °C die lange Kulturdauer abzuwarten.

Von Ende Dezember bis Anfang Februar sät man Frühgemüse aus, zum Beispiel Treibkohlrabi, Frühsalat und Radieschen. Mit Wärmeplatten, Heizkabeln oder beheizbaren Keimboxen schafft man kleinräumig die entsprechenden Temperaturbedingungen. Auf den Beeten kann man im Herbst gesäte Gemüse ernten.

Kübelpflanzen brauchen im Winter wenig Energie. „Gerade eben frostfrei" gehalten entspricht der heimatlichen Ruhezeit.

Tip: Gemüse in kurzer Zeit ernten

Radieschen gedeihen besonders schnell, wenn man je 2 bis 3 Samen einer Frühsorte in Multitopfplatten (4 bis 5 cm Durchmesser) ablegt und sie nach dem Aufgang auf je eine kräftige Pflanze vereinzelt. Auf einem Hängebrett oder dicht am Fenster sind sie auch im Winter innerhalb von 6 bis 7 Wochen erntereif.

Im Frühling ist in einem solchen Haus die Jungpflanzenanzucht kein Problem. Einfallende Sonnenstrahlen heizen den Boden auf und erlauben die Anzucht von Gurken und Tomaten.

Das temperierte Haus

Temperiert bedeutet, daß das Haus geheizt wird, die Temperaturen sollten nachts nicht unter 14 Grad absinken. Tagsüber versucht man zwar durch Lüften, allzu große Hitze zu vermeiden, aber verhindern läßt sich die Erwärmung kaum, vor allem im Sommer. Sie schadet auch nicht den wärmeliebenden Gehölzen und Zierpflanzen, wie Papaya, Banane oder Passionsblume. Dazu passen viele Gemüsearten wie Gurken, Tomaten, Paprika, Auberginen und Melonen; außerdem Anzuchten von Sommerblumen, Setzlingen für die Gemüsebeete und Stecklingsvermehrungen von Stauden und Gehölzen.

Das temperierte Gewächshaus beherbergt vor allem Topfpflanzen, darunter die breite Palette der Balkonblumen, Zimmerpflanzen sowie einige Orchideenarten.

Viele Pflanzenwünsche werden wahr, ohne daß Heizkosten übermäßig zu Buche schlagen.

Das Warmhaus

Temperaturen über 18 °C entsprechen denen in geheizten Räumen. In Gewächshäusern kann man sowohl wüstenartige Bedingungen für Kakteen herstellen, als auch feuchtwarme Luft, in der Tropengewächse auf ihre Kosten kommen. Der Gang durchs Gewächshaus vermittelt eine Vorstellung vom tropischen Regenwald, in dem sich Bromelien, Orchideen oder Blattkakteen als Epiphyten (Aufsitzer) angesiedelt haben. Epiphyten wachsen in den Achseln von Bäumen, auf der Rinde oder auf bemoosten Steinen.

Nach der Aussaat erfordern die jungen Pflanzen vermehrte Aufmerksamkeit und Pflege.

Außen Eis und Schnee – innen entfalten die Orchideen im warmen Gewächshaus ihre Pracht.

Fest am Boden verankerte, mit Moos ausstaffierte Korkeichenstämme bilden einen attraktiven Epiphytenstamm, wie man ihn häufig in botanischen Gärten sieht. Sie sind breit genug, um die Pflanzen aufzunehmen, die in ihren Töpfen verbleiben. Man kann sie leicht austauschen, pflegen und sogar mit Tröpfchenbewässerung automatisch begießen.

Arbeiten im Gewächshaus

Ein Gewächshaus erweitert die Möglichkeiten des Hobbygärtners. Im Fachhandel gibt es eine reichliche Auswahl an Zubehör, das die Arbeit erleichtert.

Die Jungpflanzenanzucht

Als praktisch haben sich verschiedene Modelle von Multitopfplatten aus Kunststoff erwiesen. Es gibt sie in verschiedenen Topfdurchmessern. Man kann sie leicht transportieren und die Pflanzenwurzeln bilden feste Ballen. Später lassen sie sich leicht herausnehmen. Auch Töpfe aus Altpapier, Torftöpfe oder Eierkartons können verwendet werden. Sie werden später mit dem Ballen eingepflanzt.

Mit der eigenen Pflanzenanzucht können Sie eine Menge Geld sparen.

Tip:
Recyclingtöpfe sollten Sie beim Pflanzen vorsichtig aufreißen, damit die zarten Pflanzenwurzeln Kontakt zur Erde bekommen und leichter anwachsen können.

Torfquelltöpfe bestehen aus gepreßten Zelluloseballen. Mit lauwarmem Wasser übergossen saugen sie sich voll und quellen auf. Bei allen Gefäßen ist darauf zu achten, daß sie nicht austrocknen.

Richtig Aussäen

Aussaatgefäße, Erde und Geräte müssen sauber und frei von Krankheitskeimen sein. Man füllt das Gefäß mit lockerer Aussaaterde bis zum Rand, streicht Überflüssiges mit einem Brettchen glatt und stößt das Gefäß kurz auf, damit sich die Erde setzt. Die Oberfläche soll nun gleichmäßig eben liegen.

Verteilen Sie den Samen gleichmäßig auf der Erde, so daß er nicht zu dicht liegt. Mittels Brettchen und sanftem Druck preßt man den Samen an das Substrat. Dadurch erhält er „Bodenschluß". Damit das Saatgut nicht allzu schnell austrocknet, erhält es eine wenige Millimeter dicke Sandschicht als Bedeckung. Nur Lichtkeimer bleiben unbedeckt.

Jetzt mit einer feinen Brause gründlich angießen. Sehr wichtig ist, daß der Samen ständig feucht bleibt, aber nicht vernäßt. Bis zum Aufgang wird die Saat mit einer schützenden Hülle aus Vlies oder Folie abgedeckt.

Nach der Keimung stellt man die Aussaaten hell, aber nicht prall sonnig auf. In der Regel wollen sie jetzt 4 bis 5 °C kühler stehen, sonst schießen sie in die Höhe.

Umsetzen (pikieren)

Sobald die Keimblätter mit den Fingern gut faßbar sind, werden die Sämlinge mit einem Pikierstab aus der Saatschale gehoben, einzeln herausgelöst und in nährstoffarmes Substrat gesetzt. Sorgen Sie für festen Bodenkontakt. Danach gründlich angießen. An einem hellen, aber nicht prallsonnigen Platz entwickeln sich die Pflänzchen weiter. Einige Tage vor dem Auspflanzen erhalten sie noch eine flüssige Startdüngung und werden durch reichliches Lüften an die Außenbedingungen gewöhnt.

Tip:
Häufig wird viel zu früh gesät. Bei wenig Licht in den kurzen Tagen der Wintermonate finden die Jungpflanzen dann schlechte Startbedingungen vor. Die Folge: Sie faulen, bleiben schwächlich und vergeilen. Besser ist es, den auf der Samenpackung angegebenen Spielraum einzuhalten, denn durch längere Tage und mehr Licht holen die Pflanzen schnell wieder auf.

Stecklingsvermehrung

Pflanzen lassen sich durch Teilen, Ableger, über Kopfstecklinge (Triebspitzen) oder Teile des Stammes mit einem Auge vermehren. Bei Usambaraveilchen oder einigen Begonien genügen sogar Teile des Blattes zum Regenerieren. Zum Anwachsen sind die gleichen Bedingungen einzuhalten wie bei der Aussaat.

Bewässerung

Wasser ist für Pflanzen lebenswichtig. Am einfachsten ist es, mit Regenwasser zu giessen.

Natürlich kann auch eine teilautomatische Bewässerung gewählt werden. Für Gewächshäuser ist Tröpfchenbewässerung üblich.

Möglich sind außerdem Bewässerungsmatten oder Dochtverfahren. In jedem Fall setzt der Umgang mit den Systemen erst einmal eine intensive Beschäftigung mit der jeweiligen Technik voraus.

Düngung

Da die Wachstumsbedingungen im Gewächshaus vergleichsweise gut sind, muß auch die Nährstoffversorgung stimmen. Wird zum Beispiel im Gewächshaus Gemüse gezogen und dabei nur mit Kompost und organischen Düngern gearbeitet, muß der Gewächshausboden mindestens alle zwei Jahre ausgetauscht werden. Im Gewächshaus lassen sich Flüssigdünger, dem Pflanzenwachstum angepaßt, am leichtesten dosieren.

Gleichmäßig verteilt und nicht zu dicht soll der Samen fallen.

Pflanzenschutz

Resistente Sorten, saubere Geräte und keimfreie Erden, viel Licht und Luft sowie biologische Anbaumethoden halten die Gefahr von Krankheiten und Schädlingsbefall gering. Bei einem Befall kommen zugelassene Pflanzenschutzmittel zum Einsatz, oder es wird mit Nützlingen gearbeitet.

Wählen Sie die Pflanzen so aus, daß sie zu den gegebenen Verhältnissen passen und sich dort wohlfühlen. Viele Pflanzen werden kaum von Schädlingen heimgesucht! Andere, die sich regelmäßig als Krankheitsherde entpuppen, sollten Sie möglichst meiden.

Nützlinge im Gewächshaus

Daß Pflanzen nicht wehrlos sind und sich in einer Mischkultur sogar gegenseitig helfen können, hat sich herumgesprochen. Auf diesem Gebiet gibt es ständig neue Erkenntnisse.

Die Studentenblume (Tagetes) ist zum Beispiel als Fänger von kleinen Fadenwürmern (Nematoden) im Boden genauso effektiv wie die Bekämpfung mit „Chemie".

Tagetes können auch in Mischkultur mit Tomaten oder Gurken im Gewächshaus gepflanzt werden. Intensiv riechende Kräuter wie Thymian, Salbei, Lavendel oder auch Knoblauch zeigen bekanntermaßen Wirkung gegen Gemüsefliegen.

Im Gewächshaus ist der Nützlingseinsatz keine Frage mehr, sondern selbst in großen Gärtnereien täglich geübte Praxis. Bei den ersten Anzeichen des Befalls sollte man die Tiere aussetzen. Sie finden dann Nahrung vor und können sich entsprechend den Schädlingen vermehren.

Viele Arten haben sich im Praxiseinsatz bewährt und können auch über Versandfirmen bezogen werden.

Gemüse, Kräuter und Blumen unter Glas

Salat im Frühjahr, Herbst und Winter, Gurken, Tomaten und Paprika im Sommer und Herbst - mit diesen Standardkulturen ist ein Gewächshaus bereits in wesentlichen Teilen ausgelastet. Dazu kommen Kräuter, Sommerblumen und Kübelpflanzen. Spezialisten versuchen sich gerne an der Kultur von Bromelien, Orchideen oder Kakteen.

Gurken

Aussaat: Februar bis Juni
Keimdauer: 4 - 8 Tage bei 22 - 26 °C
Pflanzabstand: 50 - 60 x 100 cm
Erntezeit: Juni bis Oktober
Ertrag: 15 - 50 Früchte pro Pflanze

Typische Sommergemüse im Folienhaus: Gurke, Tomate, Paprika und Bohnen.

Tomaten
Aussaat: Februar bis Mai
Keimdauer: 10 - 15 Tage, 20 - 25°C
Pflanzabstand: 60 x 80 cm
Erntezeit: Juni bis Dezember
Ertrag: 8 - 10 kg/m^2
Durch intensive Züchtung ist die Tomatenvielfalt heute kaum noch zu übertreffen. Es gibt rote, rosa und gelbe Sorten, hohe und buschige, sogar Zwergsorten für den Topf.

Paprika und Peperoni
Aussaat: März
Keimdauer: 8 - 14 Tage, 18 - 25°C
Pflanzabstand: 40 x 50 cm
Erntezeit: Juni bis Oktober
Ertrag: 2,5 - 4 kg/m^2
Das Nachtschattengewächs aus den Anden Südamerikas ist in Form und Farbe variantenreich. Zum Füllen beliebt sind die großen, blockigen Gemüsepaprikas. Es gibt aber auch die kirschförmigen, runden, scharfen Früchte zum Einlegen.

Tip:
Bei Bodenproblemen durch ungenügenden Fruchtwechsel werden Gurken ganz einfach in 80-Liter-Säcke mit fertiger Kulturerde gepflanzt. Flach gelegt und mit Löchern zum Bepflanzen und Gießen versehen, erfüllen sie für ein Jahr ihren Zweck und nehmen 2 bis 3 Pflanzen auf.

Kopfsalat
Aussaat: Ende August bis März
Keimdauer: 5 - 12 Tage, bei 5 - 18°C
Pflanzabstand: 25 x 25 cm
Erntezeit: Oktober bis Mai
Ertrag: 10 - 15 Köpfe/m^2
Kopfsalat entwickelt im Gewächshaus nur im Frühjahr richtig große und feste Köpfe. Er liebt viel Licht und kühle Temperaturen.

Auberginen, Eierfrüchte
Aussaat: E. Februar bis E. März
Keimdauer: 10 - 15 Tage / 22 - 25 °C
Pflanzabstand: 40 x 60 cm
Erntezeit: August bis Oktober
Ertrag: 5 - 25 Früchte pro Pflanze

Zuckermelonen
Aussaat: E. Februar bis Mitte April
Keimdauer: 5 - 12 Tage / 22 - 30 °C
Pflanzabstand: 40 x 60 cm
Erntezeit: Juli bis Oktober
Ertrag: 4 - 10 Früchte pro Pflanze
Zuckermelonen gleichen in Ansprüchen und Kultur den Schlangengurken.

Busch- und Stangenbohnen
Aussaat: E. März bis E. Juli
Keimdauer: 8 - 12 Tage / 18 - 25 °C
Pflanzabstand: 100 x 30 cm
Erntezeit: Juli bis Oktober
Ertrag: ca. 4 kg/m^2 bei Stangenbohnen, ca. 2 kg/m^2 bei Buschbohnen
Stangenbohnen bringen auf der wertvollen Gewächshausfläche viel hohe Erträge. Sie lassen sich gut mit der Gurken- und Tomatenkultur kombinieren. Vorteilhaft sind schwachwüchsige Sorten, die wenig Blattwerk entwickeln.

Im Frühjahr und Herbst kann man von Salat nicht genug bekommen.

Erdbeerernte im Spätwinter. Befruchtet wird mit dem Pinsel.

Erdbeere
Vermehrung durch Ableger: Juli bis August
Umtopfen: November bis Dezember
Ernteperiode: April bis Juni
Ertrag: 200 – 300 g / Pflanze

Kräuter fürs Gewächshaus
Im Herbst ausgegrabene Pflanzen von Petersilie treiben in Töpfen oder im Beet ausgepflanzt den Winter über neue Blätter. Auch Schnittlauch kann man im Spätherbst ausgraben, dem Frost aussetzen und dann in Kisten oder Beeten antreiben. Nach zwei- bis dreimaligem Schnitt sind die Ballen nicht wertlos. Man kann sie teilen und wieder auspflanzen.

Der anisartig schmeckende Kerbel, der süßwürzige Dill und der herbe Koriander werden ganzjährig in Sätzen und dünn verteilt in Reihen von 15 bis 20 cm Abstand ausgesät. Ernten kann man schon nach 6 bis 8 Wochen.

Rosmarin muß frostfrei überwintert werden – man pflückt die Blattspitzen, ebenso bei Thymian und Salbei.

Blütenpracht aus eigener Anzucht
Viele Sommerblumen kann man direkt säen, diejenigen aber, die aus südlichen Ländern zu uns kommen, benötigen eine längere Vorkultur. Die meisten Aussaaten haben bis Anfang März Zeit. Mitte Mai stehen dann Petunien, Fleißige Lieschen, und viele andere Sommerblumen startbereit. Gut abgehärtet geht es dann ins Freie. Die Tabellen geben Ihnen einen Überblick über die vielen Möglichkeiten.

Einjährige Kletterpflanzen

Zierkürbis	*Curcurbita pepo*
Prunkwinde	*Ipomoes purpurea*
Duftwicke	*Lathyrus odoratus*
Sternwinde	*Quamoclit lobata*
Feuerwinde	*Quamoclit coccinea*
Kapuzinerkresse	*Tropaeolum majus*

Balkon- und Beetblumen

Eisbegonie	*Begonia semperflorens*
Goldlack	*Cheiranthus cheiri*
Edellieschen	*Neuguinea-Impatiens*
Männertreu	*Lobelia erinus*
Feuersalbei	*Salvia splendens*
Eisenkraut	*Verbena-Hybriden*

Schnitt- und Rabattenblumen

Fuchsschwanz	*Amaranthus caudatus*
Löwenmaul	*Antirrhinum majus*
Ringelblume	*Calendula officinalis*
Dahlie	*Dahlia variabilis*
Schleierkraut	*Gypsophyla elegans*
Sonnenhut	*Rudbeckia hirta*

Kräftigen Duft verbreiten die weißen Weihnachtsnarzissen.

Blumenzwiebeln
Tulpen, Narzissen, duftende Hyazinthen und Schneeglöckchen erfreuen uns schon zur Weihnachtszeit mit frischen, leuchtenden Farben. Damit sie lange vor der natürlichen Jahreszeit zum Blühen kommen, braucht man rechtzeitige Vorbereitung und spezielle Sorten.

Schon im September werden die Zwiebeln in Töpfe, Kisten oder Kübel mit feuchter sandiger Landerde gelegt, so daß die Spitzen gerade noch heraussehen. Unter einer schützenden Laubschicht erhalten sie Gelegenheit, die Erde mit Wurzeln zu durchziehen. Je nach Bedarf holt man sie erst Mitte bis Ende Dezember ins warme Haus und kann bei zunächst 10 °C, nach einer Woche bei 15 bis 20 °C, nach 2 bis 3 Wochen mit Blüten rechnen.

Wintergärten - Wohnzimmer unter Glas

Wer im Glashaus sitzt . . .

Der Wintergarten galt in früheren Zeiten als Statussymbol wohlhabender Geschlechter. Ende des 18. Jahrhunderts entstanden die ersten Wintergärten als „Jardin d'Hiver" in Paris und Orléans. Im ausgehenden 19. Jahrhundert umgaben sich die Gutsituierten gerne mit exotischen Gewächsen – auch als Bekundung der Vornehmheit und des Reichtums.

Heute erfährt der Wintergarten, der Wohngarten unter Glas, eine Renaissance. Seine Neubewertung ist erklärbar durch die Vielzahl neuer Techniken, die noch bis zur Hälfte unseres Jahrhunderts unbekannt waren. Stichworte dazu sind die moderne Heiztechnik, pflegeleichte Konstruktionen und neue Eindeckungsmaterialien zur Wärmedämmung.

Wintergärten bieten heute ganzjährig die Möglichkeit, sich zwischen üppig wachsenden Pflanzen in Urlaubsstimmung zu versetzen und die Seele baumeln zu lassen.

Den Wintergarten kann man als eine Klimaschleuse zwischen innen und außen betrachten, die Wärme und Feuchtigkeit im Wohnbereich reguliert.

Zunächst stellt sich die Frage nach den individuellen Wünschen des Bauherren.

Wichtige Fragen zur Planung

Planen Sie den Bau des Wintergartens zusammen mit dem Wohnhaus oder als nachträglichen Anbau?

Spielen gestalterische Gesichtspunkte die größte Rolle, indem sich der Wintergarten in das Gesamtbild des Hauses einfügt und es aufwertet?

Welche Materialien werden in Abstimmung mit dem Architekten gewählt?

Ist die Erweiterung des Wohnbereiches oder die Unterbringung von Pflanzen vorrangig?

Soll eine Ganzjahres- oder Teiljahresnutzung erfolgen?

Wie soll die Wärmedämmung erfolgen?

Soll die Planung durch einen Architekten oder durch eine autorisierte Firma erfolgen?

Kommt ein Selbstbau mit Fertigteilbausätzen in Betracht?

Welche baurechtlichen Fragen sind vorab zu klären?

Standorte gegenübergestellt

Der Platz des Wintergartens ergibt sich aus der Grundstücks- und Hauslage. Er wird wohl in den seltensten Fällen vom Bauherrn nach der favorisierten Himmelsrichtung wählbar sein.

Große Glasflächen kennzeichnen diesen Anbau, der auch den Balkon in die Gesamtkonstruktion miteinbezieht.

Standortwahl

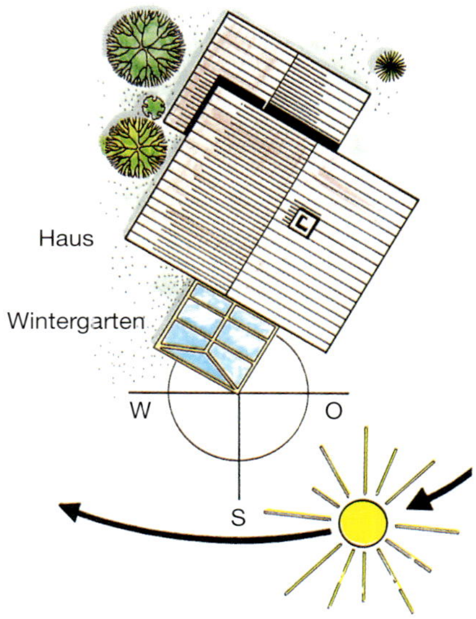

Ausrichtung des angebauten Wintergartens nach Südwesten.

Die Südseite ist für den Wintergarten, trotz gelegentlich unbehaglicher Temperaturen, ideal. Auch in der lichtarmen Jahreszeit sind Sonnenlicht und -wärme gut zu nutzen, Mauerwerk und Steinböden können sie speichern.

Um die Vorteile der Wärmespeicherung vollends zu nutzen, empfiehlt es sich, den Glasgarten nach dem Sonnenlauf zu orientieren, damit von morgens bis abends die Sonne hineinstrahlen kann. Der Südanbau erfordert Maßnahmen zum Sonnenschutz (Schattierung), zur Luftbefeuchtung und eine ausreichende Belüftung, sonst erwärmt sich die Luft im Wintergarten schnell auf 50 Grad.

Die Nordseite bietet dagegen die Vorteile des lichten Schat-

Holzkonstruktionen tragen zur Bildung eines behaglichen Wohnklimas bei.

tens. Es ist nie zu heiß und daher geeignet als Studio oder Atelier. Ost- und Westseiten sind zum Wohnen recht angenehm. Nach Westen ausgerichtete Wintergärten sind im Sommer recht warm, das gilt vor allem in der zweiten Tageshälfte.

Bei der Standortwahl ist auf jeden Fall die Verbindung zum Garten anzustreben, soweit es sich um ebenerdige Anbauten handelt. Anders ist es bei Wintergärten auf „höherer" Ebene, die in das Dach eingebunden oder auf dem Dach montiert sind. Hier lassen sich alle Ansprüche an Helligkeit, Gemütlichkeit und guten Bewuchs vielleicht noch besser umsetzen als in ungünstigerer ebenerdiger Lage.

Konstruktionsmaterialien

Konstruktion und Eindeckung eines Wintergartens sind erheblichen Belastungen ausgesetzt: Wärme innen, Kälte und Hitze außen, Regen, Schnee und Windkräfte.

Holz

Als leicht zu bearbeitender Werkstoff trägt Holz zur Bildung eines behaglichen Wohnklimas bei. Vorteilhaft ist die geringe Wärmeleitfähigkeit von Holz- gegenüber Metallkonstruktionen, die größeren Binderquerschnitte begrenzen aber stärker den Lichteinfall.

Die Holzleimbinder werden in Verbindung mit Doppelverglasung oft mit Aluminium als Dachabdichtung verwendet. Das Leimholz (meist Fichte, Kiefer) bedarf einer Grundimprägnierung gegen Schwamm und Fäulnis, damit es geschützt ist. Es sollten nur Hölzer mit dem RAL-Gütezeichen verwendet werden. Es sagt aus, daß die Erzeugnisse den Qualitätsansprüchen des Deutschen Instituts für Gütesicherung entsprechen. Das Gütezeichen wird nur an Hersteller verliehen, die Mitglied der Gütegemeinschaft sind.

Stahl

Die im Vergleich zu Holz weniger stark bemessenen Stahlprofile wirken wie ein filigranes Skelett. Profile und Dimensionierung müssen der Schneelast und dem Winddruck standhalten. Das gehört zur Statik. Die klassische Konstruktion besteht aus feuerverzinkten, genormten Teilen. Dann ist letztendlich auch kein Korrosionsschützender Anstrich notwendig.

Aluminium

Aluminium ist leicht und bequem zu verarbeiten, und ebenso wie verzinkter Stahl rostet es nicht. Eine Farbeloxierung verhindert mögliche Fleckenbildung. Die bevorzugten pulverbeschichteten oder lackierten Alu-Konstruktionen gibt es bei den Herstellern in allen RAL-Farben. Das pulverbeschichtete Material wird vom sauren Regen nicht angegriffen.

Aluminiumsprossen haben den Vorteil, daß sie mit Kunststoffprofilen und Abdeckhauben eine besonders energiesparende (wärmedämmende) Abdichtung zwischen Sprosse und Glas erlauben. Unübertroffen hinsichtlich der Energiebilanz sind thermisch getrennte Konstruktionsteile. Das sind zum Beispiel mit Kunststoff ausgeschäumte Profile, die sogenannte „Kältebrücken" verhindern. Einen ähnlichen Effekt haben Aufbauten, deren innere Tragkonstruktion durch Dichtungsprofile thermisch von der Glashaltekonstruktion getrennt ist. Spezielle Isoliersysteme, wie zum Beispiel das GFK-Aluminium-System, werden von einigen Gewächshausfirmen angeboten. Sie bestehen aus Sprossen, die einfach mit verschiedenen Materialien kittlos eingedeckt werden können.

Kunststoff

Immer häufiger finden auch Kunststoffprofile Beachtung. Sie sind beständig und brauchen keinen Anstrich. Meist sind zur Erhöhung der Standfestigkeit Metallprofile eingebaut.

Nicht billig, aber unverwüstlich ist Material auf Acrylbasis. Es wird durch Witterungseinflüsse nicht angegriffen und bietet gute Wärmedämmeigenschaften.

Eindeckungsmaterialien

Ob Kunststoff oder Glaseindeckung bevorzugt werden, ist eine Frage der Nutzung des Wintergartens und des Geldbeutels. Als Wohnraum genutzt, muß der Wintergarten schon von den behördlichen Auflagen her mit allen Sicherheiten ausgestattet sein. Bei einfacher Glasbedachung besteht im Falle des Bruchs höchste Verletzungsgefahr!

Bei Wintergärten ohne Trennung vom Wohnraum sind die Anforderungen der neuen Wärmeschutzverordnung DIN 4108 zu erfüllen.

Glas

Während in unbeheizten Wintergärten Einfachglas genügt, wird im beheizten Glasgarten bevorzugt Isolierglas verwendet, das eine 40%ige Energieeinsparung erlaubt. Isolierglas basiert auf

TIP: Nicht zu spannend!
Für die Verglasung gibt es in den Bundesländern unterschiedliche Bauvorschriften: Je nach gewählter Glasart sind in Hinblick auf die Gewichtsbelastung bestimmte Materialspannungen einzuhalten. Auch der Rahmen darf sich nur in bestimmten Grenzen durchbiegen. (DIN 1249)

Im Schutz von Stegdoppelplatten läßt es sich beschaulich ruhen und die angenehmen Temperaturen im Wintergarten genießen.

einer luftgefüllten Doppelverglasung, oft mit innerer Verbundsicherheitsscheibe.
Einscheiben-Sicherheitsglas (ESG) zerfällt bei Bruch in ungefährliche, stumpfkantige Krümel und ist sehr widerstandsfähig.

Kunststoff

Eindeckungen aus einfachen Kunststoffplatten sind nur in unbeheizten Wintergärten üblich. Ansonsten werden Stegdoppel- oder Stegdreifachplatten aus Acrylglas verwendet, die wie Isolierglas zur Wärmedämmung beitragen. Freilich bleibt frisch gefallener Schnee auf solchen gut isolierten Eindeckungen auch mal liegen, wodurch der Lichteinfall stark verringert wird.

Für unbeheizte Wintergärten kommen auch PVC-Platten in Betracht. In Stegdoppelplatten-Ausführung besitzen sie auch wärmedämmende Eigenschaften und eignen sich dann auch für den beheizbaren Bereich. Ihre Lichtdurchlässigkeit ist mit der von Glas vergleichbar.

Versch. Eindeckmaterialien

Material	Kennzeichen
Acrylglas (PMMA)	*gute Isolierwirkung*
Polycarbonat (PC)	*sehr leicht*
Polyvinylchlorid (PVC)	*gute Isolierwirkung*
Einscheibensicherheitsglas (ESG)	*ohne Isolierwirkung*
Isolierglas	*gute Isolierwirkung*
Beschichtetes Glas	*ca. 85% lichtdurchlässig*

Bodenbelag und Wegematerial

Durch Farbe, Form und Struktur des Bodenbelages können wir darauf einwirken, ob der Raum warm und gemütlich, groß oder klein, hell oder dunkel erscheint.

Ist der Wintergarten klein, kann er durch helle, großformatige Beläge optisch „vergrößert" werden. Dunkelfarbige Beläge absorbieren mehr Licht, verbreiten aber ein gemütliches Flair und speichern mehr Sonnenenergie im Fußboden. Glasierte Beläge sind leichter zu säubern, aber auch nicht so rutschfest.

Als Materialien kommen zum Beispiel Kunststeine wie Betonsteine oder Ziegel- und Steinzeugfliesen sowie Keramikplatten in Frage. Betonplatten sind durch ihre rauhe Oberfläche zwar besonders rutschfest, im Wintergarten jedoch nicht besonders attraktiv. Natursteine aus Marmor oder Travertin- und Solnhofer-Platten, wie überhaupt alle Hartgesteine, sind gut bis sehr gut haltbar. Sie sind meist unempfindlich gegen Schmutz und dekorativ, aber auch teurer als Kunststeine. Polierte und geschliffene Kunststeine sind nicht rutschfest, jedoch pflegeleicht. Kunststoffbeläge gibt es in vielen Farben, die glatten Flächen sind pflegeleichter als rauhe. Die Haltbarkeit und Rutschfestigkeit ist als mäßig einzustufen. In Teil-

Das Pflaster aus Betonrundsteinen ebnet den Weg durch die üppige Grundbeetbepflanzung.

Verbundsteine als Bodenbelag sind strapazierfähig und rutschfest. Zudem sind sie leicht zu reinigen.

bereichen können auch pflegeaufwendige Holzpflaster zur Anwendung kommen. Sie passen in ein rustikales Umfeld; ob runde oder viereckige, bleibt dem persönlichen Geschmack überlassen. In jedem Fall sollte sichergestellt sein, daß darunter keine Behausung für Ungeziefer entstehen kann. In Wohnwintergärten findet man auch Parkettfußböden. Preisgünstiger ist Betonestrich, mit Sisal- oder Kokosteppich belegt.

Türen

Meistens verbindet eine Tür das Wohnhaus mit dem Glasanbau, eine weitere wird häufig die Verbindung mit dem Garten herstellen. Die Türhöhe sollte 190 bis 200 cm betragen, bei Breiten von 70 bis 120 cm. Ob eine Dreh- oder die platzsparende Schiebetür zu bevorzugen ist, wird sich aus der Örtlichkeit ergeben. Weit öffnende Schiebetüren verwandeln den Wintergarten in einen überdachten Freisitz. In jedem Falle muß aber die Gewähr gegeben sein, daß sie absolut dicht schließen. Hinsichtlich der Wärmedämmung bieten Systeme mit kunststoffausgeschäumten Profilen eine optimale Lösung. Genauso wichtig wie eine gute Wärmedämmung sind gut funktionierende Rollenführungen, die für einen einwandfreien Schließmechanismus sorgen.

Niveaugleich angelegte Türschwellen sind zu bevorzugen, da Erhöhungen jeder Art „Stolperleisten" darstellen. Auf Stufen, Treppen und enge Türen sollte von vornherein verzichtet werden.

Die Lüftungsklappe sichert den Luftaustausch auch bei geschlossener Tür.

Bei der Aufstellung des Wintergartens kann der Bauherr seine handwerklichen Fähigkeiten einbringen.

Anbau in Pavillonform. Modell „Lindau“ von Beckmann (Wangen).

Der Bau eines Wintergartens

Fertigteilbausätze bieten die preiswerteste Lösung für Ihren Wintergarten. Die Vorteile liegen auf der Hand: Das Selbstzusammensetzen spart die teuren Lohnkosten für Monteure von der Firma. Komplette Bausätze werden von den entsprechenden Firmen einschließlich Montageanleitung sowie der Unterlagen für das Bauamt geliefert. Die handwerklichen Fähigkeiten des Bauherrn sind natürlich einzubeziehen, es gibt meist auch die Möglichkeit, zur Einweisung und Unterstützung beim Aufstellen einen erfahrenen Werksmonteur zu bekommen.

Man kann natürlich auch einen individuellen Wintergarten im Selbstbau erstellen. Die wichtigsten Elemente, die für das Funktionieren eines Wintergartens unerläßlich sind, werden in den nachfolgenden Kapiteln angesprochen.

Der Rahmen des Wintergartens muß nicht nur die Verglasung und andere konstruktive Teile tragen, sondern im Extremfall auch Schnee und Wind standhalten. Die statischen Berechnungen sind in bewohnten Wintergärten nach DIN 1055 vorzunehmen; nur in reinen Gewächshäusern käme DIN 11535 zur Anwendung.

Bauformen und Bauweisen

Die Wahl der Bauform ergibt sich im wesentlichen aus den örtlichen Gegebenheiten. Weil sie oft in den Wohnbereich integriert werden müssen, sind Wintergärten hinsichtlich der Bauform variabel und nicht schematisch einer Gewächshauskonstruktion zuzuordnen. Die Bestandteile einer klassischen Gewächshauskonstruktion finden Sie im Kapitel „Kleingewächshäuser“.

Allein der Satteldach-Wintergarten wirkt immer gewächshausähnlich. Er ist mit einer Giebelseite an das Wohnhaus angebaut und hat ein zweiseitiges Dach beiderseits des Firstes.

3 Wintergartenvarianten

Verschiedene Möglichkeiten des Ein- und Anbaus von Wintergärten.

Der Pultdach-Wintergarten ist ein Anlehnhaus. Wenn es die örtlichen Gegebenheiten zulassen, wird er in Ost-West-Richtung gebaut, wodurch die Wärmebilanz des angrenzenden Wohnhauses positiv beeinflußt wird, weil die Dachneigung nach Süden zeigt und viel Wärme aufnimmt.

Sogenannte Rundbauten in Pavillonformen, mit sechs- oder neuneckigem Grundriß, existieren neuerdings als fast selbständige Bauwerke, die an einer Seite die Verbindung von Wintergarten und Wohnbereich herstellen.

TIP:
Kommt Regen in die Traufe?
Der untere Schrägbereich des Daches ist eine anfällige Eintrittspforte für Wasser. Deshalb sollte hier darauf geachtet werden, daß das Wasser abfließen kann. An der Traufe sorgen ein großer Dachüberstand oder eine Dachrinne für guten Abfluß. Letztere hat den Vorteil, daß das Wasser gesammelt und zum Beispiel zum Gießen verwendet werden kann.

Wärmeschutz im Wintergarten

Wenn ein Wintergarten beheizt ist und ganzjährig als Wohnraum dient, so gelten für ihn die DIN 4108 (Wärmeschutz im Hochbau) sowie die Wärmeschutzverordnung. Eine zentrale Größe in diesen Regelwerken ist der Wärmedurchgangskoeffizient (auch k-Wert genannt). Je besser die Wärmedämmung, desto geringer fällt dieser Wert aus.

Im Wintergarten ist natürlich der Glasanteil ausschlaggebend

Ein zweistöckiger Wintergarten ermöglicht völlig neuartige Gestaltungsmöglichkeiten am Haus.

Mit Hilfe von Schalungsbrettern wird das Fundament der Konstruktion erstellt.

2 Fundamentvarianten

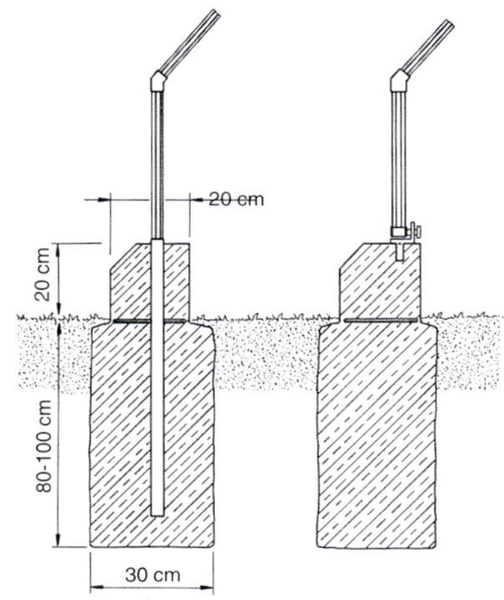

Fundamentsockel im Querschnitt, links mit durchgehendem, rechts mit aufgeschraubtem Binder.

für seine Dämmeigenschaften. Für Anbauten an bestehende Gebäude besteht die Forderung, Isolierglas oder Doppelverglasung zu verwenden, deren k-Wert unter 3,1 W/m² bleibt.

Beim unbeheizten Wintergarten läßt die Wärmeschutzverordnung offen, welche Verglasung verwendet wird.

Das Fundament

Das Fundament ist der „Fuß" des Bauwerkes. Die Konstruktion muß auch Stürmen standhalten und darf sich nach Frostperioden nicht verziehen.

Das Fundament muß „frostfrei", also mindestens 80 cm tief gegründet werden und je nach Größe des Bauwerkes eine Breite von 15 bis 30 cm haben. Die Hersteller der Konstruktionen liefern in der Regel Fundamentpläne mit.

Wichtig: Von außen einwirkendes Wasser muß bei der Fundamentierung und während der Abbindezeit ferngehalten werden. Hergestellt wird das Fundament aus Beton der Güte B 15 und einer Sand/Kies-Mischung im Verhältnis 1:8. Zunächst wird in den Fundamentgraben die breiige Mischung auch mit Steinbrocken als Füllmaterial eingegeben und lagenweise verdichtet (gestampft). Je nach Vorgaben aus dem Fundamentplan sind Armierungseisen horizontal und vertikal einzufügen. Ebenso sind die notwendigen Aussparungen freizulassen, beziehungsweise Steinschrauben, mit denen die Konstruktion befestigt wird, gleich einzubetonieren. Den Fundamentkopf aus Zement und Sand, im Mischungsverhältnis 1:3, stampft man auf das noch feuchte Fundament und schrägt die Außenkante ab, zur Ableitung des Regenwassers. Dazu Beton B25 verwenden.

Übergangsstellen abdichten

An den Verbindungspunkten des Rahmens mit Haus und Boden ist zu beachten, daß sich die unterschiedlichen Materialien bei Wärme unterschiedlich ausdehnen. Deshalb ist ein flexibler Übergang vorzusehen, der trotzdem nicht zur Schwachstelle der Wärmedämmung werden darf. Bauabdichtungsfolie und Polyurethanschaum sind probate Hilfsmittel an den Fußpunkten. Für den Übergang zum Hausputz gibt es unter anderem Abschlußprofile, um das Regenwasser abzuleiten.

Ein Wintergarten läßt sich mit etwas Geduld und liebevoller Pflege der in ihm wachsenden Pflanzen in eine grüne Oase der Ruhe verwandeln. Wenn der Bau selbst fertiggestellt ist, bieten sich – je nach dem ganz persönlichen Geschmack seines Besitzers – die verschiedensten Möglichkeiten zu seiner Gestaltung an.

Das Klima im Wintergarten

Die ganzjährige Nutzung des Wintergartens erfordert Bedingungen für Menschen und Pflanzen, die dem Anspruch der „Behaglichkeit" gerecht werden: im Sommer wirkungsvolle Schattierung und Lüftung, in der kalten Jahreszeit angenehme Wärme. Außerdem ist Licht im Winter der begrenzende Wachstumsfaktor für Pflanzen und muß eventuell künstlich zugeführt werden. Luft ist vor allem hinsichtlich des Wärmeinhaltes von Bedeutung.

Sonneneinstrahlung

Der bei den Kleingewächshäusern beschriebene Gewächshauseffekt funktioniert natürlich auch im Wintergarten. Die einfallenden kurzwelligen Sonnenstrahlen werden größtenteils in langwellige Wärmestrahlung umgewandelt und an die Luft im Glashaus abgegeben. Die Wärme bleibt im Wintergarten gefangen.

Außen- und Innenschattierung

Durch eine Schattierung werden Lichtfülle und Wärme reduziert. Die Verfechter der Außenschattierung argumentieren zurecht, daß Wärme und Licht schon vor der Bedachung abgehalten werden müssen. Wärme, die draußen bleibt, muß nicht durch Luftklappen hinausbefördert werden. Trotzdem: Der Sonnenschutz kann keinesfalls die Be- und Entlüftung ersetzen.

Außenschattierungen müssen wetterfest sein und dürfen die Lüftungsklappen nicht behindern (Mindestabstand 15 cm).

Sie sind technisch aufwendiger, stärkeren Beanspruchungen ausgesetzt und auch teurer als Innenschattierungen. Letztere gibt es in Form von Jalousien, Rollos oder einem gerafften Vorhang vor der Stehwand, als waagerechte Bahn in Traufenhöhe sowie unter der Dachschräge. Für Innenschattierungen sind reflektierende Materialien zu empfehlen, welche kurzwellige Strahlung zum Teil gleich wieder nach außen abstrahlen. Nur so kann eine übermäßige Aufheizung im

Der Gewächshauseffekt

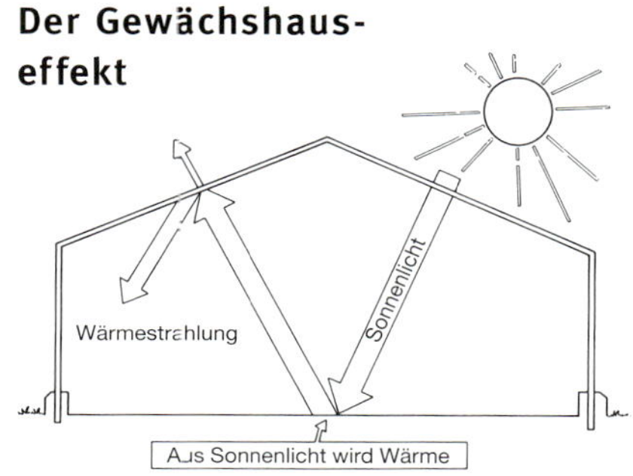

Kurzwellige Lichtstrahlen werden in langwellige Wärmestrahlung umgewandelt.

Eine Markise dient für diesen Bausatzwintergarten als Sonnenschutz.

800 bis 1000 Lux und Pflanzen mit hohen Lichtansprüchen 1000 bis sogar 5000 Lux.

Zur Assimilationsbeleuchtung gibt es Komplettsets für kleinere und größere Pflanzengruppen. Glühlampen kommen für die Assimilationsbelichtung nicht in Frage. Halogenlampen werden als Akzent- oder Effektlicht zusätzlich zum Tages- oder Kunstlicht empfohlen.

Als Lichtquelle für Assimilationslicht eignen sich Leuchtstofflampen (Langfeldlampen) in der Lichtfarbe „Warmton" mit 18 bis 25 Watt bei einer Aufhänghöhe von 30 bis 50 cm über den Pflanzen. Weitere geeignete Lampenarten sind unter anderem Quecksilberdampf-Hochdrucklampen und Natriumdampf-Hochdrucklampen, die auch als

Wintergarten effektiv unterbunden werden.

Zusatzbelichtung

Vor allem in der lichtarmen Jahreszeit kommt die Zusatzbelichtung den Pflanzen zugute. Die Ansprüche der Pflanzenarten sind verschieden: Gewächse mit geringen Lichtansprüchen benötigen 600 bis 800 Lux, solche mit mittleren Lichtansprüchen

TIP: Wichtige Begriffe

Lampen sind die Lichtquellen selbst, Leuchten das Gehäuse mit oder ohne Reflektor.

Beleuchtungsstärke = der auf eine Fläche auftreffende Lichtstrom, gemessen in Lux = 1 Lumen pro Quadratmeter

Quecksilberdampf-Hochdruckleuchte „Floratherm" zur Zusatzbelichtung.

Pulthaus-Wintergarten mit Lüftungsöffnungen im seitlichen und im Dachbereich. Kleines Bild: Automatische Lüftung.

Komplettsets angeboten werden. Letztere gehören zu den Lampen mit der höchsten Energieausbeute, sie werden auch in Gewächshäusern des Erwerbsgartenbaus eingesetzt.

Luft und Lüftung

Bei intensivem Sonnenschein wird schattiert. Überschüssige Wärme muß durch die Luftklappen hinausbefördert werden. Eine hohe Luftfeuchtigkeit kann in den angrenzenden Wohnräumen zum Problem werden. Vorbeugend sollte daher häufig gelüftet werden, um die Feuchtigkeit ins Freie zu entlassen. Ansonsten kann es nachts zu Taubildung kommen. Manche Aluminiumprofile beinhalten eine Auffangrinne, mit der dieses Tauwasser abgeleitet werden kann. Trotz geschlossener Lüftung wird das Luftvolumen im Wintergarten durch „normale" Undichtigkeiten in der Regel etwa einmal pro Stunde ausgetauscht. Lüftungsöffnungen in unterschiedlichen Höhen sorgen für die Luftbewegung. Am besten wird Außenluft im unteren Bereich zugeführt und im Dachbereich abgeführt. Mindestens ein Fünftel der Außenhautfläche sollte sich öffnen lassen.

Durch die Lüftung wird frische Luft zugeführt, verbrauchte und warme Luft herausgelassen. Dabei wird der Pflanzenbestand abgetrocknet, was vor allem nach dem Gießen notwendig ist. Lieber eine Luftklappe zuviel als eine zu wenig.

Der Höhenunterschied zwischen den Zuluftöffnungen an der Stehwand und den Abluftöffnungen im Dach darf 2 bis 2,50 m betragen. Anzustreben ist, das Luftvolumen fünfzigmal pro Stunde auszutauschen. Abluftöffnungen können außerdem 10% größer als die Zuluftklappen sein. Entscheidend ist die Öffnungsweite, nicht die Klappengröße.

Selbst mit der besten Lüftung wird es aber nicht gelingen, die Innentemperatur unter die Außentemperatur abzukühlen. Die Innentemperatur bei sommerlicher Wärme wird bei einer gut dimensionierten Lüftung um 2 bis 3 °C höher als die Außentemperatur liegen.

Wärme

Bei starkem Frost im Winter müssen zum Erhalten der Temperatur rund 350 Watt pro Quadratmeter Grundfläche an Heizleistung zugeführt werden, je nach Eindeckung (Einfach- oder Doppelverglasung) des Wintergartens.

Anzustrebende Innentemperaturen je nach Wintergarten-Typ

Frostfrei	*1 bis 5 °C*
Kalthaus	*5 bis 12 °C*
Warmhaus	
tagsüber	*15 bis 22 °C*
nachts	*10 bis 15 °C*

Zur Kennzeichnung der Wärmedämmeigenschaften dient der eingangs beschriebene k-Wert (Wärmedurchgangskoeffizient). Einfluß auf diesen Wert haben

Die Vegetationsheizung

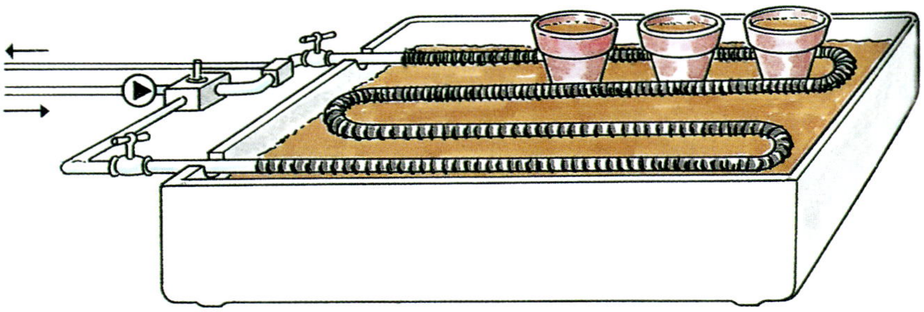

Die gerippten Kunststoffrohre werden in Schlangenlinien im Beet verlegt.

aber auch Wärmeverluste durch Kältebrücken, Undichtigkeiten an den Lüftungsklappen des Heizsystems oder Witterungsbedingungen.

Raumheizung

Selbst der frostfreie Bereich (um +5 °C) braucht trotz Wärmedämmung eine schwache Heizung, eventuell nur in Form eines elektrischen Frostwächters mit Thermostat. Die Elektroheizung kommt als Vollheizung kaum in Frage. Der Anschluß an die Warmwasser-Rohrheizung des Wohnhauses ist sicherlich die beste Lösung.

Mit einer Vegetationsheizung wird, einer alten Gärtnerweisheit entsprechend, der beabsichtigte Effekt „warmer Fuß – kühler Kopf" erreicht. Geregelt über einen Dreiwegemischer fließt 30 bis 50 °C warmes Wasser durch flexible Kunststoffrohre. Verlegt werden die Rohre zwischen den Pflanzenreihen oder im Grundbeet als Bodenheizung.

Bei Konvektorheizung treten keine Strahlungsverluste auf. Sie geben ihre Wärme schnell ab und halten bei Anordnung längs des Fundamentsockels die Innenfläche der Eindeckung weitgehend kondensatfrei. Die Heizung muß den Wärmebedarf decken, die Berechnung und die Installation sollte der Fachmann besorgen.

Sparen mit der Sonne

Gut nutzbar ist die Sonnenwärme, wenn der Wintergarten nach Süden ausgerichtet ist und die Lichtstrahlen im rechten Winkel auf die Eindeckung treffen. Daher ist ein steileres Dach vorteilhaft.

Neben dieser passiven Nutzung der Sonnenenergie gibt es auch Kollektoren, die Sonnenstrahlen in nutzbare Wärme umwandeln. Ausgeklügelte Systeme transportieren die eingefangene warme Luft ins Wohnhaus. Die nicht unerheblichen Investitionskosten für eine aktive Nutzung der Solarenergie müssen den möglichen Einsparungen an Heizkosten im Einzelfall gegenübergestellt werden.

Feuchtigkeit

Durch den Wintergarten kommt es zur Feuchtigkeitserhöhung im Wohnbereich. Je mehr Pflanzen vorhanden sind, je niedriger die Lufttemperatur ist und je weniger gelüftet wird, desto höher ist die Luftfeuchte.

Bei Doppelbedachung ist der Feuchtigkeitsgehalt der Luft höher als bei Einscheibenverglasung, weil es weniger Luftaustausch durch Undichtigkeiten gibt. Schwitzwasserbildung und Beschlagen des Hüllmaterials läßt sich zwar nicht vermeiden, jedoch eindämmen.

Eine Konvektorheizung oder Heizrohre sind so zu verlegen, daß die erwärmte Luft entlang der Seitenwände und der Dachhaut aufsteigt. Durch reichliches Lüften sowie wassersparende Bewässerungsverfahren wird die

Mit solch einem Minima-Maxima-Thermometer lassen sich die extremsten Temperaturen im nachhinein ablesen.

Luftfeuchtigkeit am einfachsten gesenkt. Auch ein (leiser) Ventilator sorgt für Luftbewegung und wirkt entfeuchtend; er kann über ein Hygrostat geregelt werden.

Über die Luftfeuchtigsansprüche der Gewächse sollte man ebenso Bescheid wissen wie über den Wärmebedarf. Daher gehören Thermometer und Hygrometer zur Grundausstattung einer Wintergartenkontrolle.

Klimaregelung

Automatische Regeleinrichtungen haben die Aufgabe, optimale Klimabedingungen zu schaffen. Es ist nicht möglich, manuell und minutiös die Wärmezufuhr zu mindern oder zu erhöhen, zum richtigen Zeitpunkt zu lüften oder Feuchtigkeit zuzuführen. Diese Arbeiten besorgen Regelgeräte präziser: Heizung und Lüftung mit Thermostaten, Steuer- und Regelgeräten.

Sequenzregler (Folgeregler) bewältigen mehrere Regelaufgaben, wie Heizen, Lüften und Schattieren besonders wirkungsvoll. Dadurch sind auch Energieverschwendungen durch gegenläufiges Heizen und Lüften ausgeschlossen. Der Meßfühler ist dort zu installieren, wo optimale Temperaturen geschaffen werden sollen: im Pflanzenbestand oder im Boden (Bodenheizung). Die notwendige Luftfeuchtigkeit wird über einen automatischen Luftbefeuchter erreicht. Schattiereinrichtungen und automatische Bewässerungssysteme erhöhen ebenfalls den Komfort. Auch Alarmgeräte zur Überwachung von Temperatur, Heizungs- oder Pumpenausfall sind sinnvoll.

Einrichtung und technische Ausstattung

Im Wintergarten verbrauchen die Pflanzen je nach Gattung bis zu 1500 Liter Wasser pro Quadratmeter und Jahr. Ein direkter Wasseranschluß ist daher unerläßlich.

Auch eine Regenwassernutzung kommt in Betracht. Optimal wäre, das Regenwasser in unterirdischen Becken zu sammeln.

Pflanzenbewässerung

Wegen des geringen Gewichts ist zum Gießen von Hand eine Kunststoff-Gießkanne zu bevorzugen. Auch ein Schlauch (1/2 Zoll) läßt sich verwenden. Mit Hilfe einer Elektropumpe kann man sogar Wasser aus einem Becken absaugen.

Eine Tropfbewässerung verringert den Wasserbedarf um 50 %, weil punktuell bewässert wird. Über ein zentrales Rohr mit angeschlossenen dünnen Folienschläuchen können eine größere Zahl von Pflanzen einzeln bewässert werden.

Die vollautomatische Regelung der Bewässerung, je nach Fabrikat mit „Fühlern" aus Holz oder Ton, arbeitet oft nicht bedarfsgerecht. Die einfachste Art

Pflanzwannen

Variable Pflanzwannen entstehen aus Betonformsteinen.

Die Tropfbewässerung

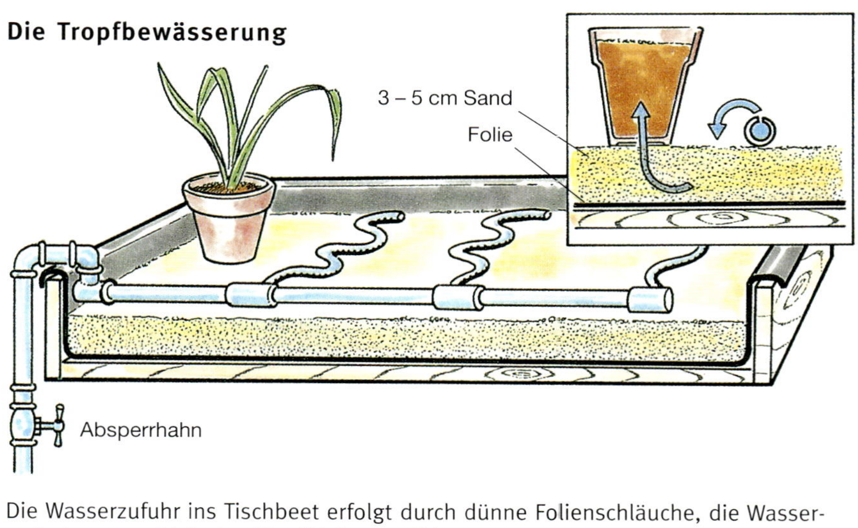

Die Wasserzufuhr ins Tischbeet erfolgt durch dünne Folienschläuche, die Wasseraufnahme geschieht kapillar (kleine Grafik).

ist die Zeitschaltuhr. Man muß ausprobieren, welche Zeit für die auszubringende Wassermenge erforderlich ist. Hier muß der Bedarf über die Länge der Zeitintervalle den wechselnden Witterungsbedingungen angepaßt werden. Alle Elektroinstallationen im Wintergarten müssen „feuchtraumgeeignet“ sein.

Auch bei der Auswahl der passenden Möbel für den Wintergarten wird jeder seinen eigenen Stil finden. Das Angebot ist hier international – von asiatisch-exotisch über englischen Kolonialstil bis hin zu urgemütlich-rustikal.

Inneneinrichtungen

In Pflanzenwannen breiten sich die Wurzeln mehr aus als in Gefäßen. Bastler bauen sie sich aus Holz und kleiden sie mit Folie aus. Auch Ziegel, Klinker oder Betonformsteine sind für diesen Zweck zu verwenden.

Erdbeete haben den Vorzug, daß sich die Wurzeln fast unbegrenzt entfalten können. Hier lassen sich auch Topfpflanzen einsenken.

Springbrunnen setzen Akzente, die das Umfeld noch attraktiver und anziehender gestalten.

Schließlich sollte noch an das Mobiliar gedacht werden, daß je nach persönlichem Geschmack und Verwendungszweck ausgewählt werden kann.

Der „Tropf-Blumat“ mit porösem Tonfühler regelt die Bewässerung selbständig.

Für den ganzjährig bewohnbaren Wintergarten können auch Hydrokultur-Gefäße verwendet werden.

Pflanzen für den Wintergarten

Eine ideale Wintergartenbepflanzung sollte wie ein begrenzter Ausschnitt aus einer natürlichen Landschaft wirken. Das bestimmende Element bilden größere Pflanzen. Daher sind ein bis zwei größere Pflanzen ein Muß. Sie gliedern den Raum in der Höhe. Viele tropische und subtropische Baum- und Straucharten sind für diesen Zweck geeignet. Neben attraktiven Blattpflanzen sollten immer auch ein paar Exemplare blühender und fruchtender Pflanzen verwendet werden. Unter den tropischen Pflanzen sind Palmen der Inbegriff der Eleganz. Palmen verlieren auch dann nicht an Attraktivität, wenn sie mit zunehmendem Alter die unteren Blätter verloren haben und der attraktiv gemusterte Stamm voll sichtbar ist.

Auch eine ganze Reihe von Schling- und Kletterpflanzen empfiehlt sich für die Verwendung im Wintergarten. Viele der tropischen und subtropischen Lianen sind unermüdliche Blüher von exotischem Reiz. Die meisten Arten blühen am jungen Holz, und jedes Jahr entstehen zum Teil meterlange Triebe. Von Zeit zu Zeit benötigen diese Lianen deshalb einen stärkeren Rückschnitt. Kletterpflanzen, die keine natürliche Kletterhilfe vorfinden, muß man mit Hilfe stabiler Rankhilfen hochleiten.

Auch bodendeckende Pflanzen verleihen dem Wintergarten eine dekorative Note. Außerdem verhindern sie übermäßiges Austrocknen und Verkrusten der Erde. Als Bodendecker kommen Pflanzen mit mehr oder weniger kriechendem Wuchs in Frage oder Pflanzen mit dicht aufrechtstehenden Trieben, die sich durch (Wurzel-) Ausläufer ausbreiten. Der Pflegebedarf sollte gering sein. Bei einigen aufgeführten Arten ist in größeren Abständen ein Rückschnitt zu empfehlen, andere sind von Zeit zu Zeit durch Neupflanzung zu ersetzen.

Grundsätzlich gilt: Nicht zu dicht pflanzen! Besser ist es, wenn sich die Gewächse allmählich ausbreiten und zusammenwachsen.

Hydrokulturen können im Wintergarten manche Bewässerungsprobleme lösen. Allerdings ist das Sortiment an Pflanzenarten stark eingeschränkt, da nur Warmhauszimmerpflanzen zur Verfügung stehen.

Richtige Pflanzenwahl

Wichtigstes Kriterium für die Pflanzenauswahl im Wintergarten ist die Temperatur. Nachfolgend sind die Pflanzen daher in zwei Gruppen gegliedert:

1. Pflanzen für den lediglich frostfrei gehaltenen Wintergarten. Im Winter liegen die Temperaturen hier zwischen 5 und 15 °C und sinken niemals unter den Gefrierpunkt ab.

2. Pflanzen für den ganzjährig bewohnbaren Wintergarten. Dort liegen die Temperaturen zwischen 15 und 25 °C und sinken niemals unter 10 °C ab.

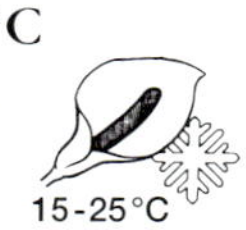

In den folgenden Kapiteln weisen die Symbole an der Kopfzeile auf die attraktivsten Organe der jeweiligen Pflanzenart hin:

Laub	**Blüten**	**Früchte**

Schönmalve (*Abutilon*)

5-15 °C

Abutilon-Hybriden sind wahre Dauerblüher und schmücken sich mit einer Fülle glockenförmiger Blüten. Sie sind weiß, gelb orange, rosa, rot oder mischfarbig.

Jüngere Pflanzen sind öfters zu entspitzen, damit sie sich schön buschig entwickeln. Ältere Pflanzen werden das Jahr über fortgesetzt ausgelichtet. Alle paar Jahre ist im Frühjahr ein kräftiger Rückschnitt zu empfehlen.

Akazie, „Mimose“ (*Acacia*)

5-15 °C

Die Gattung Acacia ist in den tropischen subtropischen Gebieten beider Weltteile beheimatet. Der Handel bietet viele Arten an, die für den Wintergarten geeignet sind.

Akazien benötigen viel Wasser, Ballentrockenheit führt zum Absterben der Pflanze. Es ist jedoch Vorsicht geboten: Stauende Nässe wirkt ebenso gefährlich. Zuviel Kalk im Boden oder Gießwasser führt zu Blattaufhellungen oder sogar Blattfall. Im Frühjahr können zu groß gewordene Pflanzen ins alte Holz zurückgeschnitten werden.

Schmucklilie (*Agapanthus praecox*)

5-15 °C

Die Schmucklilie ist eine bekannte Kübelpflanze. Es handelt sich um eine Staude, die riemenförmige, etwas gebogene Blätter treibt. Im Juli/August erscheinen Dolden mit blauen, trompetenförmigen Einzelblüten. Die Blütenstiele werden 60 bis 90 cm hoch und thronen deutlich über dem Laub. Im Sommer reichlich, im Winter vorsichtig gießen.

Eine besondere Attraktion der Mimosen sind die kleinen, gelben, kugeligen Blütenköpfchen.

Zimmertanne (*Araucaria excelsa*)

5-15 °C

Einer der interessantesten Bäume für den Wintergarten ist die von den Norfolk-Inseln stammende, lichtbedürftige Zimmertanne. Im Winter sollte die Temperatur auf Dauer nicht 10 °C übersteigen, sonst verliert sich der schöne Wuchs. Weiterhin ist auf eine gleichmäßige Feuchtigkeit zu achten.

Engelstrompete (*Brugmansia syn. Datura*)

5-15 °C

Die strauch- bis baumförmigen Engelstrompeten bilden als rasch wachsende Pflanzen in relativ kurzer Zeit eine lebendig-grüne Kulisse. Hellste Standorte werden bei ausreichender Bewässerung und guter Ernährung vertragen. Sie danken es mit einer Fülle von riesigen gelben, weißen oder rosa Trichterblüten. Das starkwüchsige Nachtschattengewächs muß gezwungenermaßen von Zeit zu Zeit beschnitten werden.

Schönfaden, Zylinderputzer (*Callistemon citrinus*)

5-15 °C

Der Zylinderputzer wächst in seiner Heimat als 3 bis 5 m hoher Strauch mit immergrünen, spitzen Blättern, die beim Zerreiben aromatisch duften. Im Sommer erscheinen die 6 bis 19 cm großen, zylindrischen Blütenstände mit vielen Einzelblüten und roten Staubfäden. Will man recht buschige Pflanzen haben, so sollte nach dem Abblühen leicht gestutzt werden. Callistemon mag die volle Sonne. Im Sommer benötigt die Pflanze viel Wasser und reichliche Düngung, im Winter wird sie verhältnismäßig trocken gehalten.

Sperrstrauch (*Cleyers japonica*)

5-15 °C

Ein hübscher, immergrüner Strauch mit eilänglichen, oben dunkelgrün glänzenden und unten helleren Blättern, der sich von Natur aus gut verzweigt. Besonders hübsch ist die Kulturform „Tricolor“, deren Blätter hellgrün und goldgelb, graugrün und rahmweiß längsgestreift, in der Jugend auch rosarot getönt sind. Direkte Sonne vermeiden.

Libonie
(Jacobinia pauciflora)
5-15°C

Die Libonie ist ein niedriger, dicht mit dunkelgrünen, lederartigen Blättchen besetzter, rundlicher Busch. Aus den Blattachseln brechen während des Winters in reichlicher Zahl kleine Blüten, die halb rot, halb gelb sind. Die Libonie wird je nach Wachstum und Wetter mäßig bis reichlich gegossen. Sie reagiert auf Ballentrockenheit sehr empfindlich, die Blätter fallen dann sehr schnell ab.

Strelitzie
(Strelitzia reginae)
5-15°C

Die bei weitem exotischste aller hier behandelten Pflanzen ist Strelitzia regina – auch als Paradiesvogelblume bekannt. Diesen Namen verdankt sie ihrem Blütenstand, der in unglaublicher Farbigkeit zwischen Rot und Orange leuchtet, dazwischen

Die Blüten der exotischen Strelitzien lieben die volle Sonne.

Die Zwergpalme ist für kleine Wintergärten besonders gut geeignet.

zungenförmige Zeichnungen von strahlendem Blau. Die Blumen sind groß und sitzen auf kräftigen Stengeln. Die Pflanze ist leicht zu ziehen. Alles, was sie braucht, ist genügend Licht, Wasser und Nährstoffe im Sommer.

Fächer-, Zwergpalme
(Chamaerops humilis)
5-15°C

Die europäische Fächerpalme ist die einzige wildwachsende Palme in Europa. Die niedrige, buschig verzweigte Palme hat tief geschlitzte, bläulichgrüne Blätter und bedornte Blattstiele. Zum guten Gedeihen ist ein sonniger Stand bei mäßigen Wassergaben Voraussetzung.

Dattelpalme
(Phoenix)
5-15°C

Die Dattelpalme *(P. dactylifera)* ist in Nordafrika und Vorderasien heimisch. Sie mag die volle Sonne und im Winter Temperaturen um den Gefrierpunkt. P. canariensis besitzt dunkelgrüne Blätter mit vielen gefalteten Fiedern. Die Topferde läßt man nie austrocknen, hält sie stets feucht, ohne dabei Staunässe zuzulassen. Die Luftfeuchtigkeit sollte nicht unter 50% absinken.

Priesterpalme
(Washingtonia filifera)
5-15°C

Die kalifornische Priesterpalme gehört zu den dekorativsten Fächerpalmen. Sie ist für sonnige Standorte bestens geeignet und bereitet keine Probleme mit Schädlingen. Bei guter Bewässerung und Düngung wächst die Palme recht üppig, bei sparsamer Bewässerung etwas regulierbarer. Ein überragender Eindruck entsteht durch Einzelstellung.

Drillingsblume, Bougainvillea
(Bougainvilles glabra)
5-15°C

Aus allen südlichen Ländern ist die Bougainvillea nicht mehr wegzudenken. Das Farbenspiel reicht von violett über rot, rostrot, orange und rosa bis zu gelben und fast weißen Farbtönen. Der Blütenzauber währt im allgemeinen den ganzen Sommer über. Der im Alter verhozende Kletterstrauch ist ein Spreizklimmer mit Sproßdornen. Er eignet sich besonders zur Bekleidung von Seitenwänden im Wintergarten. Die Pflanzen brauchen einen sonnigen Standort, regelmäßige Düngung und reichlich Wasser in der Vegetationsperiode.

Kastanienwein
(Tetrastigma voinierianum)
5-15°C

Der Kastanienwein, eine großblättrige Schlingpflanze, gehört zur Weinrebenfamilie, deren Vertreter unter guten Bedingungen außerordentlich schnell wachsen. Er will bei mäßigen Wassergaben sonnig stehen.

Sternjasmin *(Trachelospermum)*

5-15 °C

Dieser milchsaftführende Kletterstrauch mit ledrigen Blättern bildet weiße, sternförmige, nach Jasmin duftende Blüten. Trachelospermum blüht sehr zuverlässig und reich und stellt keine besonderen Pflegeansprüche. Für den Wintergarten eignen sich besonders *T. asiaticum*, *T. jasminoides* und *T. majus*. Der Sternjasmin bildet peitschenartige Triebe, die an jeder Kletterhilfe emporranken.

Ein stets zuverlässiger Blüher ist der Sternjasmin.

Katzenschwanz *(Acalypha hispaniolae)*

5-15 °C

Der Katzenschwanz wächst in halbschattigen und sonnigen Lagen gleich gut. Er kann bei Bedarf zurückgeschnitten werden. Eine besondere Zierde sind die roten, kätzchenartigen Blütenstände.

Kalmus *(Acorus gramineus)*

5-15 °C

Der Kalmus ist ein grasartiges Aronstabgewächs für feuchte, halbschattige Standorte. Die buntblättrigen Formen wollen hell, jedoch vor praller Sonne geschützt stehen. „Pusillus" wird nur 10 cm hoch.

Segge *(Carex brunnea)*

5-15 °C

Ein hübsches Sauergras für helle Wintergärten, das aber auch an halbschattigen Standorten recht gut gedeiht. Der Ballen darf nicht austrocknen. Bevorzugt wird „Variegata" verwendet, deren Blätter mit zwei gelblichen Längsstreifen versehen sind. Die Segge kann kurz zurückgeschnitten werden.

Kletterfeige (Ficus pumila)

5-15 °C

Ein idealer Bodendecker ist die Kletterfeige. In kurzer Zeit bedeckt sie den Boden, und wenn man will, auch die Wände im Wintergarten. „Minima" ist im ganzen noch kleiner als die Ausgangsart. Sehr hübsch sind auch die weißbunten Sorten wie

Die Kletterfeige kann nicht nur gut klettern, sondern auch gut kriechen.

„Variegeta" und „Sonny". Die Pflanzen sollten stets ausreichend feucht gehalten werden.

Glanzkölbchen *(Aphelandra squarrosa)*

15-25 °C

Das Glanzkölbchen zeichnet sich durch auffällige Blütenstände und sehr schön gezeichnetes Laub mit lebhaft hervortretenden weißlichen Adern aus. Es wirkt also auch ohne Blüten recht gut. Das Glanzkölbchen braucht hohe Luftfeuchtigkeit und leichten Schatten. Trockenheit im Wurzelbereich führt unvermeidlich zu Blattverlusten.

Brunfelsie *(Brunfelsia pauciflora var. calycina)*

15-25 °C

Die aus Brasilien stammende Brunfelsie ist ein immergrüner, mehrstämmiger Strauch. Die attraktiven, etwa 4 cm breiten Blüten erscheinen im März/April, gelegentlich sogar ganzjährig. Sie färben sich am ersten Tag violett, am zweiten Tag lila und am dritten Tag fast weiß. Die Pflanze will hell, aber vor praller Sonne geschützt stehen. Größere Temperaturschwankungen sind zu vermeiden.

Kaffeebaum *(Coffea arabica)*

15-25 °C

Der aus dem tropischen Afrika stammende Großstrauch ist mit seinen waagerecht abstehenden Seitenzweigen und den glatten, glänzend dunkelgrünen Blättern eine besondere Attraktion. Die wohlriechenden, kleinen, weißen Blüten findet man erst an älteren Pflanzen. Aus ihnen entwickeln sich dann rote Beeren, die Kaffeebohnen enthalten. Pralle Sonne mag der Kaffee ebensowenig wie größere Temperaturschwankungen. Auf Schild- und Schmierläuse ist zu achten.

Roseneibisch *(Hibiscus)*

15-25 °C

Die wichtigste Schmuckpflanze aus der Garten-Malvenfamilie ist *H. rosa-sinensis*, von der es viele Kulturformen gibt. Die meisten besitzen große, ungefüllte Blüten in vielen Farben: Gelb, Orange und Rot in allen möglichen Abtönungen. Die Blüten halten nur ein bis zwei Tage, dann fallen sie ab. Allerdings bilden sie den ganzen Sommer über bis zum Herbst ununterbrochen neue Knospen.

Baumfreund *(Philodendron)*

15-25 °C

Philodendron sind baum- oder strauchartig, vielfach kletternde Gewächse mit wirkungsvollen Blättern. Unter den niedrigwachsenden, aber großblättrigen Arten ist P. bipinnatifidium eine der allerbesten. Typisch für kletternde Arten ist die Bildung von Luftwurzeln. Bei Temperaturen zwischen 18 und 20 °C gedeihen sie an sonnenabgewandter Stelle bei gleichmäßiger Feuchtigkeit am besten.

Callisie *(Callisia)*

15-25 °C

C. elegans und *C. repens* sind hübsche, niederliegend wachsende Commeliengewächse für halbschattige, warme Standorte. Starke Temperaturschwankungen mögen sie nicht.

Episcie *(Episcia)*

15-25 °C

E. dianthiflora mit eirunden, gekerbten Blättern und gefransten, weißlichen Blüten, ist ein reizender Bodendecker. *E. cupreata* trägt zottig, rauhhaarige, kupferfarbene Blätter. *E. reptans* ähnelt *E. cupreata,* ist aber insgesamt etwas kleiner, hat kürzere Blattstriche und dunkler gefärbte Blätter. Von der Art gibt es eine Fülle verschiedener Sorten. Sie wollen hell, aber vor direkter Sonne geschützt stehen.

Rotblatt *Setcreasea pallidsa*

15-25 °C

Durch seine tief dunkelrot-violette Färbung unübertroffen ist diese zunächst aufrecht später niederliegend wachsende Pflanze. Doch sie darf nicht schattig stehen, weil dann die Färbung nachläßt. Pralle Sonne mag das Rotblatt allerdings auch nicht. Weitere attraktive Bodendecker sind

Die Blüten des Roseneibisches erreichen einen Durchmesser von bis zu 15 cm.

Das Rotblatt ist eine weitverbreitete Topfpflanze mit unverwechselbarem Laub.

Fittonie, Pellonie, Peperomia und Selaginella kraussiana.

Ein Wintergarten kann der ideale Standort für Kakteen und Sukkulenten sein. Diese Pflanzen stellen in der Regel geringe Pflegeansprüche und können auch ein paar Tage oder Wochen sich selbst überlassen bleiben. Überraschende Wirkungen lassen sich erzeugen, wenn man verschiedene Wuchsformen zusammenstellt. Als Bewohner heiß-trockener Gebiete benötigen die meisten Sukkulenten viel Licht und Wärme – sie gehören an die Süd- oder Westseite des Wintergartens. Der Wasserbedarf der Sukkulenten ist abhängig von der Pflanzenart, einige unterliegen auch einem strengen Lebensrhytmus mit mehr oder weniger ausgeprägten Wachstums- und Ruhezeiten.

Pflanzung und Pflege

Grundbeete oder Gefäße?

Das Begrünen von Wintergärten läßt sich entweder über bewegliche Gefäße oder durch fest in den Wintergarten eingebaute

Das Umtopfen und Beschneiden sind wichtige Pflegemaßnahmen.

Grund- oder Trogbeete durchführen. Grundbeete sind gestalterisch interessanter, da auf ihnen ein Vegetationsbild nachgestaltet werden kann. Außerdem sind sie für das Pflanzenwachstum vorteilhafter als vollständig versiegelte, geflieste Böden. Durch den Erdanschluß gibt es darüberhinaus keine Probleme mit überschüssigem Wasser.

Eine technisch aufwendigere Variante für die Beetbepflanzung sind Trogbeete. Dabei unterscheidet man mit Teichfolie ausgekleidete Beete oder Betonwannen. Beide werden in den Fällen eingesetzt, wo ein Erdanschluß, aus welchen Gründen auch immer, sich nicht realisieren läßt.

Wichtig bei diesen Trogbeeten ist eine etwa 10 cm dicke Sickerschicht aus Kies oder einem anderen Drainagematerial. Außerdem muß unbedingt ein Ablauf angelegt sein, damit überschüssiges Wasser abgeführt werden kann.

Bei versiegelten Böden bleibt nur noch das Aufstellen von Gefäßen. Wegen der repräsentativen Funktion des Wintergartens kommt dem Gefäß eine ästhetische Bedeutung zu. Seine Schmuckwirkung ist gleichzusetzen mit den darin befindlichen Pflanzen.

Substrate

Die Erde spielt bei einer erfolgreichen Pflanzenkultur eine entscheidende Rolle. Sie soll der Pflanze einen sicheren Halt geben, die Wasserversorgung der Pflanzen sicherstellen sowie genügend Nährstoffe festhalten und bei Bedarf abgeben können.

*Eine selbst hergestellte **Erdmischung,** die diese Voraussetzung erfüllt, ist ein Gemisch aus*

- *drei Teilen feinkrümeliger, unkrautfreier Gartenerde,*
- *zwei Teilen Weißtorf (Düngetorf) einem Teil feinem Blähton oder gewaschenem Sand,*
- *sowie je Liter Erde 3 g eines Langzeitdüngers (z.B. Osmocote).*

Zu den immer wiederkehrenden Pflegemaßnahmen bei der Kultur von Wintergarten-Pflanzen gehört das Umtopfen.

Jedes Frühjahr in neue Erde setzen muß man besonders nährstoffhungrige Pflanzen, die stark zurückgeschnitten wurden und schnell wieder zu ihrer vollen Größe heranwachsen müssen. Zu diesen Pflanzen gehören unter anderem Schönmalven, Engelstrompeten, Fuchsien und Strauchmargeriten.

Bei den meisten anderen Pflanzen topft man um, wenn das vorhandene Pflanzgefäß zu klein geworden ist. Große, ältere Pflanzen, darunter Agaven und Palmen können jedoch bis zu 10 Jahren im gleichen Kübel stehen.

Gießen

Verdunsten die Pflanzen mehr Wasser als sie aufnehmen, dann welken sie, falls dieser Zustand länger andauert. Auf der anderen Seite kann ein Überschuß an Wasser die Pflanzen ebenfalls gefährden. Bei längerem Wasserstau im Boden sterben Wurzeln ab, und es kann zu schwerwiegenden Wachstumsstörungen kommen und zum Tod der ganzen Pflanzen führen. Zu viele Faktoren beeinflussen die Häufigkeit der Wassergaben, daher helfen uns Patentrezepte wie „Man gieße einmal täglich" kaum weiter.

Grundsätze für richtiges Gießen

Allgemein ist der Wasserbedarf

- *während des Treibens und Wachsens im Frühjahr und Sommer höher als im Herbst und Winter.*
- *Pflanzen mit hohem Wasserbedarf werden auch dann gewässert, wenn die Erde noch ziemlich feucht ist. Bei Sukkulenten muß sich die Erde erst trocken anfühlen.*
- *Die Temperatur des Gießwassers sollte nicht wesentlich von der Umgebungstemperatur der Pflanzen abweichen.*
- *Es sollte möglichst weiches Wasser zum Gießen verwendet werden (Verschneiden mit Regenwasser).*
- *Am besten in den Morgenstunden gießen.*

Düngen

Eine ausreichende und harmonische Nährstoffversorgung ist Voraussetzung für die Gesundheit der Pflanzen. Die von den Pflanzen entzogenen Nährstoffe müssen laufend ersetzt werden, sonst kann sie auf Dauer nicht existieren, geschweige denn wachsen. Daher muß sinnvolle Düngung einem Mangel vorbeugen.

Gerade der Abwurf älterer Blätter während der Wachstumszeit ist bei intaktem Wurzelsystem ein sicheres Zeichen für einen Düngermangel.

Der Handel bietet eine Reihe von Mehrnährstoffdüngern (NPK-Dünger) an, die dem Bedarf der meisten Pflanzenarten angepaßt sind.

Die Düngung folgt einem gewissen Rhythmus, der hauptsächlich vom Licht gesteuert wird. Beginnend mit zunehmender Lichtintensität im Frühjahr steigert sich das Wachstum bis zu den Sommermonaten, um dann allmählich abzuklingen. Der Lichtmangel in den Monaten von November bis Februar bringt das Wachstum dann fast völlig zum Stillstand. Nach diesem Wechsel richtet sich die Düngung. Sie sollte im März beginnen und im September enden.

Hell- bis gelbgrüne Aufhellungen zwischen den Blattnerven sind charakteristisch für die Chlorose. Besonders anfällig sind Citrus-Gewächse, Kamelien und Gardenien.

Die Ursache liegt in einem zu hohen Kalkgehalt im Boden oder im Gießwasser. Das für die Bildung von Blattgrün notwendige Eisen ist nicht mehr verfügbar, und die Aufnahme von Magnesium und Mangan durch einen Überschuß an Kalzium und Kalium gestört. Eine Absenkung des pH-Wertes mit physiologisch sauren Düngern verspricht Abhilfe. Auch das Gießen und Spritzen mit Eisenchelaten (Fetrilon oder Sequestren) bringt hier schnelle Hilfe.

WINTERGARTEN, GEWÄCHSHAUS

ALWI-PLAST
Carl-Miele-Str. 27–29,
33442 Herzebrock

BADER
Trailfinger Str. 3–5, 72525 Münsingen

BARTSCHER
Franz-Kleine-Str. 28, 33154 Salzkotten

BECKMANN
Simoniusstr. 10, 88239 Wangen

DEHNER
Postfach 8 66 40, 86641 Rain

ENGEL
Moorweg 22, 85294 Rohrbach/Ilm

FUCHS
Metallbau
Siemensstr. 19, 41366 Emsdetten

DAS GLASHAUS
An der Eilshorst 15,
22927 Großhansdorf

GLASHAUS-CONCEPT BAU
Gutenbergstr. 6, 28844 Weyhe

GLASHAUS ZIMMERMANN
Südstr. 105, 71522 Backnang

GLAS-HETTERICH
Uferweg 32–34, 63571 Gelnhausen

GLAS-WAGENER
Postfach 11 28, Dr. Fritz-Ries-Straße,
55477 Kirchberg

GUTMANN
Nürnberger Str. 57–81, 91781 Weissenburg

Ha-Te-Ga
Dorfstr. 55, 22113 Oststeinbek

HENSSLER + HÖNTSCH
Postfach 100, 71715 Beilstein

HYLLA
Architekt
Müller-Thurgau-Str. 12, 77770 Durbach

JULIANA
Rudolf Diesel Str. 1, 24941 Flensburg

KRIEGER
Gahlenfeldstr. 5, 58311 Herdecke

MACK + PARTNER
Architekten
An der Sylvesterkirche,
49610 Quakenbrück

MAHRENHOLZ
Industriegebiet, 37688 Beverungen

Klaus MALZACHER
Postfach, 79730 Murg/Baden

METALLBAU FUCHS
Siemensstr. 19, 41366 Schwalmtal

MESSERSCHMIDT
Autenbachstr. 22, 73035 Göppingen

NATUR UND GARTEN
Riesenbeckerstr.,
49479 Ibbenbühren

OLEIKO
Baumschulallee 16, 53115 Bonn

PALMEN
Lise-Meitner-Str. 2, 52525 Heinsberg

PARADIES / FEDDERSEN
Postfach 55 03 04, 22563 Hamburg

PUDENZ
Postfach 12 27, 33815 Leopoldshöhe

SCHLACHTER
Wasserburger Weg 1/2,
89312 Günzburg

SCHNEIDER
Hochholzstr. 24,
72336 Balingen-Zillhausen

SCHOCK
Bahnhofstr. 4, 73655 Plüderhausen

SCHÜCO
Karolinenstr. 1–15, Postfach 10 25 53,
33609 Bielefeld

SCHÜTZ
Büro für Bauplanung und Baubiologie
Plettenbergerstr. 12,
59846 Sundern-Allendorf

SELFKANT WOLTERS
Maria-Lind-Str. 29, 52525 Waldfeucht

SIEBEN EUJEN
Hinter dem Rahmen 6, 26721 Emden

STARKE
Wagenbergstr. 51, 59759 Arnsberg

SUNSHINE
Boschstr. 1, 48703 Stadtlohn

STEINHAUER
FERTIGBAUTEN
Hauptstr. 13–19, 57612 Kircheib

TERLINDEN
Bruchweg 1, 46509 Xanten-Birten

TERMIN-BAUSATZ
R 22; SCHENJESSE
Bahnhofstr. 15, 25524 Itzehoe

VOSS
Gewerbegebiet II, 55268 Nieder-Olm

WAGNER
Uferstr. 22, A-5026 Salzburg, Österreich

INFO ÜBER WINTERGÄRTEN AUS HOLZ:

Arbeitsgemeinschaft Holz
Postfach 30 01 41, 40401 Düsseldorf

Fachverband Holzwintergarten
Postfach 12 05, 84043 Mainburg-Wambach

WINTERGARTENTECHNIK

Sonnenschutz:

HÜPPE
Postfach 2523, 26015 Oldenburg

LOSBERGER
Postfach 25 19, 74015 Heilbronn

MARKILUX
Postfach 12 43, 48270 Emsdetten

WAREMA
Vorderbergstr. 30, 97828 Marktheidenfeld

WOLANY
Architekt
Arndtstr. 5, 52064 Aachen

KLIMA/LÜFTUNG:

DYMO (Lüftungsöffner)
Zinkenweg 6a, 84030 Ergolding

KAMPMANN
Bremer Str. 23, 49811 Lingen

MAKO
Postfach 13 56, 69198 Schriesheim

MHZ-HACHTEL
Postfach 80 05 20, 70505 Stuttgart 80

LÜFTOMATIC
Postfach 13 63 , 69193 Schriesheim

CENTRA-BÜRKLE
Böblinger Str. 17, 71098 Schönaich

GEWÄCHSHAUSKLIMATECHNIK
35649 Bischoffen

LAUBEN / PERGOLEN / PAVILLONS

AMDEGA SIEBEN EUJEN
Hinter dem Rahmen 6, 26721 Emden

BÖCKER KG
Eichbornweg 2-4, 51545 Waldbröl

MACAREL
Seltersweg 55, 35390 Gießen

HÖLSCHER UND LEUSCHNER
Siemensstr. 15, 48488 Emsbüren

DACHBEGRÜNUNG:

PLASTOPLAN/RENATUR
Postfach 60, 24601 Ruhwinkel

OPTIMA-ZENTRALE NORD
Postfach 21 29, 25436 Tornesch

XERO FLOR BEGRÜNUNGEN
Theodor-Heuß-Straße 26, 34266 Niestetal

JOH. HEEG
Christian-Bentz-Straße 32, 63864 Glattbach

ZINCO FLACHDACH
Postfach, 72669 Unterensingen

FRÄNKISCHE ROHRWERKE
Postfach 40, 97486 Königsberg

SAATGUT, STAUDEN, KLEIN-GEHÖLZE UND ORCHIDEEN FÜR DACHGÄRTEN:

IHR GARTENHAUS
M. Härtl
Eckhardsboen 2, 34134 Kassel

ALPENGARTEN PFORZHEIM
J. Carl, 75179 Pforzheim

ROLF PEINE
Staudengärtnerei
Aubinger Straße 172, 81243 München

THYSANOTUS
Uwe Siebers
Postfach 44/8109, 28195 Bremen

KARL-OTTO ULRICH
Schlierbacher Straße 60,
37256 Fürstenhagen

SYRINGA SAMENVERSAND
Bachstraße 7,
78247 Hilzingen-Binningen

KLEINGEWÄCHSHÄUSER:

D. BORMANN
Neudorfer Straße 199
47057 Duisburg

RAINER MESSERSCHMIDT
Postfach 843, 73008 Göppingen

ING. G. BECKMANN
Simoniusstraße 12
88239 Wangen/Allgäu

WASSERPFLANZEN:

RUTH UND PETER KOHLE
Bibisee 4
82549 Königsdorf

SEEROSEN-OLDEHOFF
Sieglmühle 2
94051 Hauzenberg

TEICHFOLIEN UND ZUBEHÖR:

NATURWUCHS
Kleinhaderner Weg 1
82166 Gräfelfing

KSF-SPRINGBRUNNEN-TECHNIK/BLAGDON
Hohler Weg 26, 32760 Detmold

HELD-AGUAPLAN
Gottlieb-Daimler-Str. 5-7,
75050 Gemmingen